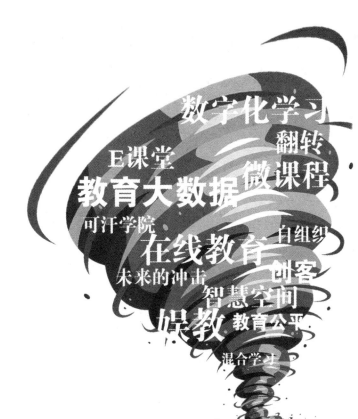

教育正悄悄发生一场革命

魏忠 著

华东师范大学出版社
全国百佳图书出版单位

图书在版编目(CIP)数据

教育正悄悄发生一场革命/魏忠著.—上海:华东师范大学出版社,2014.7
ISBN 978-7-5675-2415-6

Ⅰ.①教… Ⅱ.①魏… Ⅲ.①信息技术-影响-教育-事业-研究 Ⅳ.①G43

中国版本图书馆CIP数据核字(2014)第177524号

本书系上海市哲学和社会科学 & 上海教育重点研究项目成果(A1122)

教育正悄悄发生一场革命

著 者 魏 忠
策划编辑 彭呈军
审读编辑 许环环
责任校对 胡 静
装帧设计 倪志强 陈军荣

出版发行 华东师范大学出版社
社 址 上海市中山北路3663号 邮编 200062
网 址 www.ecnupress.com.cn
电 话 021-60821666 行政传真 021-62572105
客服电话 021-62865537 门市(邮购)电话 021-62869887
地 址 上海市中山北路3663号华东师范大学校内先锋路口
网 店 http://hdsdcbs.tmall.com

印 刷 者 南通印刷总厂有限公司
开 本 787×1092 16开
印 张 16.5
字 数 288千字
版 次 2014年11月第1版
印 次 2020年1月第9次
书 号 ISBN 978-7-5675-2415-6/G·7555
定 价 34.00元

出版人 王 焰

(如发现本版图书有印订质量问题,请寄回本社客服中心调换或电话021-62865537联系)

2005年和2013年梵帝冈教皇出场场景对比,看看科技发生的变化。

"光！对,那是光!"

——献给 ASHLEY

目录

引言 ... 1

第一章 逝者如斯夫,变革的力量 ... 1
    1.1 失败的优等生 ... 1
    1.2 新时代、新技术、新趋势 ... 6
    1.3 "翻转"成为主题词 ... 14
    1.4 教育大数据元年? ... 19
    1.5 数据治教,让竞争的律动如此美丽 ... 24
    1.6 大数据时代的教育革命 ... 33
    1.7 一场数据驱动的教育革命 ... 36
    1.8 未来的教育,又被托夫勒蒙对了! ... 39
    1.9 全息时代,教育向何处去? ... 43
    1.10 信息革命与新一代校园 ... 48
    1.11 未来体验——被信息改变的校园空间 ... 53

第二章 被技术改变的教育 ... 59
    2.1 被介质改变的教育 ... 59
    2.2 信息图与教育 ... 63
    2.3 EDUTAINMENT,娱教 ... 66
    2.4 社会化网络学习 ... 71
    2.5 自组织学习 ... 77

2.6　互动何以修成正果? ... 79
2.7　从自带设备到自带社交网络的授课 ... 82
2.8　概念那点事儿:十多年教育技术地图 ... 84
2.9　从舞台,走向荧屏加操场 ... 89
2.10　教育,会迈向NBA模式吗? ... 92
2.11　被创客们颠覆的教育 ... 96

第三章　信息视角的教育践行 ... 100
3.1　教育者的实践:信息与教育 ... 100
3.2　教育关键词及其内涵 ... 105
3.3　信息,教育理论的统一场论 ... 109
3.4　一言难尽的师生比 ... 115
3.5　从贫民窟的墙洞电脑,到英国和印度之间的"奶奶云" ... 117
3.6　从上真的到玩真的 ... 125
3.7　信息压力 ... 128
3.8　信息视角的教育反思 ... 130
3.9　实验教育与"百家讲坛" ... 133
3.10　线上线下(O2O)与混合学习趋势 ... 137
3.11　网络探究与"任务十要" ... 141

第四章　此岸,彼岸 ... 147
4.1　"教育不公"背后的制度逻辑 ... 147
4.2　紧急救援中的技术问题 ... 152
4.3　"高效课堂"是一本怎样被念的教育经 ... 155
4.4　被恐惧绑架的中国基础教育 ... 161
4.5　学管仲,还是学孔子 ... 164
4.6　信息工具与教育的基础 ... 168
4.7　出资者的发言权 ... 172
4.8　创新和自我文化 ... 178
4.9　连接世界,回到社区与家庭 ... 181

  4.10 教材即社会,一书一世界 185
  4.11 美国人的教育聚焦 190
  4.12 大数据与中美教育的"均"与"衡" 195

第五章 从愿景到路径 201
  5.1 从愿景到路径,我们的五月花号何时能够靠岸? 201
  5.2 大数据的基础是一个公民社会 205
  5.3 当愿景只剩下逃离 209
  5.4 世界是平的,未来是湿的,教与学都应是热的 212
  5.5 走出为大机器时代配套的教育 217
  5.6 权力强度、信息和师生关系 221
  5.7 技术在进步,教师会更香吗? 224
  5.8 学生到哪里,教育就会在哪里 226
  5.9 技术的核心是解放 228
  5.10 大学是一个实用的社区 230
  5.11 多元的选择,纯净的社区 235
  5.12 理想者的践行 240

后记:放逐自己,创新者只需向前看 245
参考文献 248

引言

1970年，托夫勒写了第一本畅销书《未来的冲击》，在书中托夫勒不仅批评了以哈钦斯为代表的面向过去的教育，支持了以杜威所代表的面向现实世界的教育，更创造性地提出了明确的面向未来的教育：小班化、多师同堂、在家上学趋势、在线和多媒体教育、回到社区、培养学生适应临时组织的能力、培养能作出重大判断的人、在新环境迂回前行的人、敏捷地在变化的现实中发现新关系的人和在未来反复、或然和长期的设想下的通用技能。

44年后的今天，基于云技术、物联网、数据库技术、社会网络技术等的成熟应用，托夫勒当年感性预知的理念性的东西清晰地展现在我们面前：信息不仅仅是一种视觉和感官的东西，更是可捕捉、可量化、可传递的数字存在。教育正悄悄地发生着一场革命，而今天，我们已经明确知道带来这场革命的真正原因：那就是大数据。

"数据"与"数字"的区别何在？举个简单的例子：一个学生考试得了78分，这只是一个"数字"，但如果思考这78分背后的因素：家庭背景、努力程度、学习态度、智力水平等，把它们和78分联系在一起，这就成了"数据"。在数字时代，结构化的数据、量化的决策方法、较少的和经过筛选的高密度的数据质量，使得数字成为诉求：数字城市、数字中国和科学决策。然而，在大数据时代，一个数字背后的背景数据（即元数据）、评论数据等，全方位地定位了这个数据的意义，数据应用的侧重点由专家移向了客户、由理性移向了感官（专业上称可视化）和由单一的结论移向了个性化的判断。正在发生的这场教育变革与之前的远程教育和在线课程的最大的不同在于，前者不过是"数字"而已，后者却是"数据"——数据的集中以物联网、云计算等综合技术的成熟为基础，数据是过程性和综合性的考虑，它更能考量真实世界背后的逻辑关系。

由于互联网的迅速发展，美国从1997年以来的十多年，在家上学的人数迅速增长,教育不再是每个学生必须接受的事情。然而,如果就此断言未来的教育会消失就错了。正如随着印刷术的普及,教师的比例并不是减少而是大幅度增加一样,大量的信息垃圾的出现,反而需要更多的教师进行指导。未来的教育在互联网教育的推动下,会更加个性化和更加普及,只不过教师和学校的定义和内涵需要重新定位。

云技术、物联网和基于云技术和物联网的大数据是教育变革的技术推动力量。在向大数据时代、知识时代跨越的过程中,知识将无处不在。目前,仅就知识传播而言,教育资源正在经历的是平台开放、内容开放、校园开放的时代,这是前所未有的。未来的教育会是怎样的?主流的模式必将是:视频成为主要载体,教育资源极其丰富,翻转课堂,按需学习,终身学习,不以年龄划线,远程教育的提法将消失,距离不再是问题,教育在学校之外发生,等等。

大数据的支撑作用

传统的教育兴盛于工业化时代,学校的模式映射了工业化集中物流的经济批量模式:铃声、班级、标准化的课堂、统一的教材、按照时间编排的流水线场景,这种教育为工业时代标准化地制造了可用的人才。而大数据教育将呈现另外的特征:弹性学制、个性化辅导、社区和家庭学习、每个人的成功。世界也许会因此安静许多,而数据将火热地穿梭在其中,人与人(师生、生生)的关系,将通过人与技术的关系来实现。

大数据与传统的数据相比,就有非结构化、分布式、数据量巨大、数据分析由专家层变化为用户层、大量采用可视化展现方法等特点,这些特点正好适应了个性化和人性化的学习变化。目前教育变革的讨论过于集中在在线教育(远程、平板、电子、数字)上,这正像任何一个科技让人们最先想到的都是偷懒的哲学,自动化时代最先想到的是卓别林演的自动吃饭机,多媒体时代人们最先想到的是游戏。在线教育本身很难改变学习,在这场教育革命的浪潮中,由在线教育引发的教育由数字支撑到数据支撑变化(教育环境、实验场景、时空变化、学习变化、教育管理变化等等),却是很多人没有在意的巨大金矿。

教育环境的设计、教育实验场景的布置、教育时空的变化、学习场景的变革、教育管理数据的采集和决策,这些过去靠拍脑袋或者理念灵感加经验的东西,在云、物联网、大数据的背景下,变成一种数据支撑的行为科学。

在美国宾州,有一个叫做EDLINE的网站,将学生的每次作业、每次考试记录在网上,完成学生的日常 GPA 积累,这个网站的技术并不难,然而能够坚持下来的数据积累,对于学生、家长和教育管理非常重要。大家都知道,美国的大学入学 GPA 非常重要,依靠这个 GPA 再加上学生的 SAT 和 ACT 所提供的分析报告以及志愿者活动资料,就决定了学生的大学去向。

教育将继经济学之后,不再是一个靠理念和经验传承的社会科学和道德良心的学科,大数据时代的教育,将变成一门实实在在的实证科学。

在上海,东华大学正在将 10 多个学院的数百个实验室管理起来,通过物联网和云技术将实验系统连接起来,实现实验室数据的整合、分析、可视化、报表,依靠数据,不再依靠人的上报。

目前的经济,已经进入后工业化的大数据时代:经济结构转向服务经济,劳动力大规模转向服务业,职业分布由工厂转向办公室,社会焦点从围绕生产转向围绕创新。同时,人与机器的主流社会关系也逐渐转向人与数据之间的关系。若干年后的社会竞争是以服务和创新为核心的。大数据教育提供了另外一种可能,标准化的教育将转向网络完成,而人才培养和个性化将主要由学校承担:越来越小的班级、越来越近的学校、越来越聚焦的教育支持、越来越个性的培养方式,将使教育摆脱工业化时代。

大数据带来的挑战

印度教育科学家苏迦特·米特拉是一个里程碑式的人物。1999 年,他去了印度的很多偏僻乡村,那里的人既不懂英语也没见过电脑。苏迦特·米特拉在孩子们经常聚集的街头的墙上装上连接互联网的电脑屏幕,配上鼠标,然后离开那里。几个月后,试验表明,孩子们无师自通,学会了使用电脑。在以后的十多年里,苏迦特·米特拉在印度、南非、柬埔寨、英国、意大利等地还进行了类似的以生物、数学、语言等为内容的教育实验。结果证明,在不需要老师或科学家输入逻辑和程序的情况下,学习者可以独立自主地完成学习,这就是"自组织学习"。由此,苏迦特·米特拉对教育进行了建构主义的重新定义:教育是一种自组织行为。

学习是一种自组织行为,那么,教师和教学机构的作用便要重新定位。互联网的不断普及,网络资源进一步开放,在线教育就不能仅仅是把传统的课堂搬到网络上,这样的做法也许更加违背学习规律。新媒体教育联盟在做了相关历史研究的基础上,总结了诸多人类的学习行为:社会学习、可视化学习、移动学习、游戏学习、讲授学习等,每一种学习方式,在信息和知识的载体方面,基本上都有相应的技术基础。换言之,技术既可能扩展人类的学习方式,也可能限制人们的学习方式。一旦有新的技术出现,这些新技术改变信息和知识的传播模式,那么,人类的学习方式也会相应地产生根本性的变化。在互联网时代,开放的社会和资源将进一步解放人们的学习,越来越多的人不用呆在学校里被动地接受学习,他们会把自组织学习发挥得淋漓尽致。

在美国新的在线教育浪潮中,那些拥有大量粉丝的大学教授,轻易能够拿到数千万美金的创业基金。这对于传统的大学是一个巨大的挑战,正是在这个背景下,促动了大学改革的神经:再不顺应潮流,那么校园将不是最优秀教师的聚集地。然而,教育要想真正获得新生,不仅仅在在线教育上,更在于传统教育理念的变化:教师的功能,应该把低层次的和可拷贝的交给大投入的电影模式去做,而未来,教师将成为教练,师生将走向训练场。

在信息技术大革命的今天,规训与教化在撤退,支持和服务在推进。教育本质是对学习者的支持和服务,而不是对他们的规训和教化。作为万物之灵,人类本身就有逻辑推断和自组织的能力。发掘这种逻辑和自组织的能力才是正道。正在发生的教育革命并不是要把传统的课堂搬到网上,而是让新技术解放人们本来就有的学习能力和天分。学生得到解放,人力资本成倍地增长。

在这场教育的变革中,最严重的问题已经不是教育资源的缺乏,而是毫无天分的教师在错误的方向上还在"勤奋地工作"。教育界将"重新洗牌",这也是我预测未来教育的一个关键词。苏迦特说:"对于教育者来说,这是一个大转变的时代。我亲眼目睹着教育界的各种力量在重新洗牌。或许我们说'教育革命'未免言过其实,但是各种变化的确在更迭着。教学模式的多元并存会是一个长期存在的现象。但是毫无疑问,新技术从外围给教师增加了新的竞争对手。新技术的应用又导致学生在心理预期、学习习惯等方面的变化,这就从核心和内部促进着教学过程的转变。学生变了,不如以前'好带'。这并不是坏事,在这当中,不知潜藏了多少机遇和可能性等待着有心之人去发现!"

苏迦特有一个很具有代表性的观点:"你能够想象和确认,你所教的和考核的东西,在今后20年学生们走向工作岗位还管用吗?"为此,苏迦特分析,在今后的大数据时代,只有三种最基本的东西是学生用得到和必须学的东西:一是阅读,二是搜索,三是辨别真伪。谈到数学,苏迦特说:"也许数学,将成为一种体育运动。"基本能力加每个孩子特长的"体育运动",构成了苏迦特心目中的未来教育,这种体育运动也许是数学、领导力、音乐、美术、篮球……数学也许是每个孩子的体育运动,也许是一部分专业运动员的体育运动,但大数据时代的数学,将不会是教育的基本标准和指向。

大数据时代给人最大的难题正如托夫勒所说,来自信息过载所带来的"信道危机"。在单一的信息来源情况下,比如高考的分数、固定的复习资料,教育最好的办法是重复吸收那些经过筛选的编码信息。但这种模式只适合信息闭塞的情况,不大适合北京、上海等信息过载的城市。在以网络技术无限广阔的应用所带来的大数据信息压力时代,如何搜索、阅读和辨别信息成了一个巨大的难题。

迎接大数据时代的到来

在信息时代的今天,我们应利用大数据将"信息过载"的难题转变成为个性化的教育。例如,同样的一门课程,如《网络工程》,在计算机学院、信息学院、管理学院,巨大的知识推送和资料,如果假借大数据应用的推送,给不同要求的学科完全不同的内容推荐,即使面对同样一个学科的不同行为习惯的学生,也会针对性地给出对应的学习策略。人类以往的知识体系和知识点在大数据背景下并不会发生变化,而学生们却可以通过大数据应用得到个性化的指导和无穷无尽的资源配套。

失去了知识垄断性的学校,剩下什么呢?是教堂、厅堂、弄堂,还是食堂?回答不了这个问题,学校就会成为创新的阻碍力量。大数据时代,互联网教育与学校教育将逐渐分离,正如电影院和电视机在初期竞争的时候水火不相容,而成熟以后会各得其所。颠倒课堂提供了一种学校教育与互联网教育共存的新模式,事实上,学校里更少的课堂与更多的实验室、更多的交往与更少的讲授、更多的互动与更少的灌输、更个性化的服务和更灵活的学制,将是未来学校得益于互联网教育得到新生的机会。

2012年初,我在美国卡内基梅隆大学访问,由于系列教育大数据的博客与涂子沛相识,其间涂子沛正好写完他的《大数据:正在到来的数据革命》初稿。连续好几天,我们躺在他家的沙发上兴奋地探讨教育大数据的话题。探讨过后的两天我有事回国,涂子沛先生文思敏捷,在很短的时间里便发表了一系列文章:《教育正在发生一场悄悄的革命》、《中美教育比较》、《再谈教育正在发生的一场革命》等,如后来他的《大数据》一书反响一样,这些教育大数据的文章反响巨大,南方都市报为此还做了专访,某大学校长还为此发布通知,让全校师生学习这些文章,而这时正发生在我乘飞机回国的24小时之内。回到上海,我继续整理之前做的上海市教育重点课题《云和物联背景下的实验教育技术与策略研究》。作为"小字辈",我不敢妄谈"革命",于是征求了一些前辈的意见。在我博士后合作导师薛华成教授80寿辰筹备会上,我的研究得到了包括上海财经大学刘兰娟教授、复旦大学的黄丽华教授、刘杰教授和毕春斌校友等人的支持和肯定。后来,又得到了包括顾宝炎教授在内的一些人的肯定。忐忑之中,我决定围绕我的课题举办一次交流会,请来上海师范大学老校长杨德广、南方科技大学副校长覃正、原东华大学副校长建桥学院副院长张家钰、上海应用技术学院副校长叶银忠、上海医疗高等专科学校校长丁岳伟、东华大学信息办主任曹奇英等。在会上,我系统地介绍了我的研究和思路,也得到了一致的支持和肯定。更难能可贵的是,素不相识的刘道玉先生在网上看到了我的文章,专门打电话给我,鼓励我将技术对教育的变革研究继续下去。

既然"乘客"和"列车长"们的见识是一致的,为什么教育的这趟列车还要在错误的方向上越开越快呢?既然24小时之内当我在10000米高的云端和10000公里的路程上发生了这么多与我有关的故事,那么,返回地面和物理世界的我,在这场由云和物联引发的教育革命面前,我为什么不去做一点事情,更快地促进这件事情?也许,不光是我有此想法,中国的教育工作者可能都在做同样的一件事。既然看准了,我们就促进一下,其他的,就交给自发的革命吧!

本书写作过程中,得到了涂子沛先生、黄皑青女士、叶铭博士、童荔博士、曹奕女士、田国宝先生、邝红军先生的大力协助,书中有些章节的思路来自他们,有些章节引用了我与他们共同署名发表的文章,我在此表示感谢。也感谢我的几个研究生所做的基础研究,他们是余燕萍、高兵、彭文玉、王丹丹、何立友等。

第一章

逝者如斯夫,变革的力量

1.1 失败的优等生

2011 年到 2012 年,美国出现一次教育史上较大的关于大学的争论。彼得·蒂尔,这个身价 27 亿美金,成功投资了 YoTube 和 Facebook 的投资家,做出了一件令人吃惊的事情:他决定给予具有创新精神的大学生以 10 万美金的资助,前提条件是这个学生必须辍学,而不是复制自己在哈佛拿到两个学位的"优等生"的经历。"你觉得大学所得到的知识在社会上用得到吗?你不觉得每年 10000 亿美金的助学金换回的是一个个谎言吗?"

彼得·蒂尔在总结自己成功创业的经验时,并没有把自己的成功归结于大学里学的知识,因为他在哈佛学习的是哲学。Facebook(脸谱)的成功更多地来源于几个辍学的学生——扎克伯格、休斯等,他们是 Facebook 的诸葛亮。

事实上,彼得·蒂尔并不是第一个表述这种观点的人。只不过,这一次彼得·蒂尔获得了 400 名学生辍学的效果和更多的掌声。无独有偶,十多年前在耶鲁大学的毕业演讲台上,甲骨文公司的创始人埃里森也做过类似的表述:

"请你好好看一看周围,看一看站在你左边的同学,看一看站在你右边的同学。请你设想这样的情况:从现在起 5 年之后,10 年之后,或 30 年之后,今天站在你左边的这个人会是一个失败者;右边的这个人,同样,也是个失败者。而你,站在中间的家伙,你以为会怎样?一样是失败者,失败的经历,失败的优等生!我来告诉你原因。因为,我,埃里森,这个行星上第二富有的人,是个退学的学生,而你不是。因为,比尔·盖茨,这个行星上最富有的人,是个退学的学生,而你不是。因为,艾伦,这个行星上第三富有的人,也退了学,而你没有。再来一点证据吧,戴尔,这个行星上第九富有的人——他的排位还在不断上升,也是个退学的学生。而你,不是!……"

我们来回顾一下彼得·蒂尔和埃里森所提到的人和事:

姓名	退学简历
比尔·盖茨	1973年比尔进入哈佛大学,并认识了鲍尔默;1975年退学建立微软公司,比尔在卡内基梅隆大学建立盖茨大楼。
埃里森	1962年埃里森高中毕业,进入伊利诺斯大学就读,二年级时离开学校。后来在芝加哥大学、西北大学学习。1966年来到加州的伯克莱,准备就读研究生,但是没有拿到毕业证。
乔布斯	1972年毕业于加利福尼亚州洛斯阿图斯的Homestead高中,后入读俄勒冈州波特兰的里德学院,6个月后退学。1976年,乔布斯与退学的斯蒂夫·沃兹成立苹果公司。后者直到10多年后才回到学校继续自己的学业。1985年,乔布斯在苹果高层权力斗争中离开苹果并成立了NeXT公司,瞄准专业市场。2年时间跑遍几十所大学。
保罗·艾伦	1971年中学毕业后,艾伦前往华盛顿州立大学上学;1974年,为了成为波士顿Honeywell公司的程序员而退学;1975年,艾伦说服盖茨不要打牌而要编软件,两人成立微软,艾伦占40%。
麦克·戴尔	1983年,为了不辜负父母对他的一片期望,戴尔进入了得克萨斯大学,成为一名医学预科生。1984年1月2日,戴尔凭着1000美元的创业资本,注册了"戴尔电脑公司",第一个月他就卖出了价值18万美元的改装PC(个人电脑)。从此,他再也没有回到过学校。
扎克伯格	2004年,扎克伯格就和两位室友一起,用了一星期时间写网站程序,建立了一个为哈佛同学提供互相联系平台的网站,命名为the Facebook。到2004年年底,Facebook的注册人数已突破一百万,扎克伯格等人干脆从哈佛退学,全职营运网站。

从表面上看,似乎大学越来越不重要了。似乎,要成为美国的前十大富翁,辍学成了必要条件。然而,这个必要条件的背后,是知识本身的普及以及知识学习从大学剥离所造成的。换句话说,以前,大学是知识的独家代理,如今已经不是了。不仅不是,甚至成了障碍。扎克伯格说:"目前的大学,正在成为创新的阻碍力量。"

2010年,匹兹堡退休钢铁企业家将数亿美元捐给这座城市的卡内基梅隆大学和匹兹堡大学,感谢两所大学为改变钢铁城市所作的贡献。在过去的几十年中,卡内基梅隆大学成为美国东部计算机和高科技的代名词,而匹兹堡市当初将钢铁产业卖掉投入到匹兹堡大学的 UPMC,目前已经成为拥有 3000 多家连锁机构的全美最大医院的城市,造成匹兹堡 20 多万人口中数万从医人员。来看看下面两所私立大学的学费和人均捐款数量吧:2011 年,哈佛大学的学费是 5 万美金/年,人均受捐额达到 158 万美金/年;卡内基梅隆大学的学费是 3 万美金/年,人均受捐达 20 万美金/年。

"大学无用论"如火如荼的时候,人们却容易忽视一个事实:上述这些退学的精英捐给大学的钱一点也不少。比尔·盖茨捐助了卡内基梅隆大学的盖茨楼,扎克伯格刚刚捐助一亿美金给纽瓦克公立学校系统,乔布斯生前更是在各个大学布点。大学不是不重要了,而是必须变革。事实上,退学的这些创业者,从来没有远离大学,自己的成功也更多地来自于大学的"狐朋狗友"。只不过,大学越来越没有围墙了。大学再也不能以知识为中心了,知识本身的获取,越来越不是象牙塔内的专利了。

"所谓的教育,就是把在学校学到的知识忘掉,剩下的那一部分才是教育。"

——爱因斯坦

说起大学的危机,我们不能不提到 20 年来的在线教育的冲击。近年来,在线教育对大学的冲击似乎来得更猛烈了一些:

可汗学院

可汗学院,是由孟加拉裔美国人萨尔曼·可汗创立的一家非营利教育组织,主旨在于利用网络视频进行免费授课,现在已经有关于数学、历史、金融、物理、化学、生物、天文学等科目的内容。萨尔曼开设在线教育网站起源于教表弟数学,之后,这位孟裔美国人把教学过程制作成教学视频,并上传到网上。不久,他的教学视频在 YouTube 像病毒一样广为传播。最终,他创立了可汗学院。如今,这些视频已经成了 YouTube 上最受欢迎的公开课,每天通过互联网教成千上万的孩子们数学、科学和其他学科。

当美国佛罗里达大学新生妮科尔·尼西姆被三角几何学困住时,她没有去请教老师或同学,而是在 YouTube 网站上找了一段"可汗老师"讲解三角几何学的视频,反复看了几遍,问题就迎刃而解了。整个过程既方便又快捷,而且没花她一分钱。

2012 年夏天,可汗要增加的一个新的功能,就是给那些教其他学生的学生颁发

"在线奖章"（类似于 Foursquare 的那种奖章），可汗说："能在 SAT 考 1600 或者 GPA4.0 当然很荣耀,对孩子来说,更值得炫耀的是他们能给其他孩子进行辅导。"

Udemy

在 Udemy 网站上,老师可以根据自己上传的视频的点击率而获得报酬。该网站宣布,其年收入最高的老师,已经超过了 20 万美元,收入排行榜的前十名,个人的年度收入都超过了 5 万美元。

TeachersPayTeachers

佐治亚州的学前班的老师 Deanna Jump 的教案,在 TeachersPayTeachers 这个网站上的成交量已经超过 70 万美元,她目前的月收入已达 6 万美元。

InstaEDU

让你随时都能找到一名优秀的老师。只需输入你在学习的科目,InstaEDU 就会给你检索出一群在线的优秀老师,这些老师都来自斯坦福或者哈佛这类名校。然后,你可以挑一名老师,双方都确认之后,通过视频聊天的形式开始教学。新注册的用户有 10 分钟的免费使用时间,之后则按一分钟 50 美分收费。

Echo360

2012 年,坐拥百万学生,专注在线教育产品的 Echo360 获得了 3100 万美元融资。在线教育是朝阳行业,Echo360 的大数额融资又是一例。这家提供教学视频、音频和学习软件的公司成立才四年,在美国市场的占有率已高达 54%。他们下一步瞄准了全美中小学市场。

StraighterLine

2012 年,StraighterLine 筹集了一笔 1000 万美元的投资,用来改善大学的在线教育。统计表明:目前全美大学生学业债务达到 1 万亿美元。StraighterLine 网站推出的在线课堂最多只需要 1000 美元就可进修一年的整套课程,同时还能帮助学生将学分转到合作的大学中。

Udacity

谷歌无人驾驶汽车的发明者、斯坦福教授特隆,也离职创办了在线教育网站Udacity。随着类似公司如雨后春笋般冒出,普林斯顿、伯克利、宾夕法尼亚大学等知名学府都在近期宣布加盟在线教育,逐步向全世界开放自己的课程。

在这场在线教育的热潮进行得如火如荼时,EPIC 2020 发布了 10 分钟免费影片,轰动性地预言 2020 年,传统大学体制(包括昂贵的学费和学位制度)会衰败。创新的在线学习模式将只从顶尖的占 1‰ 的学生中获取收益,其余则免费。每位学生只要连上互联网即可接受最好的教育,而且每个学科只需要一名教授。

对于"大学该干什么",也许还存有争议,然而,面对在线教育的挑战,各大高校感到了巨大的危机,他们开始了行动。对于"大学不干什么"、"免费提供什么",他们却是空前地一致。哈佛、斯坦佛、MIT、耶鲁、普林斯顿、伯克利、宾夕法尼亚大学等纷纷把自己的课程免费上网。

2012 年 5 月初,哈佛大学与麻省理工学院共同宣布,将投入 6000 万美元开发一个在线教育平台。2013 年,两个学校的授课过程免费向全世界开放,这个平台本身也以开源的形式向其他大学和教育机构免费开放,这就是 edX。

在此几个月之前,斯坦福大学已经把在线教育变成了硅谷最热门的话题。其计算机系的一个教授,把自己的一门课放到了互联网上,结果全球有十几万人注册。这些人,除了在网上听他的实时讲授,还和斯坦福大学的在校生做同样的作业、接受同样的评分和考试。最后,有几千人完成了这门课程。该教授看到了其中的商机,在硅谷拉到了一千多万美元的投资,成立了在线教育公司。

当然,在线教育也不是大学的专利。在宾夕法尼亚州,从小学到高中都建立了在线学校,选择参加在线学习的学生,有的地方可以免费获得克萨斯州政府配发的一台笔记本电脑、一台打印机和扫描仪,作为学习的工具。因为,他们放弃了公立学校的学位,节省了公共教育的开支。目前,宾州的在线学校 Cyber School 已经招收了几千名中小学生。

加入到这场变革后,更加使这些学校感到事情的紧迫和变革的重要性。哈佛大学的一门十多万人选修的免费课程,本校学生的表现却并没有进入名列前茅。哈佛感到了危机,准备授予那些在在线课程中表现优异的学子以课程学位,并且根据他们的学业成绩向哈佛校友推荐工作。麻省理工学院 6.002x 的电子电路课程,仅仅注册这一门课的人,就比整个麻省理工所有在世校友的总数还要多。该校教授 Brynjolfsson 说,大数据的影响好比几个世纪之前人类发明的显微镜,大数据,将成为我们观察人类自身行为的"显微镜",这个新的显微镜,将再一次扩大人类科学的范围,推动人类知识的增长,引领新的经济繁荣。

中国的复旦大学,也尝试着开放课程。复旦大学没有选择像其他国内高校一样自己开发平台,而是将开放的 Sakai 平台布置到该校的网站上。在没有做太大推广工作的情况下,第一期 400 门课程顺利上线,后期共 1300 门课程也顺利上线。也许,复旦的案例有些特别,比如,该校的海归学者比较多。然而,这并不是事情的全部。中国教育部以及各地的教育主管部门多年来也致力于精品课程的推广,然而,旨在考核老师和围绕领导眼球转而缺少互动的课程效果其实是很差的。

主动丢掉了知识的大学,剩下什么呢?是教堂?是厅堂?是弄堂?还是食堂?如果回答不了这个问题,大学确实会成为创新的阻碍力量。

1.2 新时代、新技术、新趋势

之所以说教育界在发生一场革命,是因为世界几大洲不约而同地都在反思教育、讨论教育,都对大学不满意(是否改成尤其聚焦大学的现行教育)。当中国的家长都将孩子送往欧洲和澳洲的时候,欧洲的年轻人却都跑往美国;当中国孩子历尽千辛万苦从英国转到美国考上名牌大学时,在美国发现的确是一场关于"退学创业"的巨大争议,这场革命的中心又一次落实到了美国。有人说大学"官僚"了,有人说大学没落了,有人说大学不重要了,背后的原因都只有同一个指向,那就是原本只有在大学里才能学到的知识,现在在大学之外更新、更多、更优!在"开放时代",教育资源所经历的平台开放、内容开放、校园开放是前所未有的,大学和大学教育如果不与时俱进,将会被学生所抛弃。

平台开放时代

这场革命的开端,与一个澳大利亚人有关。2002 年,住在沙漠地区的职业技术学院教师 Martin Dougiamas 开发了一套开源的平台,用来解决沙漠中学生要乘飞机上学的不便问题,于是 Moodle 诞生了。与其他平台不同,Moodle 不收费,但是要求开发的插件和派生版本必须向全世界开放。于是它迅速得到普及,世界各地的志愿者们迅速地不断完善和升级着这个平台。它被中国人称为"魔灯"。到 2012 年,世界各国的 Moodle 平台已经超过百万之巨。

2004年,密西根大学等八所大学在梅隆基金会Sakai项目的资助下,开发了开源的软件Sakai,与Moodle采用PHP开发的课程展示模式不同,Sakai使用了资源模式和Java开发,更加适合大学研究性资源和课程的共享。2014年,用它开发的门户网站超过20万,最大单个网站的用户超过20万人,其用户涵盖80%的知名大学。

通过Moodle和Sakai,学生们不仅仅可以得到教师的讲义和电子书,还可以在线讨论、在线作业和在线测试,原本你教我学的游戏(是否改单向灌输)转变成为师生互动的网络探究,教师也可以将自己原本藏在电脑中的大量文本、视频等共享给学生,原本靠上课点名获得的日常成绩,可以从学生的网络行为中得到自动统计。

从2008年到2011年,笔者使用Moodle和Sakai这两个平台对电子商务专业的两门课——《网络工程管理》和《电子商务交易与支付》——进行实验。每学期15次作业和15次在线测试。这门60名学生的课程,每学期的点击量达到11万次。作业和在线测试构成占平时成绩的40%,另外的60%还得通过网络平台上的资源去完成课程终结评价的作品:6个人一个小组,去投标一个上海市政府的采购集成项目;或者去攻破一个假设在平台上基于SCORM搭建的漏洞网站,学生攻破网站的速度和数量,将自动计入平台并且给出汇总成绩。2014年,笔者又将微课与微信打通,选修《网络工程》课程的两个班128名学生,答疑互动达1500多条。

图1-1 加入互动任务,上海海事大学的安全Moodle课程,学生点击达到数万次

内容开放时代

这场革命更早的源头,还得从1999年说起。它不是来源于平台开放,而是来源于内容开放。1999年麻省理工学院将最核心的C语言课程公开。那个时候,我还在一

个信息安全公司当副总,网络泡沫正在退潮,这件事情并没有引起其他人足够的重视,但是对于我这样一个专业人士已经足够震撼了。我国的 C 语言教材,翻译自国外后经过若干次的传递早已变得面目全非。从这个时候开始,包括清华大学等知名大学在内的很多大学的师生已经抛弃了原有的方式,直接从原版的课程平台得到一手的教材和习题。

到了 2010 年,很多大学老师突然发现原本对哲学和政治没有丝毫兴趣的同学突然对此非常有兴趣了。原来,当年哈佛大学的新生第一课《公平与正义》被人广泛传播。由此,学生既练习了英语,又通过它对有关公平和正义的几十本著作产生了兴趣。与此同时,耶鲁大学的《美国的革命》这一门历史学的在线课程也引爆网络。普林斯顿、伯克利、宾夕法尼亚大学纷纷效仿,开放课程。不仅仅是政治学、历史学火爆,电子工程、高等数学等课程,也吸引了几万、十几万、几十万的注册用户学习。内容开放时代到来了!

2012 年,哈佛大学与麻省理工学院共同宣布,将投入 6000 万美元开发一个在线教育平台 edX,授课过程和平台本身以开源的形式向其他大学和教育机构免费开放。很多的原有 Moodle 用户、Sakai 用户以及在此基础上进行服务和二次开发的公司非常警觉,这是因为,上一次 Sakai 的开发投入的资金只有 600 万美元,而哈佛和 MIT 的这次行动花了 6000 万美元。

校园开放时代

当国内高校纷纷占领地盘,把学校搬往郊区,一座座大楼拔地而起的时候,美国的高等教育正在悄悄发生另外一场革命,这场革命与我们正好相反。中国把大学搬往人烟稀少的文化沙漠,而美国的大学不仅仅把有形的围墙拆掉,更把无形的围墙也拆得干干净净:与社区融合、与产业融合。2008 年,当我刚刚从公司进入高校的时候,我怀揣着梦想拜访了中山大学的夏书章教授,津津乐道于我所在的新校区的高楼。夏先生说了一句意味深长的话:一个大学没有大树,我是不会踏入校门的。来到卡内基梅隆大学访问,不到三个月,我就对夏先生的话颇有感触。我们的大学正在朝着远离历史、大树和社会的方向越走越快。

卡内基梅隆大学是美国著名高校,尤其是计算机专业,在美国的排名一直是前三位。1957 年,当过美国财政部长的梅隆将自己的梅隆研究院与钢铁大王的学校卡内基大学合并,组建了卡内基梅隆大学。在此之前,卡内基大学名气并不大,合并之后的卡内基梅隆大学的名气依然很小,直到今天,也不过只有几百亩地和6000名学生。若是在中国,2000年前后,一定会被合并成为一所巨无霸的大学,也不知道该搬到什么地方。卡内基梅隆大学的校长听取了当时的管理学家、决策理论的创始人西蒙的建议:学校只搞计算机。要知道,那是六七十年代。一所学校只搞计算机的决策出自于一个若干年后才得到诺贝尔经济学奖的人之口,这个决策是多么果断。即便到了2012年,这个决策如果出自于一个诺贝尔奖获得者之口,在中国也是万万得不到支持的,因为在中国,如果只有计算机这门学科,它就不能叫"大学",只能叫"学院"。

目前的卡内基梅隆大学,有计算机科学学院、商学院、工程学院等很多学院,然而,都离不开计算机:工程学院是计算机工程,管理学院是信息管理,金融学院是数字化金融,艺术学院呢?卡内基梅隆大学的戏剧影视的特长是多媒体,其中的动画技术是美国首屈一指的。当年只做计算机的决策造成了开放的产业合作:Intel、苹果等实验室都设在卡内基梅隆大学,而比尔·盖茨捐助的盖茨楼,也成为计算机科学学院的大楼。中国人看见美国的大学感触最深的就是,那是没有围墙的大学。美国开国领袖杰斐逊建立了第一所没有围墙的学校,并且自己搬到学校旁边,每天从楼上用望远镜"看管"这所学校。

进入卡内基梅隆大学,你会对心灵的"没有围墙"感触更深:

- 这所学校已经几乎没有课堂了,除了50年前建设的教室外,新的楼和老的楼到处都是实验室。
- 已经几乎没有纯粹的期末考试了,非常多的课程代之以作品考核。我经常接到本科生老师的群发邮件,邀请我参加某门课程的结业作品展览。在一门嵌入式课程中,来自Intel的工程师助理教授Herbert Simon,每年拉来的捐款,部分用于这门课程学生们三人一组的真实作品演示。几十个小组的作品除了嵌入式的这一共同点,几乎没有任何相似之处。
- 教师一半是产业界人士,除了教授编制,个个研究所都有非常多的科学家、工程师、博士、博士后和像我这样的访问学者。他们都有可能讲座和讲课。
- 校园一半被产业占据,几乎所有的实验室都是产业赞助和合作的产物,博士生甚至硕士生可以在工作岗位上,并获得不菲的收入。关键是:你要做出真东西。学生有一半时间在实习,本科生从二年级开始就已经到处因专业能力而获得收入,硕士生努力一些做研究助理和教学助理,几乎完全可以维持自己的生活和学习费用,而博士和博士后,原本就有每年数万美金的收入。

图1-2 卡内基梅隆大学的嵌入式本科课程作品考核

- 一半的讲座来源于校外,我听取了20场左右的讲座,其中15场都来自于外校。与国内不同,听讲座的不仅仅是学生,教师和研究人员占据了一半左右。

技术的进步往往会造成社会的变革,而新技术的应用和变革,往往又是长时间的社会变革积累的结果。云技术使得原有的组织架构产生革命性的变革。仅仅使用新的技术而没有估计到新的技术应用背后社会悄悄发生的变化,那么,在教育领域,云与物联新技术的使用,不仅不能让教育发生质的变化,反而固化原有的官僚体制。大学的围墙,从有形的开始打开,随之,无形的围墙和心理的围墙也逐渐打开,如此,这20年来知识传播模式才发生了巨变:大学从知识的代理商逐渐转变成知识的创新工厂。

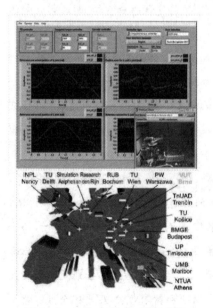

图1-3 Andreja Rojko远程实验

无形的围墙打破的同时,有形的围墙继续在技术的推动下变得更加开放。荷兰的Pavol Bauer教授2008年研究电力教学的远程趋势,他将国内不同大学的从电力发电到照明的几十种课程,在不同大学的设备进行远程控制和学习,完成了虚拟和实体相结合的整体的系统的课程学习网络。这个平台恰恰是通过前面所讲到的Moodle平台和大学间的预约平台完成的。2010 年,Andreja Rojko 通过远程实验,完成了 11 个欧洲国家的学生的实体机电一体化实验,包括课程、资源、远程控制、设计和反馈。大学的实验设备在物联网和云技术的支撑下,进一步发挥协作共享的作用。

校园的开放不仅仅是大学的自主行为,更是大学之间的竞争以及大学面临不再是顶尖的知识传播者的现实所采取的必然策略。2012 年美国麦格希教育出版集团同西部州长大学(Western Governors University,WGU)对外公布签订了一份具有里程碑意义的协议,由此麦格希集团创设了一种"按教学效果收费"(pay-for-performance)的商业模式。在此模式下,麦格希将从使用了麦格希出版集团为特定的课程和考试所提供的技术和服务的 WGU 学生们那儿收取不同的费用。麦格希教育出版集团将提供一系列电子书产品和一系列行业领先的适配工具,这些工具中包括了麦格希为 WGU 大学的网络课程提供的 Learn Smart 工具。在这个新的价格体系中,大学先按一个较大的优惠折扣向麦格希的课程学习资源支付固定费用,然后,如果 WGU 的学生们在使用了麦格希所提供的学习材料之后通过了课程考试(成绩是 B 及以上),那么 WGU 再向麦格希支付一部分额外费用。在这个"按教学效果收费"的新模式中,大学和教育培训公司要为学生取得学业成功和在花费最少的情况下获得最优质的教育材料负责。

这场教育革命的背景是什么呢?2012 年 4 月 27 日,《经济学人》网站推出文章指出,在信息技术和新材料的进步下,世界已经发酵出一种新的工业模式:就近生产、全面脑力、新材料和极简生产、3D 生产、打印生产。《经济学人》将这种工业模式给出了比《第三次浪潮》更加肯定的时代主题词:第三次工业革命。具体到教育和高等教育,云、物联网和基于云和物联发展所带来的大数据趋势,是变革的技术原因。

图 1-4 《经济学人》杂志 2012 年 4 月封面:第三次工业革命

云

- 软件即服务:主流的软件以志愿者创新 + 服务的形式,而不是以收费软件形式存在;
- 平台即服务:大量的知识以服务而不是交易形式存在;
- 基础设施即服务:大量的信息载体以价值贡献而不是拥有为形式提供。

物联

- 全面感知：世界由终端变成网络，跨校和校企合作更加灵活；企业和高校边界模糊；
- 可靠传递：不仅是信息，还包括情景和感知的实现；
- 智能处理：社会化网络和移动终端。

说起数据和在线教育，人们往往会重视云技术的应用，其实物联技术应用的贡献同样大。物联本身对云提出了要求才使得云本身成为一个时代的关键词。云和物联技术所带来的大量教育的行为数据及行为经济学分析、元数据及其挖掘技术的成熟应用、社会化网络及其可视化和诱导技术的快速发酵、越来越小的终端和越来越大的数据共同促成了这场革命。

教育活动的本质，是知识的传递。受限于技术水平，人类最早的教育形式，无论东方、还是西方，都是以个人关系为基础的，即通过师生之间口耳相传的"传、帮、带"，完成知识的传递。这可以称之为"学徒制"或"私塾制"，不难想象，这个时候的教育规模比较小，教育主要依托个人和家庭来完成。

印刷术的发明，为知识的传递提供了一种新的载体：书籍。随着书籍的普及以及人类社会向工业社会的迈进，发生了第一次教育革命，即现代意义上的学校出现了。而且，建立学校，慢慢演变为一种有组织的国家行为：青少年按年龄大小排序，以老师为中心，以课程讲授为形式，共同接受教育。学校的建立，使"学徒制"时代的"师徒"关系转变为"师生"关系，解除了两者之间可能存在的人身依附和压迫，也打破了学徒制的师生的小比例教育，开始成为一种大规模的批量生产过程。

虽然提高了知识传播的效率，但学校也存在着一些明显的不足。例如，一对多的讲授，批量生产，无法做到对每一个学生都提供个性化的、持续性的指导和评价。又如，虽然学校成立的目的是培养学生，但老师却持有权威的地位，学生的学习本质上还是一个按计划实施的被动过程。

计算机发明之后，人类社会开始进入信息时代。随着信息技术的不断进步，知识的传播有了新的载体：视频。近年来，各种以课程为内容的视频，在不断地产生、累积、淘洗和沉淀。可以肯定的是，通过互联网上的编辑和合作，不远的将来，全世界的每一个领域、每一门课程都会出现一些经典的视频。这些视频，将取代老师在课堂上的讲授，成为最受欢迎的学习材料。换句话说，未来的老师，可能会是课堂的组织者和学习的引导者，而不是知识的讲授者，其权威性将下降，师生关系将面临改变。

更重要的是,这些最好的教育资源,绝大部分都将免费。哈佛和麻省理工之所以免费,理由之一,是"大数据"的技术背景,他们需要收集最多的行为数据,以研究开发最好的在线教育平台,并强化其学校的品牌效应。但这只是硬币的一面,对学习者免费并不代表他们无利可赢。例如,他们可以通过"微学位"的认证来收费。假设一门课程的"微学位"认证费用为100美元,每一门课程每一年在全世界的范围内接受10万人的认证,以全校100门课程计,年收入将会高达10亿美元。你也许还会问,那仅仅是哈佛大学,其他一些在线教育网站,也能够免费不成?答案恰恰是"完全可能"。例如,由斯坦福名教授特隆创办的在线教育网站 Udacity 就宣布免费,但这也不代表他不挣钱。它的商业模式,是将1%学习成绩最好的学生直接输送给全世界最好的公司,从中收取中介费。换句话说,该网站不仅为全世界的学习者提供免费的学习平台,还包找最好的工作。这会在学习者当中激起怎样的竞争?对传统大学的威胁又何在?稍做冷静分析,相信你会对其中暗含的商机和变化倒吸一口冷气。

也就是说,对个人来说,知识的获得和传播,未来的边际成本将趋近于零。但这却还不足以构成这场革命。让我们回头看看:早在80年代初,计算机就走进了学校和课堂,远程教育的概念就被提出,视频录像就开始传播,那个时候,就有人兴奋地预言——信息技术要给教育领域带来一场革命!但30年过去,信息技术确实在工业、农业、商业等领域催生了诸多革命,教育领域的革命为什么姗姗来迟、直到近年才发生?

其中的关键,是近年来随着信息技术的进步,其"交互性"终于结成了"正果":以社交媒体为特征的 Web2.0 技术已经把人与人之间通过网络进行的交流互动推向了登峰造极的应用。教育理论认为,学习的本质是大脑对信息的一种加工,而有效的加工来自于有效的情境互动。回到我在有关文章中讨论的"学习行为评价和诱导平台",现有的信息技术可以通过网络、视频和智能软件,为每一个学习者搭建起一个学习情境,像人一样对学习者的学习行为提供持续性的诱导、评价和支持,如发出提示、建议、指出学习者的错误,帮助其形成科学的学习方法和习惯等等。除了智能软件的诱导和评价,学生还可以和其他学习者交流协同,有效地寻求帮助。

美国已经出现了提供专门辅导的家教网站,学习者可以在网站上列明的专家中按科目寻找自己所需要的辅导者,在十分钟的视频交流之后,辅导服务开始按分钟计费。也就是说,学习者和辅导者可以通过很低的成本、在很短的时间内实现有效对接,构造一对一的学习情境。以上信息技术能够营造提供的种种情境,我们不妨称之为"微学校"。加上普适计算的浪潮,计算机和网络将无处不在,"微学校"将可以随时随地搭建。再想一想，因为"微学校"的存在，未来的学生可能是在家里学习，到学校去则主要是做作业和答疑，现有的学校运作模式可能面临颠覆。

总之，和印刷术相比，现代信息技术不仅仅创造了新的知识传播载体，还可以为学习者搭建一个有效的学习情境，使个人可以跳出学校的约束，自由地选择自己需要的学习方式和内容。可以预见，由于"微学校"的兴起，现有学校的教育功能将在这一场革命当中巨幅衰减。教育的责任将从学校时代的国家，再度回归到学徒时代的个人。不同的是，这是螺旋性的上升，个人将对自己的学习和教育享有更多的自由、承担更大的责任，学习将彻底变成一件自我可以主导并完成的任务。这也代表着人类本身在教育领域的一种巨大解放。

在学校的衰减中，受到最大冲击的将是高等院校，因为它们涉及昂贵的学费以及曾经含金量最高的大学学位。在一段时间的共存之后，新兴的在线教育将最终冲垮它们其中的绝大部分。未来幸存的大部分高等院校，将成为新知识的生产中心而不是旧知识的传播中心。还有一小部分，可能要借助良好的管理和其他增值服务来吸引学生。

对中国的教育领域而言，这场革命或许还有额外的意义，那就是对现有体制的行政化和官僚化也有一定的瓦解作用。

1.3 "翻转"成为主题词

2012年8月9日，卡内基梅隆大学的Heniz管理学院，Rodrigo Belo在进行他博士论文最后的答辩。这位葡萄牙籍的博士生的论文题目是《高速网络对于基础教育学校和家庭的行为影响》。Rodrigo Belo跟踪了葡萄牙10年的中小学教育高速网络对于学习的影响，用5年时间完成了这篇论文。博士论文的结论是：校园网络对于学生总体来说是负面作用。在答辩前后，我与Rodrigo Belo进行了充分的讨论，Rodrigo Belo采用的评价指标是知识。也就是说，如果仅仅从知识的角度，网络工具本身，对于学习来说不是什么好事情，更容易让学生分心，也产生其他的一些负面作用。

如果老师一节课只讲10分钟，然后让大家讨论、提问、互动，这种MBA似的上课方式每个人都会喜欢吗？虽然很多人都在赞美，可真的亲身面对这样的教学方式时，还是不习惯，无所适从，甚至愤怒地认为是在浪费时间。文化观念、传统习惯的改变比我们想象的更难。

在中国大规模反思自己的教育方式的时候,美国人也在反思。其原因很简单,美国人发现,仅就数学、物理、化学等基础学科来讲,美国已经落后了,因为在成绩上,传统的教学方式在传统的考核体系下明显地更加能够获得好成绩。

中国北部某中学,每年可为清华等名校输送很高比例的毕业生。这是高考生的圣地,每年仅输送到清华大学的学生就占该省的一半。这种教育方式持续30年创造了中国高中教育的奇迹。

这所中学采用的教学方式,从现代教育理论来讲,没有丝毫可取之处,因为那种完全封闭式训练,从信息角度看完全是与世隔离的:不但不使用很多现代化的教育手段,而且还采用更加离谱的方式,将学生与家庭、社会完全隔离。它所创造的奇迹,其实是我们时代的悲哀。

与此类似的也绝非鲜例。山东省某大学,从进入校园的那一天开始,很多学生就封闭起来准备4年后的研究生考试,结果是这个学校研究生入学考试的分数奇高。

图1-5 人人网2012年盛传的两则通报

如果对以上案例中分数奇高的学生做跟踪研究,他们在今后的人生道路上,其发展也许和中科大少年班会有一样的结果。至于山东某大学的高分考生,则被很多研究生导师拒绝接收。我与Rodrigo Belo讨论的是,如何评估教育?什么是教育?如果仅仅是从知识本身的获取去评价,那无疑目前中国的教育制度和教学方式是最好的。然而,从创新、能力和社会性来审视,却不能这样说。大家都知道,教育的根本目的在于培养人,而培养的人的目的要能够适应和改变社会。从这个角度上来讲,网络社会首先应该让学生适应的是如何在网络时代管理自己和自己的学习,那么,评价指标就完全不一样了。

翻转的课堂

在2007年春天,某学校的化学教师乔纳森·伯尔曼(Jon Bergmann)和亚伦·萨姆斯(Aaron Sams)开始使用屏幕捕捉软件录制PowerPoint演示文稿的播放和讲解声音。他们把结合实时讲解和PPT演示的视频上传到网络,以此帮助课堂缺席的学生补课。那时,YouTube网站才刚刚开始。更具开创性的一步是,他们逐渐以学生在家看视频、听讲解为基础,开辟出课堂时间来为完成作业或做实验过程中有困难的学生提供帮助。不久,这些在线教学视频被更多的学生接受并广泛传播。由于很多学生在每天晚上6时至10时之间下载教学视频,以至于学校的视频服务器在这个时段经常崩溃。

"翻转课堂已经改变了我们的教学实践。我们再也不会在学生面前,给他们一节课讲解30—60分钟。我们可能永远不会回到传统的方式教学了。"与上面Rodrigo Belo的研究相比,翻转课堂改变了教育学的出发点。既然今后学生要面对信息社会和信息时代,那学校就应该因势利导进行这种改革,信息社会的教育不仅仅是利用现代的信息工具而已,更重要的是在信息环境中教育学生学会学习和学会生存。

翻转课堂的师生关系也发生了翻转,原来的教师的教向着教练和导演方向转换,它对教师的要求更高,需要的教与学的知识、技能更加丰富多样。

翻转课堂对应的英文是 The Flipped Classroom。它与我们在讨论教育革命时的系列词汇中 re-词根略有不同。其实我们还可以把翻转课堂称为 reversal classroom,一样是 re 的词根。我们反思教育,可以采用一系列带有 re 词根的词汇:回顾(review)、反思(re-think)、重建(re-build)、重启(re-setup)、翻转(reversal)、再设计(re-design)、再工程化(re-engineering)、重组(re-Restructuring)、革命(revolution)等等,这场信息技术带来的教育变革,用"翻转"表述可能更加合适。

翻转的观念

乔兴是匹兹堡一所高中的学生,属于第二代华人移民,她的爸爸妈妈都是博士。与一般的华人一样,乔兴的爸爸妈妈也非常重视子女教育。妈妈在乔兴生下后,就没有再工作,完全致力于女儿的培养。女儿学习当然很优秀,在这一点上,乔兴的爸爸妈妈吸取了中国教育的优点。然而在未来道路的选择上,刚刚上高中的乔兴却与她的爸爸妈妈不一样,其选择更多反映的是美国教育的价值取向。

从小学毕业开始,乔兴就表现出体育和表演的天赋。乔兴的妈妈因势利导,在滑冰、舞蹈和表演方面花了更多的时间。暑假里,乔兴的妈妈一直陪着女儿在洛杉矶居住,在那里,乔兴得到了很多星探的关注。乔兴充分利用这个暑假,为自己喜欢的演艺事业做好铺垫。在乔兴家不远的 Wenford 城,我注意到,整条街有很多兴趣班:舞蹈、音乐、美术等等,比例要远远高于中国。美国的高中生业余训练一点也不比中国孩子少,不同的是,多数都是艺术类型的。一个在美国长大的孩子,更加重视的是自己的特长和爱好,而不是学习成绩和升入名校。乔兴的哥哥凯文就是一个典型例子。凯文获得了排名靠前的一个学校的 offer,同时,排名远远靠后的俄亥俄州立大学生物专业也给了他 offer,凯文选择了俄亥俄州立大学,原因是他喜欢生物专业。另外,这个学校还给他奖学金,那就不需要再花爸爸妈妈的钱去谈女朋友了。

在中国,这种翻转的看法也逐渐得到扩展。丽丽是上海外国语大学附属中学的初中毕业生,已经获得了学校高中的直升资格,但是她却选择了一所美国国际学校,因为她和父母都认为,在今后的三年中她更需要的是了解不同文化,而不是应试。杉杉是上海浦东建平中学初中毕业生,这个暑假并没有像其他被重点高中录取的新生一样去补习课程,而是选择了父母为她安排的给演艺明星作服务的实习生工作。这是她的喜爱,父母也支持她。

观念的翻转来自于教育的多元化和资源的不断丰富。以前"独木桥"的社会选项和经营教育的选拔机制,使得教育成为一个非常功利的事情。而随着教育的普及,引导和发挥个性的潜能,越来越成为共识。知识对于社会具有部分功能和作用,但是,社会并不需要那么多数学家和物理学家,每个人都应该有成功的人生。

翻转的年龄

Tom 是一个仅仅 3 岁的小孩,在匹兹堡北部的 Vincentian 幼儿园读书,这会儿,他正和一帮小朋友在一起戏水。所不同的是,他的幼儿园老师,用俄语、法语、波兰语和英语四种语言交叉教他们游戏。这个具有硕士文凭的老师与很多老师一样,得到教育基金会的支持,在幼儿园建立儿童发展研究中心,而不是简单地看管孩子。"我进行的不是语言教育,而是熟悉外语,让他们不惧怕外语教育和跨文化教育,这个要从小开始。"

很多人认为,很多学习的技能是到了一定程度、具有一定基础才能够实现。但在反思者眼里,也许根本就不是那么回事。陶师傅的经历也许能够验证这种说法。在匹兹堡,有很多硕士、博士创业。我发现有一个有趣的现象,很多创业者逐渐将客户锁定在华人群体,于是有了华人硕士和博士的会计师、律师。陶师傅没有这些人的那些光环,他是一个修车师傅,从上海来美国 20 年了。然而,他却具有其他来美国的华人不具备的一个优势:他不存在文化障碍,他的客户有很多是美国人,当许多高素质华人群体都在试图挤进美国主流圈子的时候,陶师傅不存在这个问题。他和美国的修车师傅一样,没有什么主流圈子问题,在匹兹堡北部,他的修车铺是很大的。正如中国很多博士和访问学者群体学习了十多年英语还不能开口昭示的那样,语言和文化的学习更重要的是接受的态度,而儿童和没有被我们传统教育污染的陶师傅,也许接受性更强一些。在全球化的今天,语言本身的技能并没有那么重要,文化和语言方面的胆量反倒是比较重要的。从幼儿园开始的国际化和跨文化教育,也许给孩子留下来的最重要的不是知识和技能,而是开放的心态。

翻转的学校和城市

在美国北部水牛城的尼亚瓜拉大瀑布(美国一侧),游览者除了可以游览大瀑布之外,还可以参观水族馆,观看海狮表演。让人记忆深刻的是,在水族馆的外面,有一个海豹池,里面的8只海豹,小到几岁大到40岁,但它们几乎都是残疾的。海豹池旁侧的标牌上,详细地描述了这些海豹被解救以及在这个池子里生活数年、数十年的过程。我和孩子非常惊讶,对于此次旅行来说,它带来的震撼甚至不亚于参观大瀑布。

"如果儿童教育仅局限于学校和家庭,如果儿童们对于现代城市缺少广泛的理解,觉得它神秘莫测和难以接近,那么,他们就无法弄明白作为成年人的真正含义,当然,也无法通过动手做而去模仿他们了。"以上这段文字来自著名建筑大师亚历山大的《建筑模式语言》。这本书对于教育学的影响巨大。"如果儿童不能去探索他们周围的整个成人世界,他们就不会成长为名副其实的成年人。儿童们需要了解成人世界。成年人把他们的社会精神气质和生活方式通过行动而不是口口声声的说教潜移默化地传给他们。儿童们通过动手做和模仿而学习知识。建筑模式语言认为,市场是最好的学校。从这个观点上看,社会是最好的学校,而社会环境如何营造一个适合教育的指示系统尤为关键。城市中的建筑、环境、盲道不仅仅是服务于城市的功能定位,城市的行为规范、环保、绿化和环境也不仅仅是服务于人本身,如果恰当地与教育结合起来,就能够形成一个良性的社会教育系统。这种社会教育系统所彰显的示范效应甚至远远高于学校教育本身。在大学更多地承担和体现出实用主义和社会性的同时,社会正在翻转成为一所更大和更加有效的教育机构。翻转的城市使得学校更像一个社会,社会更像一所大学。

无论是翻转的课堂、翻转的观念、翻转的年龄,还是翻转的城市和社会,教育的本质在社会、城市和教育之间得到空前的一致:教育改变行为。这种改变的来源在于社会更加集中的资源、更加解放的时间、更加游刃有余的科技和更加集中的信息技术。正如《美国教育改革三十年》一书所述,美国建国以来对教育的不断重视造就了美国,而美国人又不断地将教育提升到整个经济社会生活前所未有的高度,成为一切国家竞争力的灵丹妙药。不仅美国如此,在全世界范围内,这个共识也正在形成。然而,如何重视教育呢?是像乔纳森·伯尔曼那样建立翻转的课堂?是像乔兴妈妈那样博士毕业后全职15年培养孩子?还是像尼亚瓜拉瀑布那样建立无处不在的建筑模式语言?还是像Vincentian幼儿园那样使用硕士培养孩子的跨文化素养?或是像目前中国所做的那样,按照"头悬梁锥刺骨"经典的方式,培养全世界还需要的基础物理化学和数学应试以及基础人才?"翻转"的视角,确实有助于我们得到答案。

1.4 教育大数据元年?

准确的大数据的逻辑起点,应该是美国太空总署的两名工程师 Michael Cox 和 David Ellsworth 带来的。1997年,两名工程师为了解决空气动力学问题,将解决此问题的难度归结为"大数据",并且明确无误地阐述了大数据的关键词:分布、远程、大量信息、可视化和处理。这些关键词至今仍是区别大数据真伪的重要概念。

在此之前的1970年,著名的未来学家阿尔文·托夫勒在他的第一本畅销书《未来的冲击》中,就对大量数据、非结构化数据、信息通道和信息过载有了惊人的预测。他指出,大量的"人工编码信息"将代替自然信息,将充斥人们生活,却又有惊人的准确度。1991年,施乐公司为了推广无纸化办公,提出了"普适计算"的概念,并开发出了相关产品,这个目前看起来像移动终端的东西,实际上发展到现在,有一个中国人耳熟能详的名字:物联网。而物联网所产生的大量环境信息,是大数据重要的来源。

1998年,斯坦福大学的两个研究生把普通性能的硬盘拼装起来,并写出了现在被称为GFS的搜索程序,依靠这个程序获得了赶着开会听得不耐烦的太阳公司创始人10万美金的投资,成立了自己的公司。这个公司就是谷歌,而把普通硬盘拼装起来的思路,后来发展成为我们今天很热的一个词汇:云计算。

1998年的另外一件大事就是博客的诞生。博客和云在那一年同年诞生,它们"相爱结婚"却是多年以后的事情。博客的诞生产生了另外一种大数据:社会网络数据。

2002年,美国前任国家安全助理将大量的恐怖主义信息输入数据库并形成大数据应用,这应该可以称为大数据元年。在当年的11月,看着图像点击鼠标的美国将军,瞬间通过无人机发射的导弹将位于也门的拉登同伙远程消灭,如果说得牵强一点,这是大数据、云和物联网第一次完成合作。

收集信息所带来的隐私争议以及收集信息和处理方式,使得这项计划马上发生了转向。2004年,美国国家安全局另辟蹊径,通过社交网络查找恐怖嫌疑犯。国家安全局能够这样做,得益于云和社交网络的结婚生子,而孩子就是大数据。

技术总是首先帮助那些处于边缘的人。2008年,黑人穷小子奥巴马决定雇佣Facebook联合创始人Hughes。利用社交网络技术分析和应用,奥巴马登上了总统宝座并完成了Hughes的愿望:总统来到Hughes父母身边亲自夸奖这个从哈佛退学的专家。大数据应用在2012年奥巴马连任中再次获得成功,在最后胶着阶段,奥巴马利用系统的指示,不断地以恳求的口气给精准设计过的选民发电子邮件,大选结果差距之大出乎意料。

1997年5月11日,IBM公司研制的超级电脑"深蓝"战胜了国际象棋世界冠军卡斯巴罗夫。2011年,同样是IBM公司研制的超级电脑"沃森"战胜了美国连续几十场获得智力竞赛冠军的选手,这次难度更大,因为计算机面临的是不确定的和隐含逻辑的问题。这个包含了2880个CPU和数千本大英百科全书的计算机,才名至实归地可以成为大数据应用。

专家们谈到大数据,总是谈到四条:第一,数据体量巨大。从数量单位的TB级别,跃升到PB级别,也就是大了至少1000倍。第二,数据类型繁多。包括所有的结构化、半结构化和非结构化数据。第三,价值密度低,商业价值高。以视频为例,连续不间断监控过程中,可能有用的数据仅仅有一两秒。第四,处理速度快。通过以上的特点,我们很容易判断,"深蓝"不是大数据,而"沃森"是大数据应用。

数字和数据,一字之差,技术悄悄走过一个时代。在数字时代,结构化的数据、量化的决策方法、较少的和经过筛选的高密度的数据质量,使得数字成为诉求:数字城市、数字中国和科学决策;然而大数据时代,一个数字背后的背景数据(即元数据)、评论数据等,全方位地定位了这个数据的意义,数据应用的侧重点由专家移向了客户、由理性移向了感官(专业上称可视化)、由单一的结论移向了个性化的判断。

2006年,美国的密西根大学等学校开发了Sakai平台,这个开放的高等教育为主的平台,达到了数十万门户的教师使用量。通过这些开放课程的平台,学生们可以得到大量的课程资源。2006年,为解决自己的亲戚学习数学的问题,孟加拉裔金融白领萨尔曼·可汗将自己的10分钟的教学视频扔到了网上,几年后这个网站注册用户达到1000万。而到了2012年,美国一年之内的在线课程的投资总额高达数十亿美金。

在我们通常的误区里,在线课程是这场教育革命的最重要特征,于是大量的中国中小学开展在线教育尝试。然而,大量的结果表明,并没有大数据产生:每年中国各级教育机构投入的绝大多数的精品课程相关的投资,产生的数据量少得可怜,大数据,迷局在哪里?

大数据时代,解放了的知识本身被学校扔掉,学校不再是知识的独家代理商,人的本身才是教育的重点。笔者在上海海事大学讲授《网络工程》课程时,大学三年级的60个学生在一个学期内对这门课程的点击量达到70000次,所花时间占他们该学期开设所有10门课程学习时间的60%,这一门课程的资源总和达到75G。是什么原因造成了学生的积极性和很大的数据量呢?笔者是通过任务教学、可视化诱导、日志排名、学习效果反馈、社交网络等Moodle和Sakai常用的或者定制的插件,来调动起学生巨大的热情。同样的,复旦大学将开源的Sakai扔到网上,数百门课程主动地由师生使用起来。相比起为考核而设立的各级精品课程网站,效果天差地别。

谷歌自动驾驶汽车的发明人特隆,在自己的人工智能课程中,试图尝试类似Sakai课程,他决定把在线课程再推进一步。特隆将自己人工智能的技术应用在教学平台中,根据学生学习的难易,用程序算法调整教学进度和进行互动,结果,这门课全球有16万人选课,完成考试的22000人,特隆本人所在的斯坦福大学的正式学生没人进入前400名。

在《未来的冲击》一书中,托夫勒精准地用专门的章节预测了未来的教育,他谈到过去的教育是为工业化做配套的:上课的铃声、课程大纲、班级、教室、每节课45分钟、集中物流般的大规模学生和教师聚集、如工厂计分般地考核系统等等。联想到中国别具特色、更加普遍的班主任、大队中队小队干部,今天我们这些苏联在二战过后以计划经济推动工业化重建所创设的、为工业社会配套的教育体系被完整地保留了下来。托夫勒说:"教育体系试图模拟社会体系而建立起自己训练有素的模拟场景。"如果说60年前我们模拟了那个时代工业化的场景的话,那么,大数据时代,教育又将用什么去模拟现实世界呢?

加州大学洛杉矶分校环境设计教授亚历山大说:"集中的、与世隔绝的大学扼杀各种学习机会;大学如同传统的市场,成百上千个小摊点,来者不拒,能者为师,有人去授课,这门课就算开设了;他们可以去上课,上到一半可以去小便,小便之后不回去。"

目前教育变革的讨论,过于集中在在线教育(远程、平板、电子、数字),这正像任何一个科技让人们最先想到的都是偷懒的哲学：自动化时代最先想到的是卓别林演的自动吃饭机，多媒体时代人们最先想到的是游戏。在线教育本身很难改变学习，在这场教育革命的浪潮中，由在线教育引发的教育由数字支撑到数据支撑变化（教育环境，实验场景，时空变化，学习变化，教育管理变化，教育管理变化等等），确是很多人没有在意的巨大金矿。

教育环境的设计、教育实验场景的布置，教育时空的变化、学习场景的变革、教育管理数据的采集和决策，这些过去靠拍脑袋或者理念灵感加经验的东西，在云、物联网、大数据的背景下，变成一种数据支撑的行为科学。

在荷兰，有个教授将数十个实验室，横跨欧洲十多个实验室的仪器联在一起，实现了从发电厂到电站的数据整合，再配上预约和实验数据采集系统，完成了一次虚拟和真实的交互教学。

在上海的东华大学，学校正在将10多个学院的数十个实验室管理起来，通过物联网和云的技术将实验系统连接起来，实现实验室数据的整合、分析、可视化、报表依靠数据，而不再依靠人工上报。

图 1-6　东华大学实验数据可视化

在美国，有一个网站叫 Trulia。这是一个房产网站，但是它将房产信息、税收信息、犯罪信息、学区信息、学校政府评价、社会评论集成在一起，美国几乎任何一个学校和学区的情况，都通过可视化技术便捷、直观地展现在人们面前。在美国宾州，有一个叫做 Edline 的网站，将学生的每次作业、每次考试记录在网上，完成学生的日常 GPA 积累，这个网站的技术并不难，然而能够坚持下来的数据积累，对于学生、家长和教育管理非常重要，大家都知道，美国的大学入学 GPA 非常重要。依靠这个 GPA 再加上学生的 SAT 和 ACT 所提供的分析报告以及志愿者活动资料，就决定了学生的大学去向。

印度裔英国教育家苏迦特在印度山区的偏远小村放置"墙上的电脑"，并装上摄像头对孩子的学习行为进行监控，发现学生的"学习是一种自组织行为"，从而进一步推进了建构主义的学习理论和实践。而 2012 年的很多在线教育投资不需要装摄像头，学生的学习行为记录像显微镜一样被观察到并可以进行分析和反馈。而主持这些技术的人如果是类似"沃森"的设计人，事情该有多么可怕，但事情正在发生。

教育将继经济学之后，不再是一个靠理念和经验传承的社会科学和道德良心的学科，大数据时代的教育，将变成一门实实在在的实证科学。

2013 年 4 月 12 日，在美国的匹兹堡的斯威克利高中正在进行校园开放日活动，在回答学生和家长关于入学标准的时候，校长说："实质只有一个，那就是能否给你几小时读 100 篇历史文献并回答问题和辨别真伪。"斯威克利高中选材似乎连数学都放弃了，事实证明这所美国著名的私立高中是成功的。美国高考的重要参考 SAT 考试，主要由三部分构成：批判性思维、数学和写作，是什么让斯威克利高中的校长口中入学标准连写作和数学都不看重呢？

苏迦特的一个观点很具有代表性："你能够想象和确认，你所教的和考核的东西，在今后 20 年学生们走向工作岗位还管用吗？"为此，苏迦特分析，只有三种最基本的东西在今后的大数据时代是学生用得到和必须学的东西："第一是阅读，第二是搜索，第三是辨别真伪。"谈到数学，苏迦特说："也许数学，将成为一种体育运动。"基本能力加每个孩子特长的"体育运动"，构成了苏迦特心目中的未来教育，这种体育运动也许是数学，也许是领导力，是音乐、美术和篮球。数学也许是每个孩子的体育运动，也许是一部分专业运动员的体育运动，但大数据时代的数学，将不会是教育的基本标准和指向。这事情，滑稽不？

目前的经济，已经进入后工业化的大数据时代：经济结构转向服务经济，劳动力大规模转向服务业，职业分布由工厂转向办公室，社会焦点从围绕生产转向围绕创新；同时，人与机器的主流社会关系也逐渐转向人与数据之间的关系。若干年后的社会竞争是以服务和创新为核心的，然而我们的教育还围绕着减少犯错和标准化的魔咒。大数

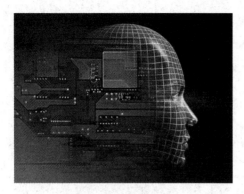

图 1-7 混合时代

据教育提供了另外一种可能,标准化的教育将转向网络完成,而人才培养和个性化将主要由学校承担;越来越小的班级、越来越近的学校、越来越聚焦的教育支持、越来越个性的培养方式,将使教育摆脱工业化时代。"为什么数学课每天都有,而舞蹈、音乐和体育课一周一次呢?"罗宾逊这个疑问逐渐得到改观,针对性和多元的教育目标正在普遍得到认可,尤其是在私立学校中。

在托夫勒的《未来的冲击》中,托夫勒描绘了未来世界由于多维信道带来的难题,在最新的一些未来学派的观点中,人们又提出了混合时代:在这个数据世界里,人与人的关系将让位于人与技术共同进化,技术将不仅转变人类社会的经济形态,更将从更深远的意义上改变我们对自身存在的认识。

大数据时代给人最大的难题正如托夫勒所说,来自信息过载所带来的"信道危机"。在单一的信息来源情况下,比如高考的分数、固定的复习资料,教育最好的办法是重复吸收那些经过筛选的编码信息。中国的黄冈中学、衡水中学,在旧的教育体制下,非常成功地迎合了高考的指挥棒。大家应该注意到,无论是黄冈中学、衡水中学还是杜朗口中学,这种模式只适合信息闭塞的情况,不大适合北京、上海等信息过载的城市。在以网络技术无限广阔的应用所带来的大数据信息压力时代,如何搜索、阅读和辨别信息成了一个巨大的难题。

(本节由张芳芳参与撰写)

1.5 数据治教,让竞争的律动如此美丽

Jack 张的妈妈原本是希望孩子到美国读高中可以轻松一点,可是看望儿子的时候,她失望了。美国住校的儿子 Jack 几乎每天晚上的作业和各种功课也要做到半夜 12 点,儿子一点也不觉得苦,妈妈却一点受不了了。妈妈加入儿子的社交群,这天晚上 12 点一刻,问住在宿舍的孩子在忙什么,孩子说有一个报告还没有写出来,母亲说:"那就干脆跟妈妈回国吧!!!"社交群里一片寂静,儿子也不再搭腔了。

美国的高中一点也不轻松,学生们各自开始忙自己的事情,职业目标逐渐清晰;而

与此同时相对于中国,印度的高中更加竞争激烈、应试更加残酷、分数更加是唯一的目标。高中阶段并不天天谈"素质教育"的美国,学生们更多的是和自己竞争,而中国和印度,更多的是和别人竞争。当一个人如果只关心和别人竞争的事情,放弃自我几乎是必然的。那么,美国高中,是如何完成学生的自我竞争导向的呢?是数据,让竞争的律动可以美丽。

2002 年,小布什总统签署《不让一个孩子掉队法案》,掀起了美国基础教育改革的序幕,由此"教育评估"一词也成为教育的关键词。该法案评估的是公立中小学基础课程的听说读写的熟练能力,也就是说如果一个学校的评分很高,只能证明这个学校熟练程度达标的孩子比例较高而已,并不能证明该校是名校和该校的高升学率。然而,这个法案直接关系到的是学校的拨款、转为民营管理或者落后学区的孩子可以自由转校,因此迅速得到一致的重视。由于数据公开,数据接口也公开,很多网站应用会直接引用,与犯罪率一起成为人们选择房产的重要考虑指标,直接又和选区居民选票及房产税(超过 60% 部分是学校税)紧密关联,因此影响巨大。

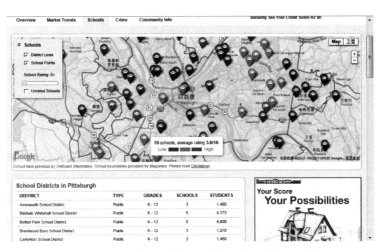

图 1-8　红色部分是警示学校,绿色图标为好学校

公立学校信息公开、免费,还可以申请午餐补助,有免费班车,那么,是否所有的家长都一窝蜂地涌向公立好学校呢?事实并非如此。在公立学校之间,转校的学生比例并不高。这是因为,这种排名会督促学校迅速改进其落后生的面貌,多数选择公立学校的片区居民更愿意等候就近的学校不断改进而不愿意选择逃离。而私立学校,是要直接面对升学率和精英教育竞争的,从下面一张图可以看出,网民评价较高的一般还是私立高中。

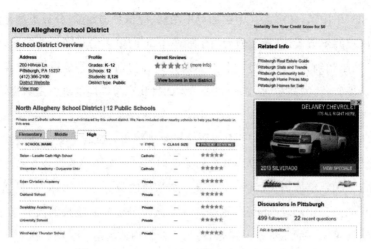

图 1-9 North Allegheny 学区高中网民评价

公立学校透明,而私立学校也非欧洲和中国父母想象的那样所谓"贵族"学校。美国的私立学校多数是由于宗教原因和学校规模较小、针对性强而获得生存地位的。相对于动辄数千人、每个班 20 多个孩子的公立学校,每年超过 1 万美金学费的私立学校学生总数只有几百人,每个班只有 15 个左右的学生。对于政府教育部门几乎无权干涉的私立学校,却是管理极其严格的。我女儿所在的高中由于是私立学校,几乎所有的非强制假期都在上课,而公立学校几乎都在放假。

公立学校和私立学校,利用数据这双"看得见的手",将教育资源充分配置,信息开放和自由,让竞争的律动如此美丽。

看完了学校,我们看分数。无论如何配置,大家心知肚明的标准当然是上大学和取得好分数了。如果说,美国的公立高中和私立高中也是如中国一样高考一考定终身和换汤不换药的所谓"自主招生",竞争白热化一定也丝毫不会差。事实上,在美国各地,华人的父母辗转于各种公立和私立高中,费心劳神地补习一点也不比中国大陆差,然而,美国人乐于见到有种族发挥自己的优势,这是美国文化的一部分,然而你无论如何努力,竞争几乎是亚裔甚至华裔的内部竞争,因为各大高校的录取,是有种族比例的。

另外,除了美国的高考 ACT 和学业能力评估重要阶段性考核,美国孩子的平时成绩更加重要,而平时成绩是由每学期每门课程的几十次作业构成的,我女儿来美国的第一个学期,就是靠加起来数百次测验和作业,上了学校的"high honor"榜单的。根据这些成绩,学校老师决定向各大学推荐哪些学生。女儿第一个学期期中过后,就有不少大学来信邀请,提供各种机会,这才是 10 年级,万里长征第一步。女儿也有不小心的时候,忘记作业和记错作业,这个时候,再喜欢她的老师,也会给她0分。由于不是独木桥,诚信教育也从这里一点一滴地开始。

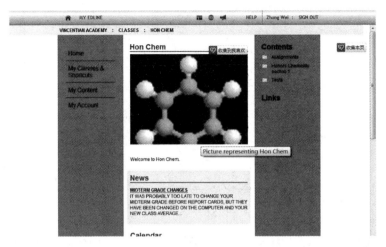

图1-10　美国宾州普遍使用的 Edline 的学期课程平台

由于有这个成熟的体制,因此信息化平台在美国的使用比中国实用得多,进入学校几乎看不到所谓的电脑机房,然而信息的应用却是无所不在,"看不见电脑的信息化是最高等级的信息化"。在宾州,无论是公立学校还是私立学校都会使用一种叫作 Edline 的在线平台,所有的平台服务都是这家云教育机构提供的,学校只管使用。

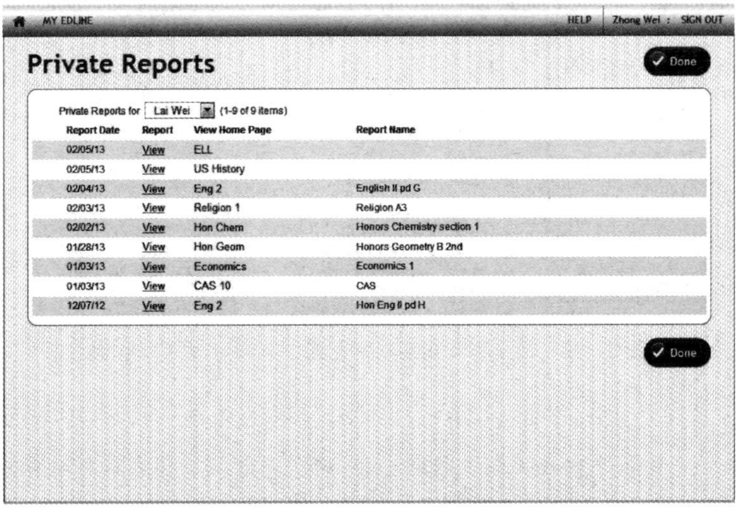

图1-11　Edline 平台几乎把学生的整个活动展现给家长

MY EDLINE HELP Zhong Wei : SIGN OUT

Vincentian Academy Thursday, January 3, 2013
Progress Report for Wei, Lai (Wendy)
Swiger, B Economics
Absent Days: 0
Tardy Days: 0

Score Information

Name	Name	Date	Category	Score	Max	Grd
Test	Chapter 4	10/29/12	**	33.5	34	99
HW	Supply W/S	11/05/12	**	2	2	100
Essay	Chain Game review	11/16/12	**	10	10	100
Essay	Govt Influ Producty (Econ USA23)	11/16/12	**	11	13	85
Exam	Chap 5	11/20/12	**	38	40	95
Project	Fixed/Variable Cost	11/27/12	**	10	10	100
HW	S/D Wsheet	12/03/12	**	4	4	100
HW	2nd S/D Wsheet	12/07/12	**	4	4	100
Essay	Price Ceilings	12/07/12	**	8	8	100
Essay	Rent Control	12/19/12	**	10	10	100
Essay	Equilibrium Game Wrapup	12/19/12	**	7	7	100
Test	Chapter 6	12/21/12	**	23	30	77
SubTotal	Term #1 **			151.0	162	93
SubTotal	Term #2 **			160.5	172	93
SubTotal	Term #1			151.0	162	
SubTotal	Term #2			160.5	172	

Done Print

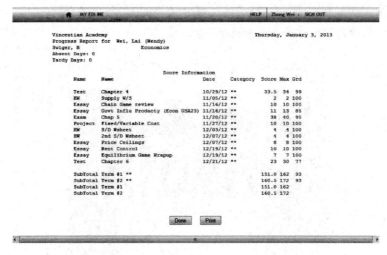

图 1－12 Edline 提供的家校互动大大减少了家长和学校之间的误解和猜疑

由于数据是及时、保护隐私(学生只知道自己的成绩，一般不允许公布排名)的过程数据，家长一般就不会对自己的孩子怀有不当的期望。这会减少孩子的压力，更重要的是，孩子能够在自己的不断进步中找到自我，而不必在恐慌中患得患失。

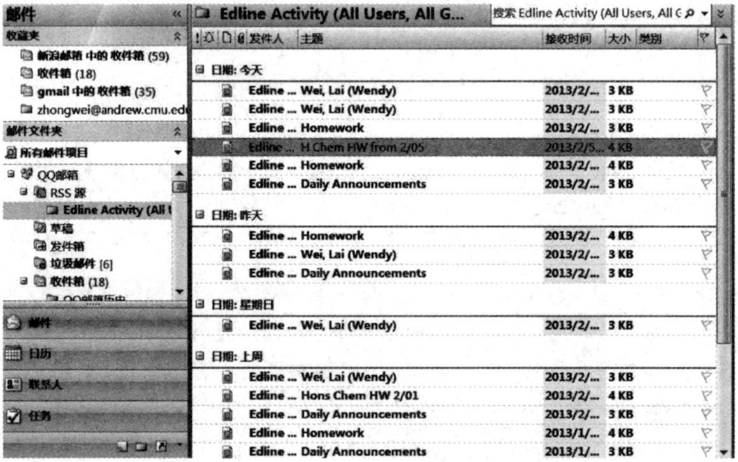

图 1－13 教学和实践活动情况通过 RSS 家长可以收到

由于家校联系充分，很少听说有家长到学校闹事或者孩子成绩不理想而找学校和教师理论的。Edline 平台还提供了 RSS 服务，将及时的教学和实践活动情况通过 RSS 发向家长和孩子。

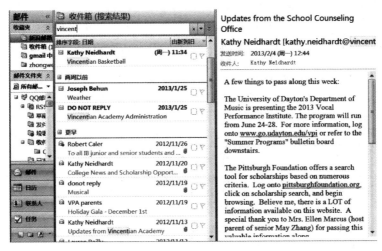

图 1-14　学校之家邮件列表

美国高中没有班主任、大队长、班干部、小队长，甚至没有固定的班级，如果你不找老师，老师也不会主动找你，下班就走人。然而，所有的通知、沟通和征询意见以及学校课外活动礼仪庆典，几乎都是通过"学校之家"完成的，这种机制极其高效集约。上图是我不断收到的"学校之家"的邮件列表，就连圣诞节活动，也都是家长志愿者承担的，学校老师全部撤退，学校只管提供场地；在美国，组织学生活动同样面临巨大的法律风险。而感恩节"穿睡衣上学日"则全部由学生组织完成，有学生忘记的，就会在门口被穿着睡衣的高年级学生拦住，那天的午餐，都是穿校服的学生贡献的。

说到课外活动和志愿者活动，不能不提到 IB 课程的 CAS 模式。女儿参加每周日举行的教当地华人二代学中文活动，连续几十个小时后，女儿提供证据，就可以申请志愿者的课程分数了。分数分为三类：创新、行动、服务。女儿认真填写自己半年来进行的各类价值活动的证据和描述，等待她的不仅仅是一个分数，更是将来大学录取时的重要参照。有一个真实的案例，有一个学生考 SAT 成绩几乎满分，报考很多大学无人录取，第二年又复习再考，分数更接近满分，然而一所知名大学拒绝的理由是："如果你认为你去年的分数还不足以被我们录取而今年争取更高分数的话，这正是我们不录取你的原因。"志愿者活动、由平时成绩构成的 GPA、学生的自荐信、学校的推荐、特长、SAT 或者 ACT 成绩、高中选修的课程、种族比例等等，这些由非结构化数据构成的学生背景，再加上各个大学秘而不宣的选才标准，不仅按照分流了学生只看分数的注意力,更加有利于良性的竞争和学生自我天分的充分发展。

美国的各种大学,"只选对的,不选贵的"。而大学之前的预考及其评论,对于学生的职业选项具有风向标作用。通过数据的可视化和分析处理,学生基本明白了自己的定位以及努力的方向,也减少了恶性竞争"逆向淘汰"所带来的恶果。

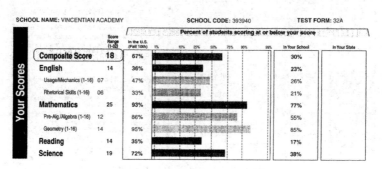

图 1-15 通过 ACT 预考,学生可以知道自己的优劣

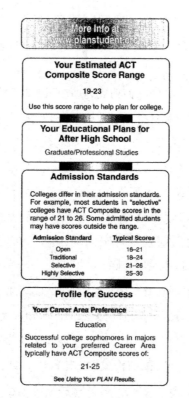

图 1-16 通过 ACT 预考,学生也基本掌握了自己的同群定位

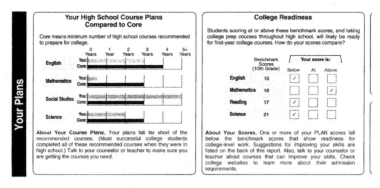

图 1-17 通过 ACT 预考,学生也可以针对性有计划准备今后的学习

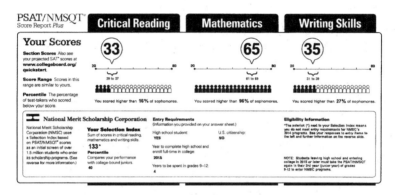

图 1-18 PSAT 考生指标

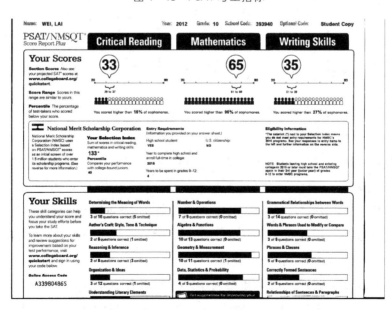

图 1-19 PSAT 考生指标

第一章 逝者如斯夫,变革的力量 31

PSAT 是美国高中学术水平测试预考,同 ACT 类似,用于 11 年级的预考,并给出很多指标,用数据指出学生的差距和方向。

相对于中国的黄冈模式和衡水模式,美国的学生和教育工作者,更加会使用数据来管理成绩,而不是一味地做题和训练。同样,无论是美国公立高中还是私立高中都没有义务,也不会安排针对高考考试所进行的模拟训练和培训。当中国的高三孩子早早结束学习而一遍一遍地复习以应付高考的时候,美国 12 年级的很多孩子,或者选修学校为他们准备大学预科课程,或者自己准备社会实践和技能培训,高考是孩子自己的事情,大学录取后高中的名声,却是高中校长的事情。

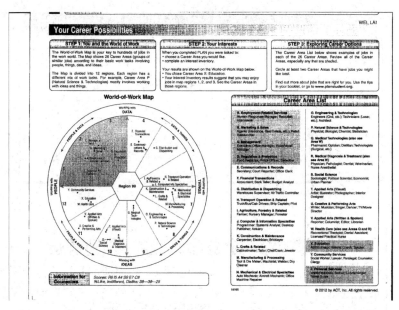

图 1-20 美国 10 年级每个参加完 ACT 考试的孩子都会早早拿到这张图,为自己的将来盘算

在匹兹堡,护士的工资比一般的本科生还高,扫大街和掏下水道的工资也很高,关键他们工作很快活。美国 10 年级每个参加完 ACT 考试的孩子都会早早拿到这张图,为自己的将来盘算,他们已经学会了如何与自己竞争而尊重别人的职业。每个人都希望做最优秀的,与自己竞争,每个人都可以是最优秀的;与别人比,只有少量可能是最优秀的。

以上只是数据治教的一些简单案例,随着在线教育浪潮所带来的教育技术的进展,越来越多的大数据应用爆发式增长。信息化不仅仅是计算机,计算机和信息化的使用只有建立在传统教育基础扎实、价值稳定的基础上才能具有生命力。从这个角度上讲,数据治教,让竞争的律动如此美丽。

1.6 大数据时代的教育革命

"人类历史中的许多灾难都源于这样一个事实,即社会的变化总是远远落后于技术的变化。这是不难理解的,因为人们十分自然地欢迎和采纳那些能提高生产率和生活水平的新技术,却拒绝接受新技术所带来的社会变化——因为采纳新思想、新制度和新做法总是令人不快的。"

——斯塔夫里阿诺斯,《世界通史》

在当今的信息时代,云技术、物联网和基于二者的大数据技术正推动教育发生着变革。未来教育在互联网等技术的作用下变得越来越个性化,通过对大数据技术的应用将有利于个性化教育,标准化的学习内容由学生自组织学习,学校和教师更多的是关注学生的个性化培养,教师由教学者逐渐转变为助学者。在逐步到来的大数据时代,互联网教育与学校教育将逐渐分离,更多的交往互动、个性化服务和灵活的学制将使学校获得新的生机。

未来的教育

有两件事情总让职业选手郁闷不已:科技的未来,科学家们从来没有作家预测得准;而教育的大师又往往不是教育学出身的。如果2013年我们要凑出第三件,那就是:能够既准确预测科技还能准确预测教育的,这个人既不是学科学的也不是学教育的,这个人叫托夫勒。

1970年,托夫勒写了第一本畅销书《未来的冲击》,在书中托夫勒不仅批评了以哈钦斯为代表的面向过去的教育、支持了以杜威所代表的面向现实世界的教育,更创造性地提出了面向未来的教育:小班化、多师同堂、在家上学趋势、在线和多媒体教育、回到社区、培养学生适应临时组织的能力、培养能做出重大判断的人、在新环境迂回前行的人、敏捷的在变化的现实中发现新关系的人以及在未来反复、或然性和长期的设想下的通用技能。

43年后的今天,基于云、物联网、数据库技术、社会网络技术等的成熟应用,托夫勒当年感性预知的理念性的东西清晰地展现在我们面前:信息不仅仅是一种视觉和感官的东西,更是可捕捉、可量化、可传递的数字存在。于是从1970年到现在,教育悄悄发生了一场革命,教育革命一词,正是托夫勒最早所说,而今天,我们已经明确知道带来这场革命的真正原因:那就是大数据。

我曾在各地反复提及"数据"与"数字"的区别。举个简单的例子:一个学生考试得了78分,这只是一个"数字";如果把这78分背后的因素考虑进去:家庭背景、努力程度、学习态度、智力水平等,把它们和78分联系在一起,这就成了"数据"。正在发生的这场教育变革与之前的远程教育和在线课程的最大的不同在于,前者不过是"数字"而已,后者却是"数据"——数据的集中以物联网、云计算等综合技术的成熟为基础,数据是过程性和综合性的考虑,它更能考量真实世界背后的逻辑关系。

由于互联网的迅速发展,美国从1997年以来的十多年期间,在家上学的人数迅速增长至超过5%,这些孩子学习成绩和社区参与超过同龄公立学校学生30%以上,学校的教育不再是每个学生必须接受的事情,互联网的作用确实在增加、增大。然而,如果就此断言未来的教育会消失就错了。正如随着印刷术的普及,教师的比例并不是减少而是大幅度增加一样,大量的信息垃圾的出现,反而需要更多的教师进行指导。未来的教育在互联网教育的推动下,会更加个性化和更加普及,只不过教师和学校的定义和内涵需要重新定位。

云技术、物联网和基于云技术和物联网的大数据是教育变革的技术推动力量。在向大数据时代、知识时代跨越的过程中,知识将无处不在。目前,仅就知识传播而言,教育资源正在经历的是平台开放、内容开放、校园开放的时代,这是前所未有的。未来的教育会是怎样的?主流的模式必将是:视频成为主要载体;教育资源极其丰富;翻转课堂;按需学习;终生学习;不以年龄划线;远程教育的提法将消失;距离不再是问题,教育在学校之外发生,等等。

大数据的支撑作用

传统的教育兴盛于工业化时代,学校的模式映射了工业化集中物流的经济批量模式:铃声、班级、标准化的课堂、统一的教材、按照时间编排的流水线场景,这种教育为工业时代标准化地制造了可用的人才。而大数据教育将呈现另外的特征:弹性学制、个性化辅导、社区和家庭学习、每个人的成功。世界也许会因此安静许多,而数据将火热地穿梭在其中,人与人(师生、生生)的关系,将通过人与技术的关系来实现,正如在2013年的春节,你要拜年,不通过短信、电话、视频、微信,还能回到20年前骑半个小时自行车挨家挨户拜年的年代吗？大数据时代，无论你是否认同技术丰富了人类的情感，技术的出现，让我们再也回不到从前了。

大数据与传统的数据相比，就有非结构化、分布式、数据量巨大、数据分析由专家层变化为用户层、大量采用可视化展现方法等特点，这些特点正好适应了个性化和人性化的学习变化。目前教育变革的讨论，过于集中在在线教育（远程、平板、电子、数字），这正像任何一个科技让人们最先想到的都是偷懒的哲学，自动化时代最想到的是卓别林演的自动吃饭机，多媒体时代人们最先想到的是游戏。在线教育本身很难改变学习，在这场教育革命的浪潮中，由在线教育引发的教育由数字支撑到数据支撑变化（教育环境，实验场景，时空变化，学习变化，教育管理变化等等），却是很多人没有在意的巨大金矿。

教育环境的设计、教育实验场景的布置，教育时空的变化、学习场景的变革、教育管理数据的采集和决策，这些过去靠拍脑袋或者理念灵感加经验的东西，在云、物联网、大数据的背景下，变成一种数据支撑的行为科学。

大数据带来的挑战

认识到了"学习是一种自组织行为"，那么，教师和教学机构的作用便要重新定位。互联网的不断普及，网络资源进一步开放，在线教育就不能仅仅是把传统的课堂搬到网络上，这样的做法也许更加违背学习规律。NMC（新媒体教育联盟）在做了相关历史研究的基础上总结了诸多人类的学习行为：社会学习、可视化学习、移动学习、游戏学习、讲授学习等，每一种学习方式，在信息和知识的载体方面，基本上都有相应的技术基础。换言之，技术既可能扩展人类的学习方式，也可能限制人们的学习方式。一旦有新的技术出现，这些新技术改变信息和知识的传播模式，那么，人类的学习方式也会相应地产生根本性的变化。在互联网时代，开放的社会和资源将进一步解放人们的学习，越来越多的人不用待在学校里被动地接受学习，他们将会把自组织学习发挥得淋漓尽致。

美国新的在线教育的浪潮，那些拥有巨额粉丝的大学教授，轻易能够拿到数千万美金的创业基金，对于传统的大学，是一个巨大的挑战，正是这个背景下，促动了大学改革的神经：再不顺应潮流，那么校园将不是最优秀教师的聚集地。然而，教育要想真正新生，不仅仅在在线教育上，而且在于传统教育理念的变化：教师的功能，应该把低层次的和可拷贝的，交给大投入的电影模式去做，而未来，教师将成为教练，师生将走向训练场,如何从传统的篮球场,变成灯光幻影般用新技术武装的"主场"。

苏迦特说:"对于教育者来说,这是一个大转变的时代。我亲眼目睹着教育界的各种力量在重新洗牌。或许我们说'教育革命'未免言过其实,但是各种变化的确在更迭着。教学模式的多元并存会是一个长期存在的现象。但是毫无疑问,新技术从外围给教师增加了新的竞争对手。新技术的应用又导致学生在心理预期、学习习惯等方面的变化,这就从核心和内部促进着教学过程的转变。学生变了,不如以前'好带'。这并不是坏事,在这当中,不知潜藏了多少机遇和可能性等待着有心之人去发现!"

迎接大数据时代的到来

在信息时代的今天,我们应利用大数据将"信息过载"的难题转变成为个性化的教育。例如,同样的一门课程,如《网络工程》,在计算机学院、信息学院、管理学院,巨大的知识推送和资料,如果假借大数据应用的推送,给不同的要求的学科完全不同的内容推荐,即使面对同样一个学科的不同行为习惯的学生,也会针对性地给出对应的学习策略。人类以往的知识体系和知识点在大数据背景下并不会发生变化,而学生们却可以通过大数据应用得出个性化的指导和无穷无尽的资源配套。

大数据时代,互联网教育与学校教育将逐渐分离,正如电影院和电视机在初期竞争的时候水火不相容,而成熟以后会各得其所。颠倒课堂提供了一种学校教育与互联网教育共存的新模式,事实上,学校里更少的课堂与更多的实验室,更多的交往与更少的讲授,更多的互动与更少的灌输,更个性化的服务和更灵活的学制,将是未来学校得益于互联网教育得到新生的机会。

1.7 一场数据驱动的教育革命

2012年出现的在线教育的热潮,使得一直深藏在教育背后的数据推手走向了前台。在此之前,教育模式千百年来似乎没有如此巨大的变化。如果大家注意观察2012年美国的博士后招聘广告,医学、生物学相关的领域,其比例已经达到60%以上,其中至少60%以上的岗位和医学数据相关。在信息技术这个"第三次浪潮"的预言变成现实的30多年之后,医学和教育这两个传统上最依靠经验的领域,也已经悄然转变成"数据服务业"。

如果回顾教育的历史可知,"数据"一直是教育革命的"演员",技术革命则是"导演"。无论是从最早的石刻和青铜铭文、竹简,还是到后来的草纸以及再往后的印刷术,每次技术革命,都会带来信息载体改变之后的教育革命。幸运的教育家也总是出现在革命的年代:竹简后的孔子、草纸后的柏拉图、活字印刷后的朱熹等等。到了2012年,抛开历次教育改革中的"教育家"及其作用,数据似乎直接成为教育革命的"主角",站在了"台前"。

由于云技术的成熟,物联网的应用(其实我更倾向于说"普适计算"),整个教育在2012年似乎开始摆脱过去二十年"教育技术"的依赖地位,2012年成了教育变革的转折年:可汗终于完成了颠倒课堂的理论与实践体系的建立;教师在课堂上不再是讲授者而是成为支持者;特隆将研究人工智能的技术运用于研究学生;大数据应用似乎在学生中比无人驾驶汽车更有效;TED发布的微课平台使得坚持多年的网络视频教育结出硕果;过去千百年来坚持的教育体系被碎片化的学习强烈冲击着。

如果回顾近20年来教育的演变历史,以上表面上的转折所带来的变化,会不约而同指向几个具体技术的成熟:可视化、社交网络、分部式系统、大量数据,以上关键词加在一起,有另外一个词汇:大数据。如果我们关注美国教材的变化的话,会得出更加令人惊讶的结论:随着技术的变革,教材的核心内容越来越简单,而支撑体系越来越庞大,教材似乎变得不再经典和重要,而会集中在知识点背后的逻辑和理解。在一门数十万人同时学习的"物理学"课程中,名师和助教合作的课程,通过形象的视频和互动交流,学生容易理解和学习到物理学的真谛。

当我把教育革命的理念讲给加州理工学院单舒瓯教授的时候,这位知名的生物化学家却并不完全认可在线教育的成果。单教授认为在线教育仅仅像"科普"一般,使人容易理解知识点而已,而真正的科学研究,是需要长期系统的训练才能得到的。与单舒瓯持一样观点的人不在少数。单教授们代表的疑虑和隐忧,恰恰是在线教育的困难和问题。其一,指望标准化的技术培养精英人才,在历史上从来没有成功过,创新本身不是模式化的;其二,精英教育必然要经过严格的体系化的教育才能完成,碎片式的学习只能培养"半吊子"人才。

然而,由于大数据的应用,大量同类的学习行为被分析和用到教育后,对于金字塔底端的人才的培养和教育资源匮乏情况下的学习,在线教育确实有效。由于乡村并校,中国的村级教育资源异常紧缺,在此情况下,教育技术确实能够大大降低教育的成本。

人类的行为通过统计和挖掘,智能化地转变成互动策略已经变得不再复杂:IBM最新发明的超级计算机已经可以通过自然语言轻而易举战胜美国连续数十场冠军的智力竞赛电视现场秀选手。类似技术逐步应用在教学上,不难想象将大幅度调动人的主观能动性。不信?大家试一下最新的苹果应用,去给一个还不会说话的1岁孩子用,看看是语言的力量大,还是互动设计的力量大?现代社会并不需要大量体系化人才的现实,使得碎片学习和微课程变成一对孪生兄弟:知识在绝大多数时候,将是一种随时得到的能力而不是储藏。千百年来被知识束缚的绝大多数人终于可以舒一口气,绝大多数事情交给机器去做吧!

　　大数据对教育的冲击,最大的也许是传统的大学,这场大数据的浪潮推波助澜的也是这些大学。哈佛,斯坦佛之类名校一方面是在线教育的受益者:哈佛新生第一课"公平与正义",可以让两类大学和其他大学的哲学教授没有自信教课;另外一方面,此类名校也是被冲击得最厉害的,类似斯坦福的特隆这样拥有数十万注册学生的教授,要留住他,斯坦佛是无论如何都无能为力的。不仅如此,刚刚开发了自己的在线课程平台的斯坦佛马上又宣布放弃自己的平台,采用多所大学共享的EDX平台。这是一个个人英雄主义的年代,由个体教授发起的大数据教育,似乎要依靠美国多所著名大学联合才能够抗衡,而全世界的大学要想联合起来对付可汗学院这样的一个只有几十个人的公益组织也非易事:超过千万的注册用户。在荷兰,一个教授多年来一直试图联合欧盟和荷兰多所大学的实验室,通过连接这些实验室,他完成了从电力生产到电力照明的全部真实过程,这种创新也许传统的大学更有优势。EDX的出现,让联合的大学有了另外一种可能,那就是每所大学只贡献自己核心的和最具有影响力的课程和视频。但是,面临着市场的冲击,传统的大学真的能保证自己传统的影响力吗?如果IBM拿出全部大数据的本事?如果特隆拿出全部无人驾驶汽车的互动技术,如果好莱坞拿出制作《阿凡达》的创造班底,如果比尔·盖茨拿出资助疟疾疫苗的公益慈善基金,去做一门中学或大学的物理课,那么,教育的将来会变成什么?传统的大学是否能比得过"教育互动剧场"?以上假设正在发生,并且已经发生在好莱坞的比赛现场,未来的教育能逃脱吗?

　　互联网公司也会发展在线教育和培训,如网易公开课、新东方在线、YY教育等。在B-B市场,新的技术手段总能够带来客户成本的降低,盈利模式是与传统的线下教育抢夺市场,正如中央电视台的百家讲坛火了以后,各个大学的历史老师的上课评教就会下降,是一个道理;而在B-C市场,事情往往没有那么乐观,在大量资本和志愿者的推进下,抢占市场是生存的法则,正如淘宝号称永远不收费是一个道理。与传统商品不同的是,教育产品总是不乏志愿者,因此,在线教育的盈利征途将更加隐蔽和漫长。在线教育形成的海量数据,足以对技能型的学习行为形成更加准确的预计,因此,"按照学习效果收费"将不再是一个梦想,也将成为重要的盈利领域。向雇主收费,会是大数据教育的另外一种重要的商业模式,特隆的全球数十万人的注册学生以及留存下来的学习行为记录,对于雇主和学习的学生将是有意义的,而对于特隆来说,也将是重要的收入来源。教育质量是很多人的担忧,然而正如中世纪的传教士担忧学生有了《圣经》将丧失书法技能一样,是螳臂当车。在单点的知识和技能型的知识方面,传统的教育将一败涂地,充分竞争的市场总是能够带来更便宜和更优质的教育,而在学习的系统性方面,在线教育根本不指望占领一席之地。

大数据时代,互联网教育与学校教育将逐渐分离,正如电影院和电视机在初期竞争的时候水火不相容,而成熟以后会各得其所。颠倒课堂提供了一种学校教育与互联网教育共存的新模式,事实上,学校里更少的课堂与更多的实验室,更多的交往与更少的讲授,更多的互动与更少的灌输,更个性化的服务和更灵活的学制,将是未来学校得益于互联网教育得到新生的机会。

传统的教育兴盛于工业化时代,学校的模式映射了工业化的集中物流的经济批量模式:铃声、班级、标准化的课堂、统一的教材、按照时间编排的流水线场景,这种教育为工业时代标准化地制造了可用的人才。而大数据教育将呈现另外的特征:弹性学制、个性化辅导、社区和家庭学习、每个人的成功。世界也许会因此安静许多,而数据将火热地穿梭在其中,人与人(师生、生生)的关系,将通过人与技术的关系来实现,正如在 2013 年的春节,你要拜年,不通过短信、电话、视频、微信,还能回到 20 年前骑半个小时自行车挨家挨户拜年的年代吗?大数据时代,无论你是否认同技术是丰富了人类的情感,技术的出现,让我们再也回不到从前了。

1.8 未来的教育,又被托夫勒蒙对了!

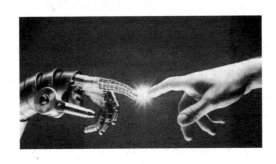

有两件事情总让职业选手郁闷不已：科技的未来，科学家们从来没有作家预测得准；而教育的大师又往往不是教育学出身的。如果2013年我们要凑出第三件事情，那就是：能够既准确预测科技还能准确预测教育的，这个人既不是学科学的也不是学教育的，这个人叫托夫勒。

1960年，致力于小说和诗歌写作的托夫勒接到IBM的一个有关计算机和人类生活关系的一个研究，到了1970年，托夫勒写了第一本畅销书《未来的冲击》；10年以后，《第三次浪潮》出版，信息技术和服务代表一个新的时代被普遍接受。在1970年托夫勒书中第十八章专门写了"教育的未来"，然而相对于他准确预测科技的进展广为人知来说，他对于教育的真知灼见，可谓：起个大早，赶个晚集。

把托夫勒称为大数据提出第一人的根据并不充分，理由是在百度和谷歌搜索到的关于托夫勒的有关大数据"是第三次浪潮的华彩乐章"的论述，无论是中文还是英文，都出自华人之手，在大数据的今天找遍结构化和非结构化的原文，都无从证实。但1970年托夫勒基于对后工业化的认识和"信息过载"的判断，进而对于教育的预测，的确直到今天还能够震撼我们。

具有浪漫潜质的托夫勒并不认同同样具有浪漫潜质的罗伯特·哈钦斯。哈钦斯在担任芝加哥大学校长期间所倡导的通识本科课程，不仅遭到托夫勒的讽刺，更受到了杜威的挖苦。然而在1950年前后的美国，哈钦斯作为24年的芝加哥校长的教育实践获得了空前的成功，原因是，对于一所大学来说，在那个还处于重工业的时代，面向过去的教育更加有效。值得注意的是，今天我们才刚刚倡导没多久的通识教育，正是哈钦斯当年用以批判杜威实用主义教育的东西，而当年哈钦斯的通史被杜威称为"试图用100本经典的书，就代表人类最基本的哲学和最形而上的思考"。

如果放眼100年以来的美国教育，无疑杜威是比哈钦斯更伟大的教育家。哈钦斯着眼于过去，可以复兴一个芝加哥大学这样的世界级名校。杜威则强调实践和社会，强调面对现在和现实。1950年以前，哈钦斯对杜威的反驳似乎有力，但到了1970年，托夫勒已经看出了未来的结论。哈钦斯的成功并没有让他的支持者撑得太久，1999年，时任芝加哥大学校长雨果，将哈钦斯开创的本科必修通识课程从21门减少到15门。杜威哲学的影响使得肯尼迪总统60年代末所倡导的美国的社区学院的星星之火，最终演变成到2013年强调技能和现实应用的社区大学的参天大树，其学生总数已经占到美国学生总数的48%；而高端的成功例子更加出彩，例如成立于1957年的卡内基梅隆大学干脆在时任管理学教授西蒙的倡导下只搞未来的学科：计算机专业，并迅速成为世界名校。

  托夫勒没有明确提出大数据,那是因为托夫勒写《未来冲击》这一年,思科的创始人列昂纳德·波萨克还是一个大学一年级学生,乔布斯刚刚进入高中,目前世界上最大的数据库公司甲骨文创始人埃里森那年还和学习中国历史的前妻一边打工一边热衷于帆船和旅游。倒是这一年,惠普公司发明了袖珍计算机以及可以成为今天服务器的老祖宗的东西,微软创始人比尔·盖茨和保罗·艾伦在镜湖中学逃课用这些惠普仪器编程序"打电子游戏"。托夫勒的天才来源于小说家的想象力和诗人的浪漫,他对于计算机和大数据相似概念的判断来源于感性的判断和军人、工人和记者生涯的磨练。

  43 年后的今天,基于云、物联网、数据库技术、社会网络技术等的成熟应用,托夫勒当年感性预知的理念性的东西清晰地展现在我们面前:信息不仅仅是一种视觉和感官的东西,更是可捕捉、可量化、可传递的数字存在。于是从 1970 年到现在,教育悄悄发生了一场又一场革命。教育革命一词,正是托夫勒最早所说,而今天,带来这个革命的真正原因我们已经明确:那就是大数据。

  几乎与托夫勒成书同时的 20 世纪 70 年代,年少的我和三个兄弟与父亲有一次谈话。我们问父亲,长大了我们干什么,父亲说你们应该去当科学家和工程师;我问父亲长大以后是否下乡,父亲说你们去世界各地,去北京、上海,就是不能下乡。要知道,那是一个工人、军人无上光荣和下乡成为主流就业的年代。40 年后的今天,都已经是博士的兄弟们再一次聚会,没有教过我们一道题的父亲,给予我们最大的财富就是给了我们面对未来的教育方向。

  上个月,在美国读书的女儿考察过美国几乎所有类型的高校(包括研究性高校、社区学院、文理学院、综合性大学和公立大学)之后问我,将来上什么大学。我用她爷爷当年类似的语气说:"无所谓,你可以上任何一个大学,也可以不上任何一个大学,关键是要终身学习,如果你确实觉得上美国的大学也无聊的话,就到爸爸的公司编程序去吧!"

  为什么我这样说呢?那是因为回顾过去 30 年,无论美国还是中国,所有面向过去的教育无论有多大的光环,都不能给我们的受教育者一个好的前景:名校、课程、就业指导、价值支持。但如果能够面向未来的话,即使没有一丝光环的教育,其适应力却是超常的。我在 IT 公司做高管 20 年不到,见到的凡是 20 岁之前就热衷于编程序并能够坚持下来 15 年的,无论学历、无论出身、无论性别,无一不是清华北大的优等生的身价。如果我们能够像二十年前误打误撞进入软件行业的这些人一样能够把握未来，那么，教育将获得巨大的改变。

在苹果公司总部门口，我见到了一个1岁多一点的小男孩，语言尚未成熟时候，已经会使用iPad的所有的指法和功能，而且一玩就上瘾。这个常见的被很多人争议的事情背后并不简单。大数据社会将改变人本身，把人从人和人之间的关系转变成混合的人和技术协同进步的关系。2012年我来到美国卡内基梅隆大学访问，其实这一年见不到太多人、看不到太多书，也很难有机会真正到实验室做实验，真像1970年托夫勒写的必须"接受缺乏友谊的事实，接受孤独和互不信任"。然而这一年我写了4本书，发表了100多篇博客，加入了多个教育社交群，应邀回国发表了多个演讲，应邀发表了几十篇文章，认识了全国十多个省市的教育研究者。我只需回到电脑旁，指尖那边就是整个世界。这一切，可以称为社交网络、云所带来的数字化生存。我驱车跑遍了美国几十个城市，在每个城市的星巴克写作的时候，传统的学者都认为我在美国的学术厅、实验室、教室中苦读，而事实上我在Facebook、YouTube、在线教育平台、QQ、谷歌中生存。刚开始我还惭愧于自己的行为，后来发现这已然成为美国学者的常态，而这就是几十年前托夫勒已经预言的。这就是我的大学，我不再孤独，世界由数据把我们紧密相连。

如果说，未来是大数据的未来，那么我们的教育将是发生如何的转变呢？面对着强调阅读能力、搜索能力、辨别真伪能力的未来大数据时代，我们应该如何面对呢？

我们如果着眼今后所有的大数据技术将连接人与人、人与世界，未来的人将成为一个混合人和技术共同进化的"混合时代"的话，我们单单对大数据的某个应用而陶醉，不应该是这个未成熟大数据启程点的重点。人类由抽象的数字存在而转变成更加实体的数据存在的未来，人的行为的变化，应是关注的焦点。

为什么要研究大数据的教育？从目前连篇累牍的文献上看，很多人试图在努力，试图在使他们达到更加功利的目的。大数据能帮助我们的孩子考上好的高中、大学吗？它能帮助我们的孩子获取更好的工作吗？如果我们的读者和专家，我们的教育研究者用这样的视角去看待大数据，会很失望的。

为什么我们要说大数据？因为，它就在那里！

为什么要研究未来的教育？托夫勒在《未来的教育》一章结尾处写到一位听众："我叫查尔斯·斯坦，我今年77岁，我是一个裁缝，我想得到年轻时没有得到的东西，我想知道未来！"

1.9 全息时代,教育向何处去?

如果说,新技术和在线教育的趋势带来的知识获取方式的变化使各著名大学和很多投资商趋之若鹜,我们就得出结论说大学的主要精力和教学方法将转向电子教育,那就大错特错了。有趣的是,2011年开始,中国很多发达地区教委开始了电子书包的试点,试图将中小学生沉重的书包由教育部门牵头变成个人电子终端。这件事情激起了非常大的争议:教育仅仅就是课程吗?教育的时空及传播的方式变了,知识、空间和技术多变的结合使教育更加多元多样。

学校的教化作用

关于大学的教化作用,一直有不同的看法。美国公立高中不允许有宗教和价值观的宣扬,美国的大学也不允许教师进行价值观的诱导,其实这本身就是一种价值观的倡导。"传道、授业、解惑",韩愈关于教师的第一个功能就是"传道",那么,在全息时代,道是什么呢?

20世纪30年代,匹兹堡发生了一场严重的罢工事件,罢工工人和资本家新雇用工人之间发生争执,造成很多人死亡,价值观在现实利益的比较面前照样显得渺小。那次罢工,产生了一个著名的歌谣,罢工的工友面对资本家新雇用的工友要求上班,唱响了"你站在哪一边"的歌谣。这种歌谣从此唱响美国,深入人心,此后一旦有新的罢工事件出现,包括2011年的"占领华尔街"运动,歌声的教化使得同样不同的人在同样的价值观上高度聚合。

价值观的宣扬如果使用代理人,比如教师,其实效果非常不好,会造成价值观的个性化和偏见。而同样价值观的人在一起,会像罢工歌谣一样产生巨大的聚合作用。世界的大学有排名,大学的精神却没有优劣。小而精的普林斯顿、CMU、加州理工、斯坦福等风格不同,大而全的哈佛、MIT、加州大学风格也不同,大学的教化作用将由教师转向学校提供的服务和校友。大学将提供一个高度一致化的学术价值观的共同人群。

信息时代有一个负面作用就是信息垃圾泛滥,在这种情况下,让公认的课程可以网络得到,但是学习什么?如何学习和学习方法,确是大学更加应该肩负的使命。

既然所有的历史上的教育变革都在不断地强调培养人和培养人的品格是教育的

重点,在这场教育革命中,我们还有理由相信,教育的教化作用在抛开了知识本身后,会变得更加重要。大学,会更加像一个教堂。我们通过宗教的变革趋势,发现教堂目前具有以下特点:

> 教义随处可得,上帝自在云端;
> 礼拜天天有,相聚无常客;
> 祈祷不出门,兄弟遍天下;
> 入会门槛低低,捐款收益多多。

作为大学的教化,在在线教育革命的促动下,知识成为了普适,课程随意得到;学习习惯和行为是大学的重点;大学更加成为构建一个同质化的社区网络和个性化网络的校友平台;品牌大学将规模更小、网点更多、品牌更强。

2012年初,世界经济论坛(WEF)新兴技术全球议程理事会对世界影响最大、最有可能为全球面临的挑战提供答案的十大新兴技术,破天荒地将教育技术预测为其中之一。"更强的教育技术:我们需要新的技术来应对青少年教育中出现的挑战,并为他们提供知识经济中所必备的技能。在当今快速发展和紧密连接的全球化社会,这尤其重要。个性化的信息技术方法允许用户进行以学习者为中心的教育、培养批判性的思维和创造力。社交媒体、开放式课程的快速发展和网络的便捷接入,正在促进教室外的继续教育。"

由于"微学校"的兴起,现有学校的教育功能将在这一场革命当中大幅衰减。教育的责任将从学校时代的国家,再度回归到学徒时代的个人,学习将彻底变成一件自我可以主导并完成的任务。高等院校中的绝大部分将会最终被冲垮。未来幸存的大部分高等院校,将成为新知识的生产中心,而不是旧知识的传播中心。

教育是一个厅堂

大学除了教化人的灵魂,历史上的大学还负责培养人的举止、行为、社交圈子和绅士风度以及人文素养。在美国,教师是不允许进行意识形态教育的,然而对于教师的职业道德要求确是极高。

更加好的课程选择和推荐、更加好的校友资源、更加好的实验室、更多的教授来自于工业界和研究界,使得学生从毕业开始就像一个社会人,而不是象牙塔。与此同时,职业修养和职业道德的熏陶,使大学出来的人更加具有职业精神。

在前面所说的所有的辍学创业者在反思大学的同时不得不又在做另外一件事情,

那就是回到大学,回到母校和熟悉的环境,寻找合作者。未来的大学将更加凸显厅堂的作用,会有更多的学术交流的场所,会有更多的名人宣讲自己的经验和理念,将有更多的研究所和实验室供学生实验和学习,知识得到免费的同时,意味着能力和实验更加重要;会有更多的知名企业将研究所建在学校,学校也将成为更纯净的社交圈而不是读书的地方,更大的年龄差距的人将来到这里进行深造,因为年轻的时候他们在创业,大学是寻找答案的地方;也将有更灵活的学位和推荐针对学生定制。

教育是一个弄堂

事实上,比较中美的教育,早就有人在讨论大学课堂干什么和中美的区别了。美国的教堂更加像一个讨论、答疑和开拓思路的场所而不是一个简单的课堂。随着在线教育的普及,"上课在家,讨论在校"将成为主流模式。

从乔布斯到比尔·盖茨再到扎克伯格,几乎都在高中就学习了大学的课程,甚至积累了创业的伙伴。今后的大学将在这方面做更好,更近的距离,更好的伙伴,娱乐就是学习,大学是目前我们能够想到的最好的交往和创新碰撞的场所。查找最近几年的教育学国际会议和期刊,娱乐教育和社会化网络学习是各国学者研究的重点。如何在没有人监督的情况下让人自主管理自己,看来只有社交圈子和娱乐能够担负重任。教育行为学和教育行为诱导将发挥更大的作用,如斯坦福大学进行的"翻转课堂"(Flipping the Classroom)的实验。第一步就是改变班级人数,增加在线互动。"仅仅把讲座录像搬到网上就跟传统课堂一样乏味,所以大约每15分钟左右,在线讲座就会弹出一个小测验以检验学生掌握的情况。"此外,斯坦福在"Flipping the Classroom"的实验中还增加了社交媒体的元素。它允许学生互相之间提问。斯坦福大学校长Hennessy发现,在实验中,学生们互相之间的回答非常快。这种"共同学习"的模式非常有效。

笔者通过网络工程课程学生点击行为发现,这个班级70位学生中成绩优异的前10位学生不是因为聪明,而是行为正确。

最早的合作教育来自于德国,美国的职业教育,工厂和学校的边界很小,这只限在职业类的教育。然而目前的趋势是,即使是排名前30位的美国高校,到处可以见到的是工厂和公司搬进大学,大学的实验设备越来越和产业界无缝对接。与此同时,公司设立课堂和终身教育成为共识,更灵活的学制使得放弃和重新进入大学让理念之争毫无意义。

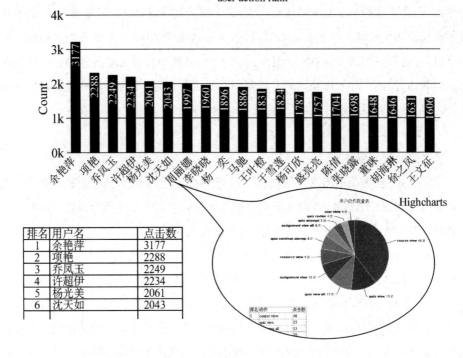

图 1-21 网络工程课程学生点击行为

复旦大学的薛华成教授说,今后的大学将成为企业的存在方式。今后的社会高新技术企业如果和大学没有联系,几乎是不可想象的。然而事情的另外一面是,随着知识和知识经济的到来,相对来说,知识本身将不那么重要,创造知识将变得更加重要。今后的公司也将成为一个大学的模式,这种趋势从医学院开始,逐渐延伸到 IT 业,今后会渗透到更多的行业和学科。

教育是一个食堂

读大学时就开始有收入,这在美国早已经不是一个神话。18 岁开始,美国的孩子就开始贷款或者打工维持自己的生活和学业。在美国的一些知名高校,研究生一年半的学业,几乎有一半时间在实习,而实习的津贴一点也不比正式录用低多少,而博士、博士后更不用说了。本科生三年级、四年级暑假和最后一个学期,几乎都可以通过实习获得不菲的收入。

从 NBA 到美式足球,美国的大学是各种顶尖职业选拔人才最重要的场所。目前的趋势是,大学代替社会和创业园区将成为创业的主流场所;高等教育从本科到硕士、博士、博士后,到 30 岁才完成的游戏该结束了。新的趋势是永不结束,但进入劳动力阶段就该贡献而不仅仅是学习。也许百年大计的教育将变成"在线大计"。

美国的大学很多有名的私立大学,如卡内基梅隆大学,拥有非常多的厨房和咖啡厅代替教室,随着在线教育的普及,这种趋势更加明显:更少的教室、更多的厨房、更多的咖啡厅和实验室将成为现实。

图 1-22　在咖啡厅自修,已经成为卡内基梅隆大学学生的常态

在线教育的趋势,将会有内容资源信誉与品牌、更多的教育行为学数据分析、更好的实验数据与试验平台支持、更加方便的社会化网络学习社区;大学将成为知名学者资源聚集的平台和知名企业资源聚集的平台。

对于管理和信息技术的支持,大学也提出更多的挑战:大学将提供更专业的行政,更复杂的师生来源;更多的支持,更少的管理和强制;更多的外包与服务,更少的开发;更多的定制,更少的产品;更多的物联,更开放的环境,更集中的数据,更集中的平台,更个性的实验室;更绚的可视化,更本真和朴实的课堂;更大的数据,更聚焦的师生群体;更个性化的内容,更互动的学习。

这场教育的革命来源于《经济学人》所说的第三次工业革命。《经济学人》,2012年 4 月 26 日说:

> 建立更好的学校;培养更有技术的劳动力;制定明确的规则和竞技平台。其余的事情,交给革命吧!

1.10 信息革命与新一代校园

正如电子商务改变的不仅仅是人们买卖东西的方式,甚至还改变街道和店面的布局以及类型,技术对工程教育的方方面面产生巨大的影响。

罗马教皇本笃十六世于 2013 年 2 月 11 日在梵蒂冈宣布将辞职,成为近 600 年来首位在有生之年主动退位的教皇。本笃十六世表示,现今世界正急剧转变,信仰备受考验,自己年事已高无法继续履行职务。不到七年时间,从只有几个手机屏幕微弱的灯光在人群中若隐若现到 iPhone、iPad 的灯光照亮了人头攒动的广场,我们看看科技发生的变化,确实让人惊讶不已(参见本书最前面的插页图)。在不知不觉中,我们已经置身于技术发展引领的改革浪潮中,不管是主动还是被动,我们都无从逃离。

云技术、物联网、大数据这些新名词改变了我们的生活方式,改变了我们的思维方法,改变了各行各业,改变了大学校园的环境、教学场景和管理模式,改变了大学教育的时空,改变了我们的学习方法,这些变化无疑是巨大的,也是刺激的,对于校园师生来说最关心的莫过于技术的发展变化带来的对教育界,对未来校园的冲击。教育资源正在经历平台开放、内容开放、校园开放的时代,知识无处不在、信息无处不在、数据无处不在、资源唾手可得,技术带来的这场教育革命将把未来校园引向何方?校园将走向一幅怎样的、让人不可思议的蓝图呢?

第一,被技术改变的环境

我们来看未来校园的教育模式语言:色彩、图腾是建筑模式语言。教育美学、教育空间,雕塑色彩、空间功能,机器设备装修、建筑空间设置,这些都是未来校园诠释价值的模式语言。实用主义教育认为,教育必须适应现实的需要,教育应该注重实用的知识和技能的传授。无论从杜威的使用主义教育理论还是从建构主义理论出发,我们都应该把未来的校园建成充满现代符号和高起点反映现代社会的价值符号系统。卓越工程师培养需要工程教育的开展,而实验场景训练系统的建设旨在让学生获得真实感知,创建真实的教学环境,让学生带着真实的任务去学习,在这个过程中,学生拥有学习的主动权,教师能动地引导和激励,可以使学生在真实的场景中同时掌握理论和技术,并通过任务进行举一反三。而那些雕塑色彩、空间设置所要创造的正是一个真实的环境,在这个校园环境中,我们带着任务去学习,我们真实地感知着周围的信息,同样我们也被周围的环境感知着,校园将不再是将外界隔绝的世界,这里的一切都在诠释着有容乃大的信号。

而信息技术的发展,使得这种原本就不同于中国的校园发生悄悄的变革:

1. 越来越少的课堂,越来越多的网络;
2. 越来越少的教室,越来越多的咖啡厅和厨房;
3. 越来越少的讲授,越来越多的交互;
4. 越来越少的编制,越来越多的合作;
5. 越来越少的办公室,越来越多的实验室。

多年前,我们身边没有电子商务,路边的商店大都是产品店,而如今,产品店转换成了服务店。信息技术的发展,也使得大学校园发生悄悄的变革:原来的课堂是老师用心教,学生认真听,老师是知识的代言人。现在学生可以从网络获得他们所需要的资源,课堂、教室、教授将越来越少,网络的应用将会越来越多,咖啡厅和厨房在大学校园会随处可见,学习可能发生在一次咖啡厅的聊天中,也可能发生在厨房一次加工食物的过程中。

教授和学生之间不再只是单纯的教与学,更多的是沟通和合作,实验室不再是神秘封闭的空间,而是开放透明的,我们可以得到我们所需的实验环境和实验数据。由于很多技术上的改变,几十平方到几百平方的教授、院长和校长的实验室越来越多。我们会发现最值钱的不是堂而皇之校园像个不近人情的宫殿,更值钱的是人与人之间的交互。大家会发现越来越小的办公室,大家挤在一起,互相沟通、互相交流。由于信息技术的发展,沟通活动越来越重要。

第二,被技术改变的场景

学习在未来将会变为一件很快乐的事情,未来校园提倡的是个性化、人性化学习,老师和学生各取所需,没有半点被迫的成分。建构主义认为,知识不是通过教师传授得到,而是学习者在一定的情境即社会文化背景下,借助其他人(包括教师和学习伙伴)的帮助,利用必要的学习资料,通过意义建构的方式而获得。未来校园提供的就是这样的一个社会文化背景,基于建构主义教育理论,我们倡导的是抛锚式教学,提供给学生认知工具和网络探索的平台,创造出拟真的教学环境。学生主动参与到学习当中来,学习将成为一种自组织的、自主的、快乐的行为。网络探究,游戏协作任务,娱教技术,这些技术的应用将会给我们学习增添无穷的乐趣。

信息技术的发展,使得教学场景发生悄悄的变革:

1. 支架走向网络,信息走向聚合;
2. 传统走向现代,配置走向集约;
3. 师生走向互动,虚实走向结合;
4. 记录走向电子,实训走向真实。

现在很难想象,一个工程的教学系统只有支架,背后没有计算机,没有网络,不仅国外不能,国内也不能。实验室背后就是网络,大量的实验室是通过网络把信息聚合在一起,在信息的传播下达到教育沟通的效果。我们再走得深一点的话,教学场景从传统走向现代,过去实验室瓶瓶罐罐满满,再去现代实验室你会发现,空间的设置是如此合理,企业的支架有很多轴承,管子的支架可以是立体的,整个电子、信号、网络的设置可以走向空间,我们的网络配置已经走向了一个由网络、信息为载体的集约化。

师生逐渐走向互动,通过网络监控,我们可以看到每一个做实验的老师、学生,实验室后面的专家可以进行良性的互动、可以远程真实地看到这个场景。而老师、学生在做实验过程中产生的数据都将被记录下来,形成电子数据。教学场景将不再只是说教,不再只是简单的实训,而是在仿真模拟的环境中越来越接近的真实。实验中我们需要感受到真实的温度、湿度,感受到视觉、听觉、嗅觉、触觉带来的信息,技术的发展让教学场景悄悄的变革,一步步的走向我们需要的真实。

第三,被技术改变的时空

信息技术的发展,使得学校教育的时空发生悄悄的变革:

1. 虚拟:虚拟现实与现实虚拟
2. 远程:基于云的教育
3. 物联:基于RFID和传感网
4. 开放:实验室开放与校园开放
5. 智能:动作与行为智能
6. 聚合:信息聚合
7. 协作:团队协作

不同的实验室,我们过去跑断腿才能得到的统一的概念,不同的实验室同时在做实验,信息是不是能够聚合在一起,现在在一个实验室就能得到聚合。聚合的是我们整个工程实验所需要的。既然远程能够把时空改变,远程的艺术品,通过物联网技术识别,我们可以减少压缩大量无谓的劳动。通过时空关系的影响,信息技术提供了很多种可能,这里给我们什么启示呢?那么就是说,"时间和空间的变化,不仅仅是把它们放在一起,它们会产生很大的一些聚合"。

两千多年前的管仲有非常有名的两句话:"令夫工群萃而州处,相良材,审其四时,辨其功苦,权节其用,论比计制,断器尚完利。"什么意思呢?要把时空关系进行改变,教育会发生很大的变化,你就让那工匠和工匠在一起,将士和将士在一起,商人和商人在一起,他们不用像孔子那样就能够做到很好的教育效果,他们在一起的时候能够相语以事,互相沟通,相示以功,相陈以巧,相高以智。那么信息一旦发生聚合,时空关系发生变化,沟通发生变化,他们自然就会产生教育的效果,信息技术的发展给了一种可能性,完全如管仲所说的那样。我们在讲管仲两千多年前的思想时,我们很少说他是教育学家,但在当时他达到的教育远远比同时代的孔子效果要好。那么现代的教育技术在改变时空关系上,提供了可能性,将给教育以更大的启示。比尔盖茨说过:"我们总是过高估计未来一年的变化,过低估计未来五年的变化,不要让我们无所作为。"信息技术提供的时空关系上的教育其实是不可忽视的。

第四,被技术改变的学习

"翻转"一词早已炙手可热,翻转的课堂、翻转的观念、翻转的年龄、翻转的城市和学校,我们不得不承认翻转的角度确实有助于我们思考。未来校园将翻转时空,我们可以从虚拟走向现实,也可以从现实走进虚拟,而这些都是因为有信息技术发展的支撑。情境支架理论认为,学习需经过三个过程:同化、顺应、平衡。3D多媒体技术让虚拟的现实增强,仿真模拟技术让现实的虚拟增强。实验室支架常用技术让未来校园逐步走向虚拟、远程、开放,翻转时空,时空将不再是限制我们学习的因素。在线课程,网络探究为我们翻转时空提供了平台,翻转课堂、个性指导、微课程、移动学习,云计算,人机互动,为我们翻转时空提供了技术支持。

信息技术的发展,使得学生学习方式发生悄悄的变革:

1. 学习是一种自主的行为;
2. 学习是一种自组织的行为;
3. 学习是一种协作的行为;
4. 学习是一种可视的行为;
5. 学习是一种轻松快乐的行为;
6. 学习是一种可控的行为。

学校给学生提供自觉的平台、实验场景的布置,学生就能够自主、自动、非常热心地通过一些平台学习。在信息技术的支持下,拥有了学习资源和学习工具后,学习就变成了一种自组织行为。德国人对全球教育有个巨大的贡献 Seminar:学生之间构成小组,而不是说面向老师,这是探讨性研究型的学习,小组协作学习效果会更好。这种方法在信息技术下会有更大的影响。

学习是一种可视的行为。我们现在有 QQ、微博、博客,国外有 Facebook,有 Twitter,那么这种通过一种可视化的用法,告诉我们什么做得对,什么做错了,什么样的人看了和你同样的课题,你还应该看什么课题,这样大家会发现非常有意思,人在微博上花费的时间比在异性上花费的时间还要长、还要有兴趣,为什么呢?可视的诱导起了很大作用。学习还是一种快乐的行为。我们可以用工科的一些东西扫描人身体的三维数据,为服装和模特工艺的研究提供信息,学生可以探索性地去学习,这样的一种学习有比较好的效果。被技术改变的学习是可控的行为。互动教学课堂,老师可以看到每一个学生的动作,可以控制他,可以下发给其他同学,可以禁止,这样使得我们过去不可控的事情变得可控。

第五,被技术改变的管理

从国际教育的最佳实践来看未来的校园走到最后,就是一个智慧空间:在云、物联、大数据等技术的支持下,远程实验平台、实验物联网络、实验交互平台,信息管理,普适计算各显神通,它们可能隐藏在校园的某个角落,也可能就在我们可以触碰到的不远处,但正因为有了这些技术的发展应用,才能支撑着我们智慧校园越走越远。可视化、个性化、人性化,这是大势所趋。接下来,留给未来校园老师的挑战是,角色的定位和功能的转换。是时候了,老师和学生都应该静下来思考我们自己的未来了!

信息技术的发展,使得校园教育管理发生悄悄的变革:

1. 管理是一种服务;
2. 管理是一种评估;
3. 管理是一种决策;
4. 管理是一种组织;
5. 管理是一种流程;
6. 学习是一种控制。

技术使得管理变成一种服务,不同于中国教育管理所出来更多的是一种控制。通过信息化我们可以把过去的教学 PPT、场景视频、教学讲义等等教学资源,通过我们在线的一些课程整合起来实现一种服务,而不是像中国这些年的课程中心和精品课程。校园管理支持教育与科研计划,通过全校的设备、教学仪器、数据、短信、门禁、人员等进行预约,大大地提高了他们的办事效率,提高了计划性。

面对人员的流动性、科研的流动性、项目的流动性,项目本身是需要流通化来管理的,我们可以通过一些比较好的软件工具来实现而不需要劳民伤财的评估材料造假:实验室管理、物联管理、设备管理等等,使得管理变成一种流程。信息集成使得管理还可以是一种评估。我们一般来讲,学生的学习效果怎么样,大学,尤其是工程,不是说成绩好考试好就行。我们可以做一个平台,对学生的各方面产生的信息进行管理,通过平台记录的数据,我们可以对学生的学习行为进行评估。管理还可以变成一种决策。我们通过各个校园的可视化智能实验平台,通过对后台数据的搜集用可视化的手段做到管理的决策可视化,一目了然。

1.11 未来体验——被信息改变的校园空间

在美国的很多大学、中学,来自国内的参观者总是对中美之间课堂的模式差别惊讶不已:相对于中国单一的讲台和固定课桌的模式,美国的灵活组织的拼装式教室采用得更加广泛,从高中开始,每个专业教师拥有自己不变的实验室兼教室,学生来老师实验室上课成为普遍的情况。如果从这几十年的美国教育历程来看待此事,情况会更加清晰:师生比不断增加的情况下,实验室和咖啡厅等更加接近于现实产业和生活的模式正在逐步取代高度为工业化而配套的传统教室。

云、物联网、移动技术的发展,使得未来校园展现出与计算机出现刚开始数十年完全不同的景象:看不见计算机的信息化将越来越人性化地将教育"归还"给师生。在真实世界、网络世界和教育认知的世界,一座真正的桥梁是需要基于人的行为认知的规律进行的,随着信息技术的发展,以上的这个潮流的演化速度正在加速。真实世界与教育世界交互的最好体现是以课堂教学为中心的传统教学方式,而在互联网背景下,新技术为提高学习活动的效率提供了更广阔的舞台和更丰富的可能性。因此,通过实验实训培养,分析实验教育中教与学的规律,理清教学系统与实验室系统中各要素之间的相互作用,提出增强学习者学习能力的策略和方法,对促进信息技术与课程结合、提高信息时代的课程教学质量、优化在线学习效果,均具有重要的理论价值和现实意义。

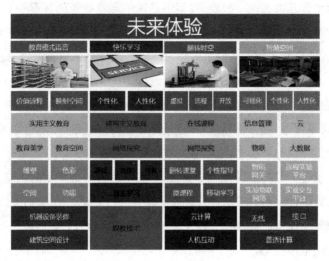

图1-23 未来体验

教育模式语言

在当代社会,关于教育的建筑模式,人们也在不断地进行研习和探讨。在一段时间内存在着相对固定的模式语言,它是被人的心理和行为所决定的,体现出实际的社会内容。在我们周围的环境中,一再反复发生的行为,演变成为模式,而约定俗成的模式演变成模式语言。虽然保守的建筑空间会对人产生不可抗拒的约束力,而人们的思想解放和行为变革又会对建筑使用空间提出新的要求,但是人们这种行为需求的改变是缓慢的,是积累中的变化。然而即使缓慢,这也是必然趋势。所以,我们的教育正在向新技术、新互动过渡。

国外曾进行过一项调查,研究了在一幢三层的大学建筑内几个部门之间的人员是如何相互认识的。其结果为:在同一层楼,认识的人为12.2%,隔一层下降至8.9%,隔两层达到2.2%。换言之,隔两层以上人们之间非正式的接触机会几乎没有。全球化浪潮的来临使人才更流动,信息更流通,不断有新的交叉学科诞生。这种情形要求不同领域的研究者应有更频繁的非正式交往机会。正如亚历山大在《建筑模式语言》中说道:"集中的、与世隔绝的大学扼杀各种学习机会;大学如同传统的市场,成百上千个小摊点,来者不拒,能者为师,有人去授课,这门课就算开设了;他们可以去上课,上到一半可以去小便,小便之后不回去。"

教育的运行逻辑是要创造和传播知识,这就意味着要把最优秀的人聚集起来。国外很多优秀大学的教员都在从事本学科最前沿问题的原创性研究,再将成果带进课堂引导和激发学生。为此,大学的目的就是要选拔和吸引最优秀的教授,并提供一流的研究场所,最终获得一流的研究成果。这里所说的一流研究场所,就是要充分发挥实用主义教育的价值。因为任何建筑一旦建成了,它就不再属于建筑师,它属于社会,属于人类。于是,建筑设计更多地变成一种责任,同时建筑设计的重点应该是如何在有限的条件下,创造出更适合人们使用的场所。基于新技术的未来校园是充分利用教学资源的,在融合了雕塑、色彩、设备、空间等各个元素的基础上,进一步优化建筑空间的设计,从而使得校园这个教育场所更加具有亲和力和说服力。

快乐学习

杜威曾经对教育有一个独特的目标解释:教育的目的仅在使教育进行下去。

随着人机互动和多媒体相关技术的成熟,快乐学习已经逐渐从概念和方法转变成一种技术工具。所谓快乐学习,即在学习过程中充分体现个性化和人性化,从而使得学习和研究的效率最大化。

信息技术的发展,使得实验空间发生悄悄的变革:越来越少的课堂,越来越多的网络;越来越少的教室,越来越多的咖啡厅和厨房;越来越少的讲授,越来越多的交互;越来越少的编制,越来越多的合作;越来越少的办公室,越来越多的实验室。同时,信息技术的发展,也使得教学场景发生悄悄的变革:支架走向网络,信息走向聚合;传统走向现代,配置走向集约;师生走向互动,虚实走向结合;记录走向电子,实训走向真实。此外,大学教育的时空也在发生悄悄的变革:虚拟:虚拟现实与现实虚拟;远程:基于云的教育;物联:基于 RFID 和传感网;开放:实验室开放与校园开放;智能:动作与行为智能;聚合:信息聚合;协作:团队协作。在这种情况下,学生的学习方法出现改观:学习是一种自主的行为;学习是一种自组织的行为;学习是一种协作的行为;学习是一种可视的行为;学习是一种轻松快乐的行为;学习是一种可控的行为。

快乐学习为我们带来的潜在优势不可忽略。当代教育越来越向着人性化、智能化、多样化的方向发展。游戏、协作、任务等相对轻松的模式不仅提高了学习效率,而且更有助于培养学生的兴趣。在未来校园中,这种快乐学习的模式也不可或缺。当然,快乐学习离不开娱教技术的支持。目前娱教研究的重点是基于问题的电子讨论教学。这种教学一般需要指导教师,中原大学的研究者建立起一个无指导的评估模型,使用参与度、互动认知、发帖等动作模型评估参与性和互动性,把数据挖掘和分析集中在教学设计中;台湾亚洲大学的研究学者设计一套基于 Moodle 和云环境的娱教管理系统,并进行教育的诊断评估;台北教育大学的研究者研究一套基于音乐旋律学习的移动游戏学习系统,并详细阐述了设计流程;荷兰埃因霍温理工大学设计了一套基于物联网保护环境的游戏课程,用来培养学生的责任心。

不仅如此,语言学习、博物馆娱教也是研究比较多的领域,这也证明了形象性思维的学习、人的本能学习行为是和游戏更加相关和亲近以及容易。台北中央大学的学者通过对动画、游戏和讨论的设计,对中学生防治欺凌的教育进行了实证分析;台湾昆山大学的研究学者设计了一套基于网络的专家建议系统,利用数据库和问卷达到指导学术的作用;龙华科技大学的研究者针对11年级里的学生搭建了一个包括物联网、云计算在内的无处不在的学习环境,通过游戏的启发教育,研究自然科学的学习方法……

翻转时空

可汗最新的教育探索的启示是,在线教育不仅仅是把教育搬上网那么简单,更加针对性和由于网络课程而带来的更加多的教师指导成为新的亮点,在最近的翻转课堂的现实课堂实践中,可汗尝试着每个班多增加一个指导教师的模式。在为未来社会培养适用性人才的实验教学领域,应当随着在线教育和网络技术的发展,教育模式也紧跟着变化。

杜威曾经说过:"不在于使学校成为工商业的附属机关,而在于利用工业的各种因素使学校生活更有生气,更富于现实意义,与校外经验有更密切的联系。"从这个角度上讲,教育应该是一个映射当代社会的高度实用的社区和符号系统,教育技术应用于实验有很大的潜力空间,如智能虚拟化环境中的录播系统、3D模拟、产业模拟、物联网络、远程控制中的远程医疗等。

相对于传统的课堂教学,未来校园的实验教学更需要针对性和个性化的指导以及翻转的课堂,将越来越多的微课程放到网络平台上,突出移动性学习。因为"知识不是通过教师传授得到,而是学习者在一定的情境即社会文化背景下,借助其他人(包括教师和学习伙伴)的帮助,利用必要的学习资料,通过意义建构的方式而获得",所以未来校园所要体现的正是一种虚拟的、远程的、开放的网络探究和人机互动,利用多种媒体多种方法进行教学,利用网络教学平台开展辅助性教与学活动,从而建立情景和支架,进行课程探究和评估。

此外,随着社会化网络的技术逐步成熟,社会化网络对学习者的学习行为也带来了变化,但是在基于网络协作学习环境中,同伴与同伴之间的互动由于缺乏探索有用的社会互动信息因而出现了困难,以至于同伴不能找到合适的学习模式来使同伴能有效地合作学习,因此许多学者利用社会化网络来探索学习者合适的学习行为使学习者能够高效率的学习。

到 2010 年 12 月,每天使用搜索引擎的用户数将近 2 亿人,用户日均使用搜索引擎次数也将有 12.1 次。如此大的搜索需求,但单纯以关键词、链接为核心的传统搜索已经难以给我们最快的搜索结果和最好的搜索体验,Google 不会告诉你所在地附近的房屋出租信息,百度也不能快速帮你找到附近商场的打折信息,而社会化网络可能在这方面就表现得更加有所作为。因为在 SNS 中,搜索引擎聚合了人的力量,搜索行为由被动变成了主动甚至是互动,充分利用计算机算法、人类能动性和参与精神。

如果说机器算法为搜索结果提供了量的保证,那么用户搜索行为和爱好就为结果提供了质的保证,使搜索结果与用户的兴趣更加匹配,信息的价值得以最大程度的发挥,正如互联网观察家 Keso 认为的,"没有普遍适用的信息,只有在合适的时间出现在合适的人群中,信息才会产生价值"。可见,资源共享是社会化搜索的前提。

智慧空间

目前关于教育变革的讨论过于集中在在线教育(远程、平板、电子、数字),而在线教育本身很难改变学习,在这场教育革命的浪潮中,由在线教育引发的教育由数字支撑到数据支撑变化(教育环境、实验场景、时空变化、学习变化、教育管理变化)等等,却是很多人没有在意的巨大金矿。

教育环境的设计、教育实验场景的布置,教育时空的变化、学习场景的变革、教育管理数据的采集和决策,这些过去靠拍脑袋或者理念灵感加经验的东西,在云、物联网、大数据的背景下,变成一种数据支撑的行为科学。教育将继经济学之后,不再是一个靠理念和经验传承的社会科学和道德良心的学科,大数据时代的教育,将变成一门实实在在的实证科学。大数据实验教学管理包括:场景训练系统;互动情景支架;在线课程平台;任务探究策略以及资源协作模式。

未来校园中的教学要体现可视化、人性化、个性化。当然,实现这种愿景的前提是,我们应该清楚我们的教育方法不是灌输信息,而是增强人的能力;我们的教育目标不是强化已有的秩序,而是培养人的能力;我们所期待的教育回报不是回报个人本身,而是回报社会。所以,未来的教育是"学生到哪里,教育就会在哪里"。

在上述大数据校园管理的基础上,可以充分发挥门户与可视化平台,为有效管理与汇聚多源数据以及了解数据提供服务。其中,在实验服务环节中的云和物联的背景下,实验室建设必须追赶技术的步伐,需要一个云和物联集成的完整架构,如云和物联架构、智能采集终端等;在实验教学环节,要依靠实验教学支架、实验课程平台来共享资源,但真实场景不等同于照搬,实验室还需要满足实验活动、实验反馈、协同合作、技能学习等最基本的功能;在实验管理环节,借助技术手段,可以实现实验室真实运行数据的获取,辅助实验室基于数据的管理与决策,充分发挥实验室效益,比如智能实验室管理、实验室开放管理、仪器设备预约管理等;在实验科研环节,通过资源网络的协作,实现IT技术与专业的深度结合,为科研院所、教授提供定制开发服务,项目管理平台、数据安全管理、实验设备定制。

第二章

被技术改变的教育

2.1 被介质改变的教育

关于教育革命的提法,总是得到不同的意见。2012 年 11 期的《福布斯》(Forbes)杂志就以"教育革命"为题,介绍了可汗学院及其对教育引发的变革。卡内基梅隆大学,一个华人教授以为教育革命是我杜撰的,不屑地对我说:"无论什么革命,孩子还不是背着书包上学吗?"

这件事情引起我的较真活动,经过调查,发现历史以来,还真不是学生背着书包上学的。1887 年,日本首相伊藤博文将军队的书包改装成小学生书包,才开始了书包的历史。为什么明治 20 年以后可以改装书包并且书包可以大行天下呢?原因在于,胶装代替线装,书包才可以代替木箱,不然,书很容易毁坏。这样一算,书包只有一百多年的历史。

书包之前,木箱装书的历史也没有那么长。其原因在于,线装书也是明朝以后才出现的,在此之前,是各种各样的册装书,而册装书使用包裹最合适。因此,古代进京赶考,包裹是少不了的。

可惜,即使这种包裹历史也并不永久。宋以前,卷轴是书的主要形式,卷轴当然只能单面的,写的东西并不多。因此读书人没有书包,要想看书,要配一个书童挑着扁担读书,书再多一些,就要牛车拉了,汗牛充栋就是唐朝的典故。读书人课业负担,是个

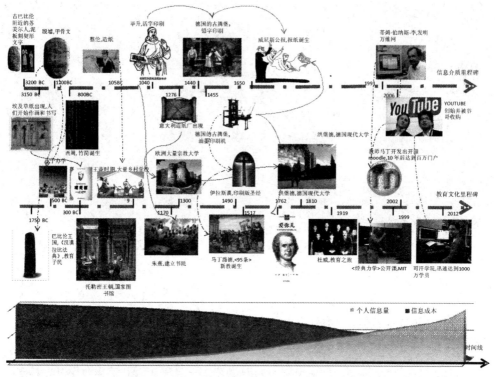

图2-1 信息传播载体的发展

体力活。

好在汉以后有了造纸,比起古代人幸福多了。汉以前,读书人是更加无法有书包的,竹简又贵又沉,马车拉还差不多。

公元前3200年,苏美尔人发明了楔形文字,书本身连拿起来都费劲,看书就得空手到学校来看。公元前1750年,古巴比伦王国为了教育子民,颁布了《汉谟拉比法典》,仅有200多条的法律教科书,是刻在石头上的,读书要进宫才可以。

相比起来,埃及法老就聪明得多,依靠埃及独有的草纸,法老们建立起国家图书馆。公元前300年,人们看书可以进首都来。

中国的甲骨文与楔形文字很可能有亲戚关系,公元前1150年,商王武丁不但读书,还写书,书是写在骨头上面的,几乎同时,也有书写在青铜器上面。那个时候,书包也是不可能有的。

总体来说,人类的教育历史,几乎一步一介质的革命,每一个教育家出现,也几乎是紧跟在介质的革命后面。

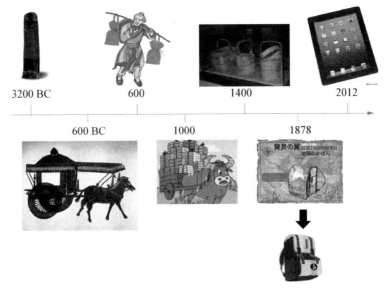

图 2-2　书包的时间线

公元前 800 年左右,竹简被发明,在其后的几百年时间,诞生了管仲和孔子这样伟大的教育家。有趣的是,我们有理由相信,孔子时代,竹简还没有被绳子穿在一起,所以孔子的话被学生传来传去,前后次序总是对不起来。也就是说,孔子是玩微博的,博客还没有发明出来。孔子后面的司马迁,写历史著作,前后顺序很重要,竹简已经被装订成册了。

公元前 105 年,蔡伦改进了造纸技术,在此后的 200 年里,造纸完全取代了竹简。公元 9 年,王莽借王命在全国建立乡村级"中小学校"基础教育,造纸技术的发展对学校的诞生起到了重要的作用。

由于有埃及的草纸技术,柏拉图才可以进行他的理想国写作和教育传播,最古老的学院就这样产生。然而,媒介还是太贵,草纸质量不好,也不好保存,更重要的是只有中东有这种原料。蔡伦的造纸,改变了世界,也改变了教育本身。1000 多年后,意大利有了第一个欧洲的造纸厂,很快欧洲发生了革命性的变化。

公元 1040 年,毕升发明活字印刷,100 年后,朱熹建立了自己的书院。朱熹的书院和前人的私塾有什么区别?活字印刷术后,身为教师的朱熹不用将自己大量的时间用在练毛笔抄书,于是,重点在于思考和解经的哲学家和教育家出现了。

毕升的技术 200 年后传到欧洲,400 年后传到德国。一个叫做范藤堡的人,不但改进成了铅字,并且进而发明油墨印刷机。印刷术也改变了中世纪的大学,大量的宗教大学的教师坚决反对印刷术的使用,因为这会使得他们那古板和垄断的抄书变得毫无意义。这场抗议长达几十年,但结果仍是反对无效。印刷术改变了中世纪的格局,伊拉斯谟把圣经大规模印刷,直接后果就是宗教分裂,马丁路德以一本《九十五条论纲》,教育出新教徒。

造纸和印刷一起,产生了介质的另外一场革命,那就是报纸的产生。1650年威尼斯公报的诞生,改变了人们信息的传播速度和准确性。100年后,卢梭感到了信息垃圾的问题,1760年前后,卢梭回到乡下,开始研究教育学。卢梭赶回到欧洲的乡下,得益于照样可以看见报纸了,《爱弥儿》教育巨著就是在那里完成的。

大量的产业信息和工业信息冲击着人们的视野。1810年的德国,洪堡德将工程和科学教育引入教科书,形成了第一个现代大学。从此,大学不再是教授哲学、文学和宗教,与此同时,科学和工程成为主战场。

印刷技术在20世纪初已经得到很大的进步,美国成为新兴工业的主流国家。1890年,中国的广东出现了第一台现代的印刷机。精英们在中文印刷的报纸上介绍了美国的教育家杜威。1919年,杜威开始了自己的欧洲、美洲、中国之行,而这之行对中国的影响是巨大的。两年之间,他的四个学生蔡元培、蒋梦麟、陶行知、胡适与他探索和实践,之后的20年,这四个学生几乎建立了中国现代教育的基石:从基础教育到高等教育再到艺术教育。

媒介还在继续革命。计算机的发明最早是军事用途,互联网的发明最早也是军事用途,然而,到了后来发生革命的已包括生活的各个方面。媒介一词开始被媒体代替,首先改变的是教师的授课行为,PPT和幻灯片的使用仅仅是现代教育的一个开端。1991年,蒂姆·伯纳斯-李发明了万维网,从此地球不同地方的人可以同时互动。1999年,麻省理工学院的"经典物理"成为公开课程,2002年一个澳大利亚人马丁开发了一个开源的平台Moodle,方便他住在沙漠的学生不用每次开飞机过来上课,到2012年,这个平台已经有100万个门户。

2006年,两个小伙子把派对的视频放到互联网,由于没有合适的平台,就开发了YouTube。20个月后,谷歌公司用16亿美金收购。这个平台能干什么?苹果公司的乔布斯发布的IPad提醒大家可以随时随地看课程。这个需求被可汗,一个孟加拉裔的美国人用来指导自己的亲戚学数学。没有几个月,可汗教育成立,一年后,已经有1000万注册学员,成为世界上最大的大学。可汗几个月干成的事情,是人类几千年积累,到上个世纪中期为止的所有大学的总和才实现的。

是什么改变的教育？园丁？教师？教育精神？不，是技术。

印度教育家苏迦特从1999年就开始做系列实验，他在偏僻的山村布置上电脑，装上互联网和搜索引擎，他发现：没有教师，技术会教会学生们自组织学习。

今后的教育朝哪个方向发展？我们不知道，那要看技术如何发展。

我们也许最不应该重复的一句话，就是中世纪那些宗教教师不断重复过的："技术？不可能，教育是一件辛苦的事情，离开我们的努力，孩子们也许一事无成。"

大量重复的劳动，也许是教育最不该坚守的东西；我们的时代，最大的悲哀，在于毫无天分的教师还在勤奋地工作。该交给技术的，就交给技术去做吧。

2.2 信息图与教育

从某种意义上来讲，与绝大多数现代社会现存的文字相比，汉字本身就是信息图。不知道从什么时候起，原本中华文明的优势，变成了教育的劣势。原因是什么，很值得思索：八股文？苏联教育的影响？

 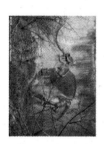

图2-3 "象"字的甲骨文与化石对比图

先看上面两张图："象"。3000多年以前，中原已经没有活着的大象了，大象骨头和大象化石还经常能够看到。武丁时期，大量的汉字突然呈现在人们面前，就有"象"字。不过，既然大自然找不到活的大象，看到过活的猪和猪骨头，就能够想出来"象"的模样，这种能力，我们称为"想象"。既然能想大象的模样，那晚上星星点灯，就能想象出天上的世界，因此，有了"星象"。最早的人类教育，从图像开始。

好了，到了人类创造知识的年代了。伏羲和女娲是中国人的亚当和夏娃。图2-4是战国的出土文物，清楚地表明了伏羲和女娲是如何教育和启蒙中国古代先人的。他们夫妻一手拿着尺子，一个人拿着圆规，哈哈，画图来教育人民。当然也有示范：两个人上身保持距离，表明理性；下身纠缠在一起，表明情欲。

图 2-4　伏羲女娲图　　　　图 2-5　伏羲八卦图

伏羲究竟画了一张什么样的图呢？相传是八卦图。图 2-5 就是八卦图。伏羲的数学是建立在算筹基础上的，通过图示，来教会当时的人做事的方法。

八卦图，严格意义上讲，是二进制计数。比起八卦图更好理解的是围棋和象棋，而围棋这种信息图的发明，熟悉中国历史的人都知道，就是唐尧为了教育自己的孩子丹朱而发明的信息图。

后来的周文王，在羑里城被"双规"的时候，把八卦演绎成了 64 卦。这个技术后来传到欧洲，被著名的数学家莱布尼兹发现。很多人以为他发明了二进制，其实不是他发明的。中国一直在使用二进制，连围棋也是二进制的。再后来，计算机的发明，得益于二进制。

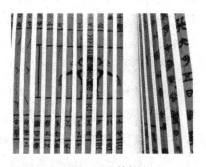

图 2-6　64 卦图　　　　　　　　图 2-7　算筹

继续说中国的事。周文王之后,各路诸侯把周文王的"可视化"数学继续发扬。64卦图上面的长短不一的横线,被人们称为算筹,用来进行数学计算。中国古代的孩子学数学,远比今天轻松,简直就是游戏嘛。这种算筹,直到明代才被算盘代替,完成了历史使命,但对孩子来说也不好玩了。

公元前1100年,西周的国王问商高,如何丈量天的高度,商高一不小心就透露了一个天大的秘密,那就是勾股定律。后来不断有人证明勾股定律,使用的也是信息图技术,我们今天称之为"辅助线"。

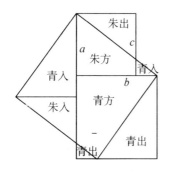

图2-8　公元2世纪王微的勾股定律证明方法

图2-9　东汉　播种图

到了春秋战国以后,战争越来越多,学习战法,成了教育学一个课题。于是,象棋也被发明出来。象棋的发明不是偶然的,鲁班和墨子两个发明家在楚国论战,各自摆出信息图进行较量,结果不用真打仗,战争就结束了,信息图作用很大。

信息图在中国古代应用在方方面面。上图是东汉的播种图,清楚地表明了田里插秧的团队协作。

2000年后的清朝,政府指导人民进行农业生产,照样使用的是这种信息图方式。下图是我收集的清朝的棉花生产指导书,图文并茂。今天的大学生声讨清朝的腐朽教育,那是政治课,而劳动课,清朝比今天要好得多。

话再转回宋朝。公元1100年,北宋要出一本建筑学的教科书,于是《营造法式》出版了。这本教材也是图文并茂,让900年后的梁思成发现后叹为观止。

著名数学家莱布尼兹,由于使用了信息图示技术,与牛顿各自宣布发明了微积分。牛顿的微积分靠思想,莱布尼兹靠的就是图示方式。莱布尼兹爱好广泛,与牛顿相比不是一个合格的科学家,然而,由于采用了巧妙的图示方式,还是将自己的名字写进了"牛顿莱布尼兹公式"。

图 2-10 《营造法式》

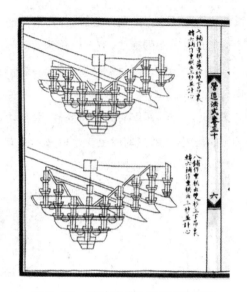

图 2-11 营造法式的榫卯结构图示

一幅好图胜过千言万语。相对来说,图形比文字更具有逻辑性。如果用语言表达,就不那么有逻辑。不过,也有相反的时候。文革时期知识分子下乡受农民教育,一个大字不识几个的农民村长教育一群知识分子五个小时,让知识分子们心服口服。等知识分子回去写日记的时候发现,村长所说的五个小时基本上是重复的话。俗话说,眼见为实,欺骗眼睛是一件很难的事情,但语言有时候是会欺骗情感和逻辑的。年轻人之所以不愿意听父母啰嗦,诸位家长如果把自己说的话变成图形,那肯定自惭形秽。

从什么时候开始,中国人丢掉图形的本领,无从考证。不过重新拾起来也许是1999年前后。当时我在复旦大学读书,当时的管理学院郑绍濂院长发出号召,号召全体老师使用图形化的PPT来进行教学。

今天的技术,远远超越了PPT时代,不过我们的很多教师也许还没有意识到。

2.3 EDUTAINMENT,娱教

受儒家文化影响太重,我们的学习行为带有很多的严肃性。中国有很多典故:头悬梁、凿壁偷光、闻鸡起舞等等,学习是一件非常无趣和辛苦的事情,也是一件很功利的事情。比如我吧,每买一套房子的时候,首先考虑的是书房和书架,似乎不在书房里

图2-12 新加坡:课桌可以改成这个样子

图2-13 台湾"中央"大学:虚拟现实的机器人伙伴

看书,心就静不下来。中国人办公司也是如此,必须有办公室、秘书,似乎那样才是公司。

西方文化是游牧文化,马背上的民族,因此走到哪里歇到哪里,很多习惯和国人有很大的不同。例如,很少有人家里有专门的书房的,哪怕大多数美国人都有别墅;在CMU,很少看到在教室看书和上自习的,倒是咖啡厅、走廊、厨房、公园、实验室里,甚至草地上面都是学生在看书;很多创业者都是在车库里进行的;在匹兹堡的公交车上,到处有看书的人,不仅学生,什么年龄段的人都有。倒不是因为美国人爱学习,只不过他们没有书房而已。

一次,这边的一个华人同事,她嫁给一个美国人,就说她的孩子太散漫,比起中国的孩子,就是太爱玩了。正是由于这种习惯,美国的教育者们,才开发了很多适合美国人的学习方法,基本的思路就是寓教于乐。寓教于乐是一种教学方法,EDUTAINMENT,

图2-14 荷兰:通过物联网培养环境责任

图 2-15　台湾教育大学：3D 和 Moodle 结合的游戏化的开源英语教育平台

暂且翻译成娱教吧,却是一种教育专用词汇。2011 年娱教国际会议在中国的台北举行,看来这种方法已经在台北吸引了非常多的研究者,基本的作者都是来自台湾地区的人,比大陆研究要透彻得多。

图 2-16　MIT 互动智能互动

图 2-17　嘉义大学：微创自主学习

总体来说,由于声音识别、视频识别、人机互动和多媒体相关技术的成熟,快乐学习已经从概念和方法逐渐转变成为一种技术工具。目前的娱教研究大概可以分成以下热点问题：娱教的行为学分析、教育机器人研究、娱教设计、游戏性培训、数据分析与挖掘、游戏与学习、语言学习、中小学教育。

教育行为学研究东西方理念上存在巨大的差异,中国的学习行为带有浓厚的道德和纪律色彩,西方带有浓厚的实证原则。但是当今的中国学生是否还适合这种方式,就未必了。美国的教室都是很随便的,中国的教室都是等级式的,尤其是很多新建大学根本没有考虑教育地产的需求。德国的

Seminar教育是现代教育的一种变革,对当今教育影响巨大。那么为什么桌子用六角的呢?学生是否一定应该如此呢?日本学者做了一项很有意思的调查,根据视频和行为证明了优化过的座位布置对学习行为有很大帮助,临座的关系也直接影响学习的效果。对于PBL的网络学习的新影响,台湾学者得出:互动、提供真实世界的问题、自组织。德国研究学者通过课堂录像发现,男孩子和女孩子在通过移动终端的学习方面表现出不同的特性,男孩子学习快、任务性强、需要正反馈,女孩子耐性强、精力集中但是学习功能慢;我国台湾学者用一个行为学实验证明在游戏学习中加入自我解释能够提高学习的效果;台湾的学者针对几百名体育系的学生的社会化网络日志,分析了他们头脑风暴、互惠、情绪表达、小组等,研究面向毕业的社会化网络人物的学习行为。教育行为学研究一般通过行为试验来完成,在基于网络的学习中,会得到大量的行为日志,提供了另外的途径。在这方面,大陆的研究务实性差距比较大。教育数据分析和教育数据挖掘,在社会化网络中成为必要和可能。台湾政治大学的研究者提出一种基于移动终端的手机日志收集系统,为研究移动学习行为提供了基础;台北大学的研究者通过对在线游戏辅助学习的数据进行分析与挖掘,得出新学习效果性别、班级和学科的规律;越南国家大学的研究者,针对托福的学习者,使用贝叶斯方法提高学习的效率和指导;台北立仁小学和台北教育大学针对初中和小学的老师的行为挖掘表明,在线课程培训方卖弄教育动机的成分比教育成果表现得更为突出且互相影响。

图2-18 台湾大学:增强现实学习

语言学习、中小学娱教与博物馆娱教是研究得比较多的领域,这也证明了形象性思维的学习、人的本能学习行为是和游戏更加相关和亲近以及容易。自闭症的诊断和治疗更能够反映人的网络认知的本质,意大利和以色列的学者开发一种三人的触摸游戏,训练自闭症患儿的沟通技能,台北一家研究所的研究人员,通过使用游戏,来测试和治疗自闭症,取得一定效果。台北师范大学的研究者研究了教育玩具在科学师范中的作用;在道德领域鲜活的案例和游戏总是比说教更加具有吸引力。台湾"中央"大学的学者通过对动画、游戏和讨论的设计,对中学生防治欺凌的教育进行了实证分析;台湾昆山大学的研究学者设计一套基于Web的专家建议系统,这个原型使用在高中学生的学术研究指导方面,利用数据库和问卷达到指导学术的作用;龙华科技大学的研究者针对11年级的学生搭建一个包含物联网云计算在内的无处不在的学习环境,通过游戏式的启发教育,研究自然科学的学习方法;中国成语学习,很早就使游戏引进到中小学教育,台湾屏东科技大学采用 SPSS 对基础教育这一议题通过教育行为给出建议。

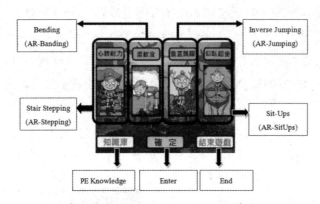

图 2-19　台湾铭传大学:现实增强的减肥系统

　　在游戏学习的技术研究上,台湾"中央"大学的学者研究了基于网页的视频检索实现方式以提高在线学习效果;台湾清华大学的研究学者研究如何搭建一个云环境为学习者服务;韩国学者研究了混合文件的数字化匹配问题;台湾信息通讯研究所通过集成改造,将普通课桌改成多点触碰的多媒体课桌;台湾大学的研究学者讨论了增强现实技术在教育学的应用与实例;铭传大学的研究学者进一步研究了现实增强技术的动作准确性实现方式。在学习方法的研究上,岭东科技大学的研究者提出了基于建构主义和体验教学的 ACIA 方法(真实学习、互动学习、社区学习、评估)的游戏学习设计框架。基于问题的电子讨论教学一般需要指导教师,中原大学的研究者建立起一个无指导的评估模型,使用参与度、互动认知、发帖等动作模型评估参与性和互动性,把数据挖掘和行为分析集中在教学设计中;亚洲大学的研究学者设计一套基于 Moodle 和云环境的娱教管理系统并进行教育的诊断评估;台北教育大学的研究者研究一套基于音乐旋律学习的移动游戏学习系统,并详细阐述了设计流程;荷兰埃因霍温理工大学设计了一套基于物联网保护环境的游戏课程,用来培养学生的责任心;医学教育信息化是很大的重点,台湾嘉义大学的学者针对微创手术的技能,提供了一个游戏的学习平台,使用自主学习的方法,达到微创学习的展现。台湾教育大学的研究学者研究了如何通过游戏提高人的空间感。彰化师范大学的研究学者研究了如何通过游戏提高大学生的职业生涯规划;台湾"中央"大学研究者研究了学生如何通过过去数据建立起自我竞争的系统。麻省理工的研究者研究戏剧管理中的教育书的叙述自适应问题;日本的研究学者研究了通过在线商店的程序应用学习程序语言 PHP 和 SQL 语言;北京理工大学的研究者,研究移动学习和现实增强技术在鸟类学习中的应用。加拿大阿萨巴斯卡大学在实际的公司里面搭建一个游戏学习的环境,通过游戏提高员工保险销售技能。

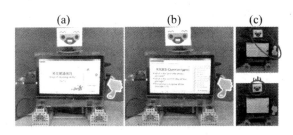

图 2-20　台湾中山大学:机器人助教

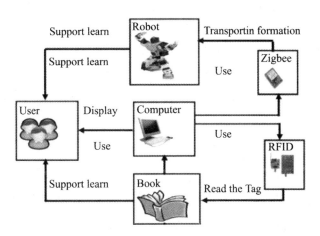

图 2-21　台湾中山大学:机器人、物联网与英语教育

2.4　社会化网络学习

1975 年 3 月,斯蒂夫·盖瑞·沃兹尼亚克接到老友鲍姆通知,说有一群做电视和影像终端机设备的人将举行聚会,和往常的聚会没有什么不同,不过由于这次聚会沃兹尼亚克接到了一份仿英特尔 8008 微处理器的技术规格文件,赫然发现竟与五年前

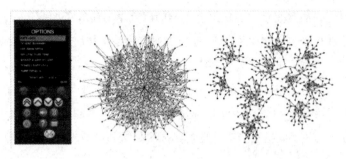

图 2-22 威尔士斯旺西大学实验室(FIT)互动实验室的互动设备研究

自己设计的奶油苏打电脑相去不远。一起聚会的还有一个人,几年来和沃兹尼亚克一起玩耍和聚会,不过这次不同,这个人成功说服沃兹尼亚克成立了一个公司,这个公司就是后来的苹果公司,这个说服沃兹尼亚克的人就是乔布斯,而那次聚会也因此有了名气,被称为"硅谷"家酿电脑俱乐部首次聚会。

如果不是这些聚会,乔布斯和沃兹尼亚克和很多中国淘气和聪明的孩子一样,恶作剧、具有创新性、退学,随着时间的变化会被教育制度或者年龄阅历改变成一个"成熟的男人"。与乔布斯不同的是,保罗·艾伦与比尔·盖茨是中学校友,是他说服盖茨不要打游戏而编软件,从此也改变了两个人的人生轨迹。

惠普的创业在车库,苹果的创业在车库,YouTube 的创业在车库,谷歌的创业在宿舍,我想,美国和中国一样,创业从车库开始,而不是科技园。归结其原因,来到美国才发现,美国的车库和地下室很多其实是第一层,是孩子们的活动场所,而由于宗教的原因,美国人的聚会特别多,孩子们的空间一般都在家庭车库进行,这样,很多创业和知识积累都在这种聚会中产生。

如果不是因为电脑网路和电脑行业的原因,小李一定不会走到现在;而由于中国没有美国的聚会文化,小李也注定不会像乔布斯一样走得那么远的。小李高中毕业,由于淘气和贪玩,只上了中专。家里人的不满意加上自己的爱好,在一个偶然的机会,小李靠朋友的介绍到成都一个牛人那里学习网页制作,在 1999 年,这是一个很吃香的行业。小李从此进入到一个中国很热的 IT 圈子,不断地在不同计算机公司周转,等 2011 年回到上海的时候,已经 35 岁了。一家公司正好需要人,就对小李这种野路子的人进行了一场考核,结果发现从各种接口的底层无力结构 232、422、485 到各种网络设备再到各种操作系统、各种数据库、各种开发语言,小李在一堆人里面几乎都是满分,而名校的那些经过两年以上工作经验的人平均分数不到 60 分。小李的现象并不稀缺,在很多电脑公司都有这样的小李现象,而他们有一个共同的现象,就是都有一个在网络上很"核心的圈子",与乔布斯等的现实圈子一样:淘气、恶作剧但非常具有天赋,是他们而不是那些计算机的博士们掌控了网络和计算机"玩家"的世界。小李很忙,他比大学教授更清楚哪个黑客和哪个牛人今天来到了上海。

1967年,哈佛大学的心理学教授斯坦利·米尔格兰姆(Stanley Milgram)创立了六度分割理论,它被认为是社会化网络的理论基础。按照六度分割理论,网络上每个用户的社交圈都在不断放大,最后就构成一个大型的社会化网络。然而,什么是社会化网络?目前还没有统一的定义。

社会化网络与传统的万维网(Web)最大不同之处在于:传统的万维网的主体是内容信息,依靠内容组织在一起,呈现给用户;而社会化网络的主体是人,依靠人与人之间的朋友关系组织在一起。Boyd和Ellison(2008)认为社会化网络必须具备三项基本功能,即允许用户:(1)创建和维护朋友关系;(2)上传自己预分享的内容信息;(3)浏览其他用户分享其他的内容信息。但这三项功能在不同的社会化

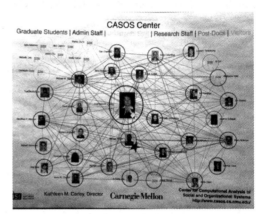

图2-23 卡内基梅隆大学社会和组织系统计算分析中心门口的导示牌

网络上的体现形式可能存在较大差异,如Facebook只允许用户遍历三层朋友关系,而国内的人人网则没有这个限制。

对于社会化网络意识的提升,Rita Cadima、Carlos Ferreira、JosepMonguet、Jordi Ojeda和Joaquin Fernandez(2010)认为,这对于相互交流合作有积极的作用,对于教育行业来说,师生交流的增加,对于教学效果是有正面影响的。Indira Hamulic(2009)提出信息技术运用到社会化网络虽然已有不少时间,但知识分享的深度却没有相应的增加,原因在于信息技术体系目前只有少数几个枢纽,规模很小。如果想在教育行业充分发挥社会化网络的作用,必须把社会化网络的密度、深度、紧密度和链接性技术得到加强。

社会化网络应用于教育行业,以及改变学习行为的案例还是很多的,例如,【Alona Forkosh-Baruch,Arnon Hershkovitz 2012】在以色列高等教育机构的案例研究中发

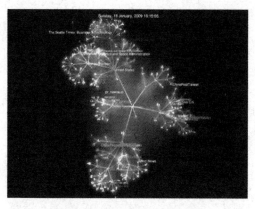

图 2-24 奥巴马的社会网络

现,社会化网络已经在以色列高等教育机构中得到应用,通过对内容、活动以及交互方面的问题研究,并以学生利用的 Facebook,Twitter 的数量作为分类统计,发现社会化网络的利用不仅提升了知识的分享,同时促进了社区的信息学习。社会化网络的学习方式能很好地适应社区学习的方式。社会化网络的开放课程能为社区学习者随时随地提供学习的机会,对于课堂学习方式是一种全新的改革。如果社会化网络得到充分利用,那么网络平台的教学会使教育者受益很多。奥巴马依靠 FACEBOOK 的创始人加盟而提升的社会网络能力,赢得了大选。

传统互联网上的社会化网络服务最早出现在 2003 年前后,美国的 Myspace、Friendster,日本的 Mixi 等纷纷建立,并在 2006 年前后开始进入鼎盛时期。而随着移动网络的普及和发展,移动终端 PC 化能力的加强,传统的社会化网络服务商纷纷开始向移动社会化网络服务进军,如推出移动设备访问版本和直接为手机开发访问应用。

所以按照基础服务平台划分,移动社会化网络服务可以分为两大类,一类是在传统互联网社会化网络服务基础上向移动方向拓展而来,如日本的 Mixi 和美国的 Myspace Mobile;另一大类则是以移动设备平台为主,以 Pc 互联网为辅助的移动社会化网络服务,如 Google Latitude 和 Loopt。

随着社会化网络的技术逐步成熟,社会化网络对学习者的学习行为也带来了变化,但是在基于网络协作学习环境中,同伴与同伴之间的互动由于缺乏探索有用的社会互动信息因而出现了困难,以至于同伴不能找到合适的学习模式来使同伴能有效地合作学习,因此许多学者利用社会化网络来探索学习者合适的学习行为使学习者能够高效率的学习。

Joanne Smailes 等人在诺森比亚大学建立了一个试点模式,该试点模型是基于行动研究方法进行分析的,他们发现涉及社会化网络的模式,尤其是 Facebook,对支持大学生刚进校的调整具有最大的潜力。Fabian Schneider(2009)主要分析了用户访问社会化网络过程中的行为,数据来源是用户访问社交网络 HTTP(Hypertext Transfer

Protocol)会话过程数据,他们分析比较了四种不同社会化网络(Facebook、LinkedIn、Hi5 和 StudiVZ)的用户访问行为特征。结果表明访问社会化网站与其他网络存在不同之处:(1)用户容易重复同一个行为;(2)用户每次会话过程时间比较长;(3)图片目录最受欢迎。

社会化网络的教育应用:"资源共享"

到 2010 年 12 月,每天使用搜索引擎的用户数将近 2 亿人,用户日均使用搜索引擎次数也将有 12.1 次。如此大的搜索需求,但单纯以关键词、链接为核心的传统搜索已经难以给我们最快的搜索结果和最好的搜索体验,Google 不会告诉你所在地附近的房屋出租信息,百度也不能快速帮你找到附近商场的打折信息,而社会化网络可能在这方面就表现得更加有所作为。因为在 SNS 中,搜索引擎聚合了人的力量,搜索行为由被动变成了主动甚至是互动,充分利用计算机算法、人类能动性和参与精神。

如果说机器算法为搜索结果提供了量的保证,那么用户搜索行为和爱好就为结果提供了质的保证,使搜索结果与用户的兴趣更加匹配,信息的价值得以最大程度的发挥,正如互联网观察家 Keso 认为的,"没有普遍适用的信息,只有在合适的时间出现在合适的人群中,信息才会产生价值"。

对社会化搜索的图景,微软创始人比尔·盖茨很早就曾预言,终有一天,通过点击鼠标和网络数据,谁都能知道某个监视画面中的人物姓甚名谁、职业、生活、兴趣、爱好如何,这当然属于标准的数字化生存,可这样的资料如何获取?盖茨的回答是,所有的人都愿意将自己的资料公开给其他人查询,可见,资源共享是社会化搜索的前提。而 SNS 正是通过将人从整体的意义上链接起来,进而实现了资源的整合。SNS 体现的正是 Web2.0 时代的核心精神——"分享主义",分享我们的信息还有资源,反过来,这样一种分享也使得我们更容易找到更多的创意和机会。而在教育中的应用也有结合点,例如,课件和知识点的创建,供大家搜索。

社会化网络的应用必要条件:"群体智慧"

资源共享衍生的是群体智慧问题,群体的力量开始变得举足轻重。克莱·舍基所写的《未来是湿的》一书中指出:"群体能够施加一种迥异于个体的力量。共享的认识使得本来互不协调的群体开始以更快的速度和更有效的方式共同工作。这种社会认识存在三个层面:一是每个人都知道某件事情;二是每个人都清楚别人也知道这件事;

三是每个人都知道,别人也知道这件事情是人人都清楚的。这种共享的认识构成真正的公共行动的每一步。"维基百科正是利用群体的智慧而组成的世界上最长的智慧链。另外,群体智慧产生的前提是"个性化",两者看似矛盾实则内在逻辑统一,因为只有尊重个体,个体的智慧才能得以充分表达,群体智慧也才有可能得以实现。同样,"群体智慧"能反哺"个性化",使得置于群体中的个人能脱离无知和自我封闭,成为真正意义上开放的人。正如巴赫金所描述的,在中世纪的欧洲,"在狂欢节的广场上,在暂时取消了人们之间的一切等级差别和隔阂,取消了日常生活,即非狂欢节生活中的某些规范和禁令的条件下,形成了在平时生活中不可能有的一种特殊的既理想又现实的人与人之间的交往。这是人们之间没有任何距离,不拘行迹地在广场上的自由接触"。

全世界,每天都在发生教育技术的进步为学习效果的增强提供新机会的事。云计算技术的发展已经改变了应用程序发展和存储的方式。新技术可以建立个人学习环境,用一些工具满足他们的兴趣和需求。基于云技术的应用程序可以随时随地通过浏览器进入。Chao-Chun Ko 和 Shelley Shwu-Ching Young(2011)创造了混合的个人学习环境——MUPPLEs,学习资源都来自社会化网络,学习者能通过 WEB2.0 服务结合创造混合学习环境。基于云计算的个人混合学习环境结合了很多技术,创造了一些交互工具。这个平台为在线学习提供了可靠的和大量的云服务,并且在学习和教学中利用了建构主义教学方法。

前几年,在线学习已成为广泛接受的学习方式。不久前的多媒体和交流技术的进步为教与学中自我成长,分享个人环境提供机会。这是一个创新的方式,随时随地传递给任何人精心设计的、以学习者为中心的、交互的和便捷的学习环境。

传统的在线学习系统面临着许多挑战,诸如资源管理的最优化和提炼。随着用户的增加,服务、教育内容和资源的增加,在线系统规模变得越来越大。大量的学习资源和通过学习网络的学习者都呈现了新的模式。

MUPPLEs 的最大贡献是能够通过 WEB2.0 技术集合不同的信息,能够利用个人能力发展支撑个人学习。许多资源都是免费的,都是学习者自己选择的。这个系统保障了更好的学习目标达成,并且在搜索合适学习资源的时候花的时间更少。

通过浏览器可以实现许多应用程序,例如,文字处理、电子表格、幻灯片、数据甚至更多,而软件和文件都存在云下。基于浏览器的程序可以通过电脑或移动设备访问进入,只要这些地方有互联网。而基于云技术的许多社会化网络技术能提供轻松进入分享的程序。能够基于学习者的个性化需求而定制。MUPPIEs 能很好地结合各种技术,为个人混合学习环境提供支撑,为新的学习行为提供可能。通过系统实证研究,该平台能很好解决信息孤立的问题,例如基于社会联系的学习者愿意分享学习资源。该平台成为了一种很好的交互工具,可以成为下一代教育工具。为基于云技术下教育方式的改变提供了强有力的支持。

图 2-25　2011 年 2 月 14 至 17 日,沃森战胜《危险边缘》有史以来奖金最多和连续场次最多的两位高手

2.5　自组织学习

2011 年 2 月 14 日,与 10 多年前深蓝挑战国际象棋大师卡斯帕罗夫一样,IBM 又做了一件挑战历史的事情,三天时间,IBM 的一台由 2800 多个芯片组成的自然语言机器人,面对两位有史以来在哥伦比亚广播公司电视益智节目中的顶级高手展开公开比赛,在完全公开的比赛中,这个叫做沃森的机器人取得完胜。这件事情非同小可,因为 14 年前深蓝面对的是固定的问题:象棋,与人比赛,而这一次,确是面对着不知道什么问题、什么答案和复杂语气和推断的问题。早在 2006 年,IBM 的团队看到肯·詹宁斯连续 74 期获得益智冠军的奇迹诞生的时候,就开始了沃森的研制,长达 5 年的研究过程中,这个到目前为止机器智能最出色的角色,也完成了一般意义上的超过人类智商的认证,为了这一天,沃森吃进了包含百科全书在内的 5000 本书的知识。

沃森采用的是自然语言技术,除了在 CPU 和存储量等已经证明能够超过人脑性能的技术之外,自然语言技术和机器逻辑在此次比赛中也取得了关键的作用。科学家既然能够教会机器的逻辑思维能力,在教育一个大脑进化更为生动和活力的人的时候,是否能够得到很多启示呢?答案是肯定的。机器智能靠的是学习,人也靠学习;机

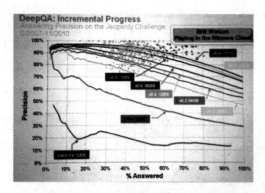

图2-26 经过3年的进步,沃森在抢答速度和准确性上逐渐接近获奖者

器学习我们很容易把灌输的容量和性能与思维逻辑分开,而教育学上,人的学习行为也是一种逻辑的学习。也就是说,人和机器一样反应和容量也许有区别,但更为关键的是思维方式的学习和提高。而这种学习和提高,是依靠一种自组织体系来完成的。

几乎与深蓝电脑开发的同时,1999年印度教育科学家苏迦特·米特拉来到了印度很多非常偏僻的乡村,开始了对未来开发"人脑"的教育学实验:这里的人不懂英语、没人见过电脑。苏迦特·米特拉在孩子们聚集的街头的墙上开了一个洞,放上互联网屏幕和鼠标,然后离开。几个月后,试验表明孩子们不用老师也学会了电脑。在以后的十多年里,苏迦特·米特拉在印度、南非、柬埔寨、英国、意大利等地还进行了类似的生物、数学、语言等的实验,结果证明,人与深蓝和沃森等最大的不同在于不需要老师和科学家输入逻辑和程序,就可以自己完成学习,这就是自组织。苏迦特·米特拉由此对教育和建构理论进行了重新定义:教育是一种自组织行为。

千百年来,教育工作者试图花费巨大的时间和精力,在做的工作是:将提炼过的教师的思维逻辑或者书本的思维逻辑连同知识容量一起拷贝到学生的大脑中。事实证明这些努力部分有效,这种标准化、规模化的教育,确实保证了教育的基准水平。然而,不容忽视的一个事实却是,每个时代顶级聪明的人,似乎都不是这样拷贝出来的,因此才有了"大师无师"的感慨。随着信息学和行为学的研究深入,人们逐渐才认识到,教育真正的最高境界,是发掘学生自身原有的动力和天分。自组织,逐渐被学者开始研究。

电脑时代,首先受到的冲击是人们思维的速度。大家很快发现,就单项技能和性能来说,人脑的速度是根本比不上电脑的;随后人们发现,人脑的容量也根本比不上电脑。在互联网时代,大量的媒体资讯和在线课程内容的出现,使得传统的教育受到很大冲击:知识本身的多少和速度,已经不是教师和大学的专利,而学习方法,似乎是教育界最后一块遮羞布。是的,网络世界再丰富的内容和资源,也无法代替教师对学习方法的引导。然而,这最后一块遮羞布,也似乎没有道理,在很多行业,自学成才的人才越来越多,他们的学习方法似乎也越来越不受到学校的影响。举个例子,大量网络黑客在网络上学习攻击方法和工具的时候,似乎并没有老师,而同期的计算机类的高手调查也显示,他们教师的方法根本不如自学和社会网络来得实际。直到苏迦特·米特拉的十多年的实验证明,学习方法这件事情,根本不用老师教,苏迦特·米特拉在乡村的实验有一个结论,越是没有成年人参与的实验,孩子们的学习效率越好。

学习既然是一个自组织的行为,教师和教学机构的定位确实受到挑战,而另外一方面,随着网络资源的普及和开放,在线教育如果仅仅是将传统的课堂搬上网络,也许更加不适合学习的原有规律。NMC(新媒体教育联盟)通过历史研究,将人类的学习行为归类为社会学习、可视化学习、移动(位置)学习、游戏学习、讲习学习,每种学习方式,基本上对应着信息与知识的载体的技术方式。也就是说,技术限制了人们的学习方式,一旦有新的技术改变信息和知识的传播模式,人类学习的方式马上会产生根本性的变化。现代的大学,产生于印刷术的普及和图书馆的知识方式,决定了学校和大学成为教育的中心;而工业革命和更加廉价的印刷技术,使得技术脱离知识可以与工厂紧密结合独立成为职业教育的载体。互联网时代,开放的社会和资源,进一步解放人们的学习行为,越来越多的才子不用在学校里面接受所谓学习方法的熏陶,自组织,成为这个现象的研究热点。

相对于灌输教育,新的学习方式和概念逐渐被提出来和成为热点:教育推荐、个性化页面、可视决策、可信学习、社会网络学习、自组织学习、自主学习、娱教、自我管理、机遇问题的学习、合作学习、同行学习、互惠学习、协作学习、混合学习、移动学习、自我学习、分享学习、行为诱导、个性推荐、学习导航、仿生学习,对于学习来说,在信息技术革命的今天,教化在撤退,支持在推进。教育的真正目标不是技术方法的教化,而是支持与服务。人作为万物之灵,本身就有自然的逻辑和自组织的能力,发掘它,才是正路。

新的教育发生的革命,并不是传统的课堂搬上在线,而是技术解放了人们原有的天分,使原本千百年来被庸师耽误的学生,成倍地生长出来。

在这场教育的革命中,最可怕的教育不是没有教育资源,也许是:毫无天分的教师还在勤奋地工作。

2.6 互动何以修成正果?

带来这场教育革命的,不仅仅是网络技术,教育学的百年祭奠,心理学和人工智能

图2-27 1976年盖茨从哈佛退学,他满足了,因为在那里他找到了后来成为微软掌门人的鲍尔默

的快速发展,起到了推波助澜的作用。印度的教育家苏迦特如此,美国的特隆更是如此。特隆本身就是人机智能课程的教授,他的风靡世界的在线教育Udacity平台,就是来源于自己在斯坦福大学的课程。

2011年,特隆决定把自己的人机智能的课程搬到斯坦福大学倡导和支持的在线平台上。如果不是这个事件,特隆与其他的教授没有什么区别:发表国际知名的论文,指导研究生做人机智能的实验,同时承担人机智能的本科和研究生课程并且得到很高的期终评价。特隆决定换一种办法,既然自己研究机器的思维有点名气,那么这些积累就用到教育平台上吧。特隆改进了只将资源(包括视频)上传和优化到课程平台的做法,在视频和网站中嵌入了互动的环节,后台的数据库能够迅速计算和反馈学生的学习行为。这些技术本身不是什么难度,对于特隆的人机智能来说,只是小菜一碟。然而,这种以学生探索问题和互动为核心的教育课程,一下子吸引了16万的学生免费参与学习。特隆破例允许自己班上的同学在宿舍学习而不必来上课,有3/4的学生这样做了,期末的时候,整个班级的成绩高于2010年。更让特隆惊讶的是,全球16万学生中,超过千位数的人完成了课程考试,而自己教的鼎鼎大名的斯坦佛大学,没有学生进入成绩前400名。目前,特隆正将这前400名的学生的成绩向微软等公司推荐,成为自己的盈利模式。

相对于特隆的"人机智能技术",金融行业出身的可汗没有这个技能,然而,可汗从另外一个方面诠释了"互动"。可汗学院的每个教学视频只有10分钟,也是基于学生互动兴趣的考虑。可汗新的实验是颠倒课堂,学生在家不写作业,看老师布置的视频选项;到学校不上课,在老师的辅导下进行练习,可汗的实验将一个班15名学生一名老师的配置增加到两名以上,技术不仅仅不减少教师,互动性的要求,需要增加老师。而教育的好坏也并不是经济规模型衡量,是教育效果。

东汉的孙敬与战国的苏秦,给大家留下了头悬梁、锥刺股的故事,这个故事流传千年,似乎孩子不愿意学习就是胸无大志。确实,我们教育所碰到的难题在于90%的孩子是胸无大志的孩子,而教育的本质又要培养每个人。头悬梁、锥刺股,都是反向激励的典型例子,后世的家长和教育者也乐于使用此法。然而,在公元332年前后,另外一个故事给人的启示,却没有被教育者注意。公元332年,胸无大志的祖逖碰到了同样胸无大志、风花雪月的刘琨,16岁的年纪,还天天混迹。两个浪子和一只鸡改变了历史。两个人没有苏秦的大志,也没有孙敬的自制力,但社会的动乱让他们感到不安,自身具有的侠义精神也让两人觉得应该有点武功保护身边的人,于是他们相约每天早上听到鸡叫就晨起练武。于是就有了后面闻鸡起舞和汉人对抗游牧民族获胜的亮点故事。互动,对于一般意义的学生来讲,这个故事中,刘琨、祖逖和那只鸡的互动还是很有效果的。

在电视普及以后,人们试图将远程的电化教育代替课堂,在网络普及的时候,人们又开始试图用网络和远程代替课堂。事实证明,全世界的尝试,基本是失败的,只能部分补充。原因是什么呢?互动性。对于上课来讲,老师的反馈、同桌女生的秋波、回答问题出错的窘相以及一个玩笑带来的哄堂大笑,对于知识本身毫无用处,但对于学习却至关重要。中央电视台《百家讲坛》之所以成功,是因为增加了现场互动和多媒体插边打诨。而全国人民喜欢不喜欢的春节联欢晚会,不仅仅是现场互动,更由于一家人一年也只有这个时候能够坐到一起,不管是包饺子也好,还是一边看一边评论和骂一年不如一年也好,这种年度互动,还真不好替换。

近年来的社会网络、可视化等技术的兴起,让网络的互动终于修成正果。相对于单向的传播模式来说,你的行为马上得到反馈,无论是正反馈还是负反馈,都会直接影响你的行为。最早的反馈是电子邮箱,1999年我有电子邮箱的时候,每天半夜爬起来看有无同学的回信。到了12年以后,在中国微博成了反馈最及时的平台。有人戏言:上半个小时微博,要看1星期的中央电视台新闻联播才能解毒。

在网络学习中,成功的平台都有赖于反馈系统。可汗推广他的颠倒课堂,将知识点缩减到10分钟的视频;Udacity在视频中嵌入停顿和知识反馈系统。在2011年的科学期刊上有一个针对Udacity的物理学教学对比研究,对比了一个非常棒的教授用传统的方法教学以及Udacity互动教学,结果发现,后者的出勤率高20%,而学期成绩好两倍。

《时代》周刊在2012年10月下旬期,使用了一个煽动性的标题来长篇报道Udacity的故事:"大学已死,大学万岁",在文章的最后,采访了一个整天学习在线课程的学生:"我还是愿意选择牛津剑桥,在那里见到朋友,真实上课,而不是在网络精神交流。"

复旦大学薛华成教授在对于中国高等教育的十大展望中有一个:"大学到底是学习知识,还是解决人们的文化需求呢?"如果可预见不远的将来,在线学习的效果会普遍超过真实课堂,那么,大学剩下来的,也许是最美好的互动:创业团队?掌声?鼓励?终身朋友?合作教育和研究实验室?还有那同桌的她?她那充满深意的秋波?

图 2-28　2012 年 9 月 1 日,湖北麻城农村的小学生家长帮助孩子自带课桌上学

2.7　从自带设备到自带社交网络的授课

学生自带设备上课本不是一件稀罕事,可是到了 2012 年,中国的某个小学还自带桌椅上课就成了稀罕事。这件事情竟然发生在以高考状元闻名的湖北黄冈,也是一个巨大的讽刺。然而,如果理性品读这件事情,我们不得不承认,自带桌椅上课,确实是在资源有限的情况下最经济的一种办法。从德国的威廉一世开始的义务教育开始,自带桌椅已经很少了,然而,从人类的几千年教育史来看,"自带桌椅",确是常态。

自从有了公立教育,教师就成了机构的雇员,教师的教育设备,由学校提供就成了天经地义的事情。可是从历史上看,教师自带设备上班,也是常态。当年孔子周游列国,教书之旅,就是马车拉竹简的旅途。

自带设备上班,在现代社会里,是由 IBM 公司倡导的。很多公司发现,公司的笔记本电脑非常难于管理,后来 IBM 实行的自带笔记本上班很好地解决了这个问题。再往后来,自带汽车上班,也成为常态。当然,公司从拥有设备,到租用设备,要给与员工补助的。

资源紧张的时候,自带设备上班,能够充分提高设备的利用效率和很大限度地降低维护成本,然而如果资源不再紧张的时候,自带设备上班,会造成资源极大浪费。例如,在美国任何厕所都有手纸,中国就只能"自带设备",非常尴尬。同理,美国的教育机构的教室、实验室,到处是联网的打印机和打印纸,根本不需要自带,更不用说桌椅了。

自带社交网络(BYON)上班也就是英文 Bring Your Own Network,将成为新信息网络发达后上班族越来越主流的一种高效的工作方式。按照六度分割理论,每个人的社交网络规模一般在 150 个左右,而往往最有效的网络是边缘社交关系,这是因为如果一个单位 150 个员工,互相了解,而真正需要帮助的时候,由于了解充分,需要的资源已经被利用光了,往往最有效的是并不那么熟悉的社交人。

公元 1180 年,朱熹的白鹿洞书院开张,朱熹的授课就采用了自带社交网络方式,因为仅仅是朱熹自己,其学识很难全部涵盖全部理学精华,靠朱熹的弟子和助手也不可能。这个时候,朱熹请来了陆九渊。陆九渊与朱熹在理论上不属一个路数,5 年前吕祖谦为了调和朱熹与陆九渊所做的社交活动,让此次朱熹的书院开张成为千古佳话。

可惜的是,朱熹的自带社交网络上课的方式,中国的后世教育学者并没有继承下来。在美国的高校,这种交流就非常普遍。在卡内基梅隆大学,几乎每周一都有大量的作为"免费午餐"的讲座,而这种讲座的主持人,一般由本校的教授主持,而主讲人,往往是外校的访问教授。通过这种自带社交网络的讲座和教育方式,卡内基梅隆大学在计算机领域非常活跃。

计算机的行为,只是人类实践行为的网络体现而已。在线教育给了自带社交网络上课更大和更精彩的空间。最早的 Moodle 课程平台由去澳大利亚人马丁开发出来,迅速达到 100 万的课程平台数目,而后来的 Sakai 平台,也大量集中了优质的教育资源。比起这些传统的课程平台,2012 年新起的课程平台更多地融入了社交网络的功能,学生可以通过各种社交网络登录课程平台,发布评论,让原先只能课程内部学生之间的交流,扩展到整个互联网社交媒体,而教师也可以通过社交媒体,随时无缝地与全世界学习自己课程的学生进行互动。

以上所述并不是自带社交网络授课的全部。我们知道,在网络社群中,教师有自己的也许很多种技术架构的社交圈:Fcaebook、Skype、YouTube。今后的在线教育平台,自适应而不是重新设立一套用户系统,会成为关键。将来的教师,只要登录自己任何一个社交网络,就能将自己全部的社交网络以合适的方式,嵌入到课程交流活动中,他再也不需要授课是授课,生活是生活了。

自带社交网络授课的方式,将给中国的教师带来更好的消息。大家也许奇怪的是,中国的短信和微博发展远远超出西方的发展,仔细分析起来,有一个核心的关键,那就是 70 个字符的限制(也许与手机的屏幕有关),中文是世界上也许唯一能够把所有信息说得清楚的高度浓缩的语言,而英文不幸得很,只能做一个摘要链接。正因为如此,今后的中国教师,只需要把自己的 QQ 和新浪微博的接口给系统,就可以随时随地和学生们互动沟通,再也不需要登录系统查看课件了。也许今后的教学系统,就是教师的主页,再加上博客的 RSS、微博和 QQ 的即时动态,以及自己的共享资源。如果教师不希望公开的资源,才需要登录内部课程平台。

Moodle 平台在中国基础教育推广已经很多年了,Sakai 平台也已经进入 3.0 时代。然而,效果并不好,原因在于,中国的学生,已经享受了多年更好的 QQ 和微博,谁也不会再很傻地登录一个系统去正儿八经地学习。

也许,自带社会网络授课将是解决之道,也将是中文世界独特的教育机会。

2.8 概念那点事儿:十多年教育技术地图
——教育信息技术 10 年发展 NMC 报告解读

NMC(新媒体联盟)是一个总部在美国的非营利国际性的教育技术专家组织,从 2002 年起,NMC 就发布每年一度的《视野报告》,其格式也是基本固定的:采用期一年或者即刻、采用期 2 年到 3 年、采用期 4 年到 5 年,其中会对每个采用期的几种重点的教育技术进行分析,包括使用情况和最佳实践。

2012 年的 NMC 报告中,采用期一年或即刻的技术是移动应用和平板计算;采用期为 2 到 3 年的技术是基于游戏的学习和学习分析;采用期为 4 到 5 年的技术为知识计算和物联网应用。在 2011 年,采用期为一年的技术为电子书和移动学习,采用期为 2 到 3 年的技术为基于学习的游戏和强化现实技术,采用期为 4 到 5 年的技术为知识计算和学习分析。这些都是每年的专家报告,专家也不总是正确的,例如,从两年的分析可以看出,2011 年很火的强化现实技术在 2012 年不但没有进展,还被排除到教育技术的视野之外。

图 2-29　2004 到 2012 教育技术视野报告

如果将 NMC 10 年来的报告总结在一张图上（图片来自 Ruben Puentedura 博士，NMC 创始人，本节图片均出自他的演讲），我们可以看清楚 9 年来教育技术的预测和现实。图中，Ruben Puentedura 博士将教育技术分成社会教育技术（红色）、讲习教育技术（橙色）、可视化教育技术（绿色）、游戏教育技术（黄色）、移动教育技术（蓝色），Ruben Puentedura 博士专门用大量的篇幅介绍这 5 种人类最古老的教育技术的前世今生和分类的合理性。

图 2-30　人类知识传递与教育技术分类

从 Ruben Puentedura 博士的分类中，我们可以把课程教育、教师讲授、书本学习等课程学习归入讲习教育技术；把社会网络学习、实践、实验学习和互动学习归入社会学习；将移动学习、云学习、物联网学习等归入移动学习；将数据挖掘、展现技术等归入可视化。Ruben Puentedura 博士认为，人类最早和最有效的学习是社会学习，这种学习方式来源于人们的工作和生活，母语和闲谈起到了关键的作用；移动学习自古就有，人类迁徙过程中的人员调配和知识传承技术就是目前移动和物联技术的学习原型；可视化最早通过艺术进行知识的传承，而游戏学习在互助和竞争中起到了很大作用。

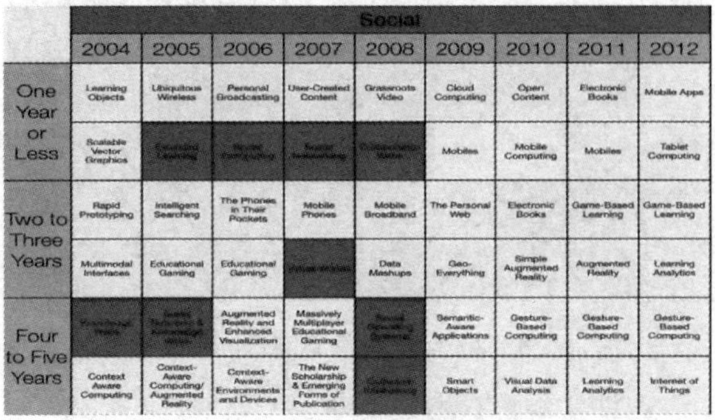

图 2-31　社会教育技术

按照这个分类，社会学习是人类最古老和最基础的学习能力，从 2004 年开始，知识网页、社会和知识网页、扩展学习、社会计算、社会网络、虚拟世界、协作网页、社会化操作系统、协作智能等相继被提出和预测，然而到 2008 年，社会计算、扩展学习、协作网页、社会网络走向现实，其他的概念不但没有成为现实，基本上从技术视野彻底消失了。从 9 年来的发展可以看到，社会网络技术被应用的特点是如果一项技术推出符合人的社会习惯，就会迅速得到应用，而技术预测的社会学习变革往往都是失败的。

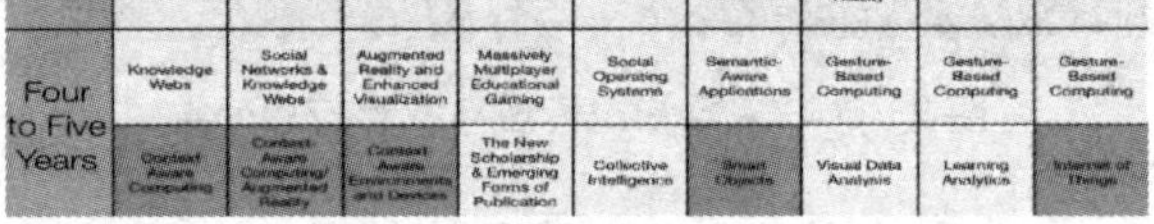

图 2-32　移动教育技术

移动学习技术 9 年来经过了以下这些概念：文本计算、文本计算和增强现实、无线普及、文本感知环境和设备、移动笔记本、移动电话、移动宽带、云计算、智能感知、移动计算、移动应用、平板计算、物联网。在移动学习领域，牵涉到移动的技术均很快走向应用，毕竟只是技术范畴的事情。而牵涉到物联网和文本识别的东西，预测总是和现实差距较大。这也提醒我们，当一个新技术能够顺应人的行为的时候，就会很快进入到教育领域，而人的行为的复杂度和技术的复杂度一旦搅和在一起，这种学习的技术就很难得到迅速应用。

	Visualization								
	2004	2005	2006	2007	2008	2009	2010	2011	2012
One Year or Less	Learning Objects	Ubiquitous Wireless	Personal Broadcasting	User-Created Content	Grassroots Video	Cloud Computing	Open Content	Electronic Books	Mobile Apps
	Scalable Vector Graphics	Extended Learning	Social Computing	Social Networking	Collaboration Webs	Mobiles	Mobile Computing	Mobiles	Tablet Computing
Two to Three Years	Rapid Prototyping	Intelligent Searching	The Phones in Their Pockets	Mobile Phones	Mobile Broadband	The Personal Web	Electronic Books	Game-Based Learning	Game-Based Learning
	Multimodal Interfaces	Educational Gaming	Educational Gaming	Virtual Worlds	Data Mashups	Geo-Everything	Simple Augmented Reality	Augmented Reality	Learning Analytics
Four to Five Years	Knowledge Webs	Social Networks & Knowledge Webs	Augmented Reality and Enhanced Visualization	Massively Multiplayer Educational Gaming	Social Operating Systems	Semantic-Aware Applications	Gesture-Based Computing	Gesture-Based Computing	Gesture-Based Computing
	Context Aware Computing	Context-Aware Computing/ Augmented Reality	Context-Aware Environments and Devices	The New Scholarship & Emerging Forms of Publication	Collective Intelligence	Smart Objects	Visual Data Analysis	Learning Analytics	Internet of Things

图 2-33　可视化教育技术

可视化学习技术也许是最难预测的教育技术，从 2004 年起，先后有矢量图、快速原型、多模态界面、智能搜索、增强现实和增强可视化、数据混搭、地理信息、系统识别应用、样本现实增强、姿势计算、可视化数据分析、增强现实技术、学习分析等，然而绝大多数都属于 2 到 3 年或者更长时间的预测，且多数预测均在以后的时间消失在视野范围。矢量图示唯一在可视化方面应用到现实中较近使用的例子。值得注意的是，即使不断预测失败，专家们还是更加集中地预测可视化将成为今后未来 3 到 5 年的技术热点，这些预测还空前集中。也许可视化技术就像比尔·盖茨所说的："我们过高地估计明天所发生的，过低估计未来 10 年将要发生的？"

	Storytelling								
	2004	2005	2006	2007	2008	2009	2010	2011	2012
One Year or Less	Learning Objects	Ubiquitous Wireless	Personal Broadcasting	User-Created Content	Grassroots Video	Cloud Computing	Open Content	Electronic Books	Mobile Apps
	Scalable Vector Graphics	Extended Learning	Social Computing	Social Networking	Collaboration Webs	Mobiles	Mobile Computing	Mobiles	Tablet Computing
Two to Three Years	Rapid Prototyping	Intelligent Searching	The Phones in Their Pockets	Mobile Phones	Mobile Broadband	The Personal Web	Electronic Books	Game-Based Learning	Game-Based Learning
	Multimodal Interfaces	Educational Gaming	Educational Gaming	Virtual Worlds	Data Mashups	Geo-Everything	Simple Augmented Reality	Augmented Reality	Learning Analytics
Four to Five Years	Knowledge Webs	Social Networks & Knowledge Webs	Augmented Reality and Enhanced Visualization	Massively Multiplayer Educational Gaming	Social Operating Systems	Semantic-Aware Applications	Gesture-Based Computing	Gesture-Based Computing	Gesture-Based Computing
	Context Aware Computing	Context-Aware Computing/ Augmented Reality	Context-Aware Environments and Devices	The New Scholarship & Emerging Forms of Publication	Collective Intelligence	Smart Objects	Visual Data Analysis	Learning Analytics	Internet of Things

图 2-34　讲习教育技术

讲习方式是教育最稳定的方式，讲习教育技术也是教育得到推广最多的技术。从2004年起，学习对象、个人广播、个性化内容、新兴学术和新型出版物、草根视频、个人网页、开放内容、电子书，这些概念大都得到应用。例外的是新兴媒体这个概念，在2007年得到预测，以后消失在视野中，其实成为开放内容、草根视频和电子书概念的一部分。讲习方式的技术基本上也是新技术不需要预测，一旦出现和适合，就会迅速得到应用。

	Gaming								
	2004	2005	2006	2007	2008	2009	2010	2011	2012
One Year or Less	Learning Objects	Ubiquitous Wireless	Personal Broadcasting	User-Created Content	Grassroots Video	Cloud Computing	Open Content	Electronic Books	Mobile Apps
	Scalable Vector Graphics	Extended Learning	Social Computing	Social Networking	Collaboration Webs	Mobiles	Mobile Computing	Mobiles	Tablet Computing
Two to Three Years	Rapid Prototyping	Intelligent Searching	The Phones in Their Pockets	Mobile Phones	Mobile Broadband	The Personal Web	Electronic Books	Game-Based Learning	Game-Based Learning
	Multimodal Interfaces	Educational Gaming	Educational Gaming	Virtual Worlds	Data Mashups	Geo-Everything	Simple Augmented Reality	Augmented Reality	Learning Analytics
Four to Five Years	Knowledge Webs	Social Networks & Knowledge Webs	Augmented Reality and Enhanced Visualization	Massively Multiplayer Educational Gaming	Social Operating Systems	Semantic-Aware Applications	Gesture-Based Computing	Gesture-Based Computing	Gesture-Based Computing
	Context Aware Computing	Context-Aware Computing/ Augmented Reality	Context-Aware Environments and Devices	The New Scholarship & Emerging Forms of Publication	Collective Intelligence	Smart Objects	Visual Data Analysis	Learning Analytics	Internet of Things

图 2－35　游戏教育技术

游戏学习技术是较少进入视野的，即使进入视野，预测也不那么准确。人类的学习行为，在游戏领域总是矛盾和纠结。一方面，游戏确实是一个轻松和自主的学习方式，另外一方面，游戏的注意力分散，使教育效果会打折扣。从2005年到2007年，专家预测2到3年游戏教育将进入应用，这还指出了大型多人游戏的应用，然而，马上这些概念就消失在教育技术视野中。2011年和2012年连续两年，基于游戏的学习被预测为未来两年会应用，事实怎样，从预测比较乐观，然而如果仔细阅读所有的论文，会发现距离很远。

Ruben Puentedura 博士还画了一张可视化的图，来分析这些年教育技术概念的走向。

从这张图我们可以看出，最稳定和最容易得到推广的教育技术是讲习教育技术，既在线教育、录播、教育场景、远程教育等构成的师生、人—书、家—校远程平台；移动学习技术的应用是近期的热点，也最容易复制和技术支撑；可视化是被未来高度一致看好的技术，然而是否能够走入应用，主要看技术的成熟度，牵涉到感觉，事情总归有点复杂；社会网络学习是两个极端，要么有适合的技术快速进入应用，要么预测归预测，技术和人的复杂叠加在一起，无论多么好的理念，总归是理念。

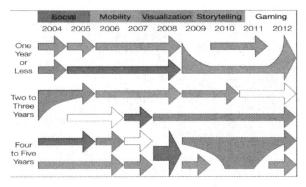

图 2-36　教育技术视野走向

2.9　从舞台，走向荧屏加操场

刘易斯是好莱坞著名的影星,两次最佳男主角获得者。上一次看刘易斯的电影,是女儿的高中推荐的。那个时期,女儿在美国学校的语文课连续一个半月都是这个主题,也就是剧本《残酷年代》。这是一个讲述宗教、谎言、人性的著名作品。女儿做作业忙得不亦乐乎:做 PPT、小组讨论、看电影、演喜剧、甚至自己作曲。整整 7 周,每周 2 到 3 次课程都是这个内容。女儿从下午 3 点放学,到晚上 12 点,一直到周末,学习时间的一半,也都是折腾这事情。这次刘易斯的《林肯》出来了。这部电影,我想会成为美国高中历史和语文的重要学习材料。

图 2-37　2013 年 3 月,刘易斯凭借《林肯》获得好莱坞首个三次男主角奖获得者,我敢肯定这部电影将成为美国很多高中语文课程的重要组成部分

斯皮尔伯格是著名的导演,《林肯》原剧本也是著名剧作家所写。然而,从 2003 年起,刘易斯多次拒绝出演这部电影。整整 6 年,导演也努力了 6 年,期间,《林肯》剧本被改动 500 多页。2011 年 5 月,斯皮尔伯格收到了一盒录音带,里面的男高音尖细,略带沙哑,又混合着伊利诺伊、印第安纳和肯塔基口音——与同时代的观察家们对林肯的声音的描述一模一样!是的,刘易斯的这部得到一片叫好的电影是用生命在演出。

我在想，如果刘易斯是一个话剧演员，是不可能创造这样一部作品的。那是因为，话剧是一场一场要演的，而我敢肯定的是，《林肯》这部电影，今后20年没人再拍，刘易斯也更不会再演。巨额的投资以及以生命进行演出的投入，让今后很多年，美国的语文老师谈到林肯时，可能只能做助教，而主讲人，将变成刘易斯。

技术，让教师这个职业，越来越远离话剧般的舞台（或者讲台），而走向荧屏。

2010年，美国哈佛公开课有一门《公平与正义》，引爆网络。这门现场有1000个哈佛新生参加的课程，很短时间内在网络上疯传。我是与我国内的学生一样，连续几十小时不休息，看完这个"电视连续剧"的。在哲学教学中，同样，教科书、视频、题库、影像资料、案例等，构成了精彩的多媒体课程系列，而今后若干年，很多主讲哲学与政治课程的教师，将成为《公平与正义》讲授者迈克尔·桑德尔的助教。

同样巨额投入的课程还包括Udacity、可汗、TED的一些课程，一些基础的物理、数学课程，已经有数十万的学生，堪比好莱坞大片的票房。可以预见，不久的将来，教育课程，如好莱坞大片一样，成为投资的一个热点。

面对着荧屏的浪潮，三尺讲台的教师们，一部分会争取成为主角，更多的将成为助教，传统的课堂模式以及教师的权威，将发生根本性的逆转。

教练，可能是教师不多出路中的主流出路。

周教授，是美国滑石大学的信息技术教师。从密西根州立大学毕业后，他来到了匹兹堡北部不远的宾州州立大学系统的大学任教。每周2天，他讲授HTML5这门课。与国内的教师教课不同，上课的时候，周教授一边编程序，一边跟学生解释哪段程序编制的原则和要点。这门CANVAS的课程，是最近两年才流行的东西，周教授也是一边学一边教，所不同的是，周教授不再使用PPT和教科书，而学生们也一边看，一边编程序去试验。我惊讶于周教授顺手写的程序，测试几乎不出错误，而周教授在密西根州立大学读博士的时候，他的老师，就是这样教课的。我想起国内的教课方法，崭新的概念、丰富的多媒体、绚丽的词汇，掩饰不了大多数教师其实没有编过程序的心虚。与国内教师有所不同，周教授的授课更像教练而不是教师。

比起周教授，美国社区学院的很多老师只敢用PPT授课，而美国一些研究型大学比如卡内基梅隆大学，给本科生授课的内容本身就是研究的内容。我接到一个卡内基梅隆大学嵌入式教授发来的邮件，这个助理教授教嵌入式课程18-549，教师Priya Narasimhan当过INTEL的讲师，课程的道具都是他赞助的：

Hi everyone,

I would like to personally invite you to the 18-549 Embedded Systems capstone showcase TODAY at Carnegie Mellon. This is a public campus event where you will see 120 of Carnegie Mellon's embedded-systems students showing off cutting-edge projects that they have worked on for 15 weeks. This is the first year that our enrollment in 18-549 has exceeded all records, and we are at 120 students. In previous years, the industrial attendees at this event have included representatives from Bose, Intel, GM, Motorola, Nokia, Bosch, Fox Sports, and more.

WHEN: May 2nd, 10.30 am-noon

这门课的作品和记录,在以下网站:

PROJECTS: http://www.ece.cmu.edu/~ece549/projects.html

Facebook INVITE: https://www.Facebook.com/events/437100859649055/

其授课的内容全部是研究真实的产品及代码,而学生们的考试,是这位助理教授自带5万美金捐助买来的电子仪器,这更像体育运动里面的"以赛带练"。如果从上述例证来看,我们的绝大多数大学包括名校,在教学上连美国的社区大学也比不上。

图2-38 卡内基梅隆大学课程18-549

学校学习,有两个属性,一个是既定的技能型本领,一个是弥散目标的思维方法和知识架构。对于技能型本领,我们的培训机构更加有效,而学校的特点,更多的是适合学生个性和起点制定个性化的"训练"方法,这就需要教练模式。而目标弥散型的学习,课程组织更加关键,也就是教师应该从助教角度帮助组织学习什么,而不在于怎么教。怎么教的问题,教育技术给了大量的空间,就如电影《林肯》一样,需要大投入,需要走入荧屏的拷贝模式。

教师的功能,应该把低层次的和可拷贝的,交给大投入的电影模式去做,而未来,教师将成为教练,师生将走向训练场。

2.10 教育,会迈向 NBA 模式吗?

1946 年,一批冰球球队的老板聚集在一起,他们面临一个难题,那就是,在美国的冰球比赛的间歇期,这些体育场馆大量闲置。商人的嗅觉是灵敏的,何不把空闲时间利用起来,搞一些篮球比赛? 于是 NBA 诞生了。

2012 年 9 月,美国时代杂志发表文章指出,随着这些年美国大学的楼堂馆所建设的浪潮以及学费高昂,大量的教育资源尤其是教师资源闲置,很多大学动这个脑筋了。除了简单的招生竞争,大学之间也开始联盟,一起抢占原先的培训市场,这就是 2012 年席卷全球的教育热点词汇:微课程,有迹象表明,如 NBA 的起源一样,美国的大学也将展开一种更新形式的合作与竞争。

大学教育的原先概念是精英教育,NBA 也汇集了美国的篮球精英,未来的教育,会成为另外一种 NBA 吗?

图 2-39 NBA 是新技术的盛宴

如果仅仅以比赛成绩论英雄,我们不必现场看比赛,高清电视加上 HIFI 音响,完全没有问题。这正如如果仅仅以学到的知识为标准,传统的校园也许将不再存在:高昂的学费、遥远的路程、选项不多且很难聚集的课程以及在线浪潮以后,传统的校园是否还将存在？或者像有些专家预测的那样,将只剩下几所著名的学府？带着这个疑问,我走进了NBA的赛场。

进入NBA的赛场,我完全成为环境的一部分:不断加油鼓劲的观众、间歇性的音乐进行曲、无处不在的视觉元素、富有节奏感的互动游戏和表演、大屏幕和音乐配合技术统计而进行的声光电组合、动画和吉祥物时刻穿插在耳边眼边、赛场的男人美丽的弧线和场外拉拉队员身体的弧线,整个一切,配合着如影如幻般的比赛,这与我电视上看的转播根本不是一个样子,60美金的门票换来的是超越迪斯尼的表演！看完一场NBA,让我不禁要看第二场、第三场。我已经不关心谁的成绩,我也不是谁的球迷,这场体育的盛宴让我如同听一场完美的音乐会:你不能分开那个小提琴手和旁边的乐器谁更出色,整个乐章的重点在观众的体验而非比赛。从小学到研究生毕业,我们的学生总是问教育为了什么,总是在苦苦思索和追寻,看完比赛我明白,原来教育也可以享受,这人生将近二十年最完美的青春体验,原本被我们的祖先糟蹋成如此功利和无趣的集中营,看完NBA比赛我第一感觉是,我们的教育,绝对不应该功利地以成绩和升学率为目标。如果将来的大学,可以体验NBA的乐趣,那么教育就是生活,就是一切。何必问教育为了什么？

NBA,给了教育一个崭新的启示:在线教育无论如何竞争,现场的教育如同演出现场,永远会焕发体验的活力,只不过,在线教育带来的"季后赛",并不会让所有的球队入场。NBA凭什么？我们能向NBA学什么,引起我深深地思索。

首先,在组织机制上,NBA突破了传统的公司制模式。联盟成员的利益共同体是典型特征。第一场我看的是骑士与马刺的比赛,两个球队根本不在一个水准上,然而最后的比赛结果是,最后10秒钟马刺绝杀骑士。既给了主队面子、又胜了主队,还使得观众情绪始终高昂,球票和广告收入可观,又没有造假。达成这一切的默契,熟悉NBA的人心知肚明,却又无关紧要,这是机制的魅力。如果你在组织机制上更细致一点地研究,你会发现罚球线、比赛场次、明星球员、教练机制,无不体现出巧妙的设计。中国的大学,片面求大,结果千篇一律,学生被当作鸭子似的赶来赶去。美国的很多大学,尤其是优异的大学,已经明显具有NBA的特征了:加州的和常春藤的不同体系的大学系统(和联盟)；各个大学的筹款方式；文理学院、公立大学、私立大学的巧妙分工；不同大学的招生模式和错位竞争；完全不同的师生比,甚至教练模式的研究型大学。美国排名前50位的大学(包含文理学院),如果仔细观察,就会发现就像一个一个

NBA 的球队，谁都有粉丝；如果你看他们的学科和教授，就会发现像不同的 NBA 的球星，各具特点；如果你希望某个大学集中所有的优点，就会像保罗·艾伦投资开拓者那样，发现 7 个球星组成的球队是一个烂队。2013 年，斯坦福大学决定放弃自己的公开课平台 Class2Go，而加入 edX，对于斯坦福来说，输给了哈佛和麻省理工的面子无所谓，而不加入"联盟，无球可打"损失就大了。

图 2-40　不是对手，参与者都是狂欢节的演员

其次，NBA 建立了一种共赢需错位竞争的共识和模式：选秀的逆向选择、某个球队更换投资人需要经过联盟的同意以确保股东质量、NBA 的精巧的分账模式、多种竞争的平台（广告、食品、拉拉队、门票、投资人、名人俱乐部）、公益活动与造势等等。NBA 超越了传统的演出公司，巧妙地将球星的作用、篮球爱好者的作用以及学习者的作用结合在一起。就目前来讲，大学的竞争与合作还远没有达到 NBA 的水平，但已有一些迹象表明大学正朝这个路径前行：美国很多大学主动放弃与周边大学强势学科的竞争（匹兹堡大学没有护士和护理，让位于旁边的杜肯；而近在咫尺的卡内基梅隆大学在医学和历史学等方面就几乎毫无努力，而他们更不与旁边的社区学院争抢服务业的人才），美国各个大学之间最大的竞争是教育经费的竞争和生源的竞争，但同样一个区域，你会发现他们之间的市场瓜分是策略性互补。

第三，NBA 的赛场和训练值得研究。以赛代练、教练模式、小班模式、社区模式，并不是 NBA 独创的，但 NBA 做得非常有策略性，NBA 在美国是一个垄断的篮球组织，但是却保持很大的活力，原因在于 NBA 明白，支撑 NBA 成功的不是球星而是观众。因此，球星后面有球队，球队后面有梯队，梯队后面有爱好者，爱好者后面是钞票，他们不是竞争对手，而是客户。相比 NBA，传统的大学只关注名气和竞争，很少合作，这种情况也在改观：在卡内基梅隆大学，讲座更多的是产业界和外校的；在美国很多大学，自己的博士是不能在本校任教的；每年的大学的各种短期的研究学者、博士后、访问教授络绎不绝，谁也没有说为了知识产权而停止这样做。今天的对手，可能是明天的朋友，因此才有了多个大学合作进行在线课程和平台的开发，多个大学主动进行合作研究。

第四,NBA非常重视甚至创始了很多新技术应用:可视化的各种电子显示和视频冲击、大屏幕、各种即时在线的技术统计、音乐灯光、动画,都在支撑着球场。而各种寓教于乐的技术手段更是把观众带入NBA的主题精神:青春、活力、竞争。比赛节奏围绕观众、各种穿插的奖励活动、各种秀、比赛的进行曲、拉拉队、小丑、摄像花絮将比赛节奏松弛有度地控制起来。1946年诞生的NBA之所以能够成为NBA,是有其创新的原因的,而相比起来,传统的大学在网络浪潮中扮演着拖后腿的角色,以至于时代周刊2012年9月的标题是(面对信息技术浪潮)《大学死了,还是大学永生?》,今后的大学,在教育空间设计上也将临革命,更多的也要学习NBA赛场的"比赛建筑模式语言"。

图2-41　我们都是赛场的一部分,任何声光色都不能错过

第五,NBA精妙的规则设计都是针对创新和比赛精彩程度的。NBA从1946年成立至今,规则不断更新,逐渐脱离了传统大学联赛和篮球联赛的模式,其宗旨是以精彩为中心。如果说打架的惩罚、广告与门票、暂停的设计等等是为了公平竞争的话,那么三分球、24秒、进攻3秒和防守3秒、犯规罚球制度的不断推出,都是为了比赛的精彩而设计的。在NBA赛场四个模块之内专门设计的间歇期,除了让球员休息之外,更多的出于比赛的精彩而设计的。传统的课堂活动45分钟,其实对于现代人已经不适合了,但是,很少像NBA那样改革的。数字化浪潮以来,这种情况还是发生了变革:翻转课堂、10分钟视频、任务教学、作品教学等等,已经冲击着大学的象牙塔,其本质,也是NBA模式的。

第六,NBA的团队模式也在影响着现代教育。在NBA,一种是球星模式,比如乔丹和他的队友,某一年乔丹的收入近4000万美金,而队友神投手的收入是20万美金。

对于球星模式来说,他永远知道自己该做什么,而他的行为帮助整支球队有着统一的节奏和理念,能够协调、高效地运转起来去完成一个清晰的目标。并不是每个球队都有乔丹,但如果是拥有才情与激情的团队,照样可以取得成功,这就诞生了另外一种队伍:攻守兼备、配合熟练的队伍。如同美国的 NBA,美国的大学既有球星领衔的球队(如普林斯顿大学),也有专攻一点的球队(比如威廉马丽和一些文理学院),更有很多攒鸡毛凑掸子结果还不错的州立大学系统,团队模式不一样,其竞争策略也不一样。

教育能否成为 NBA,不但要看是否有空余的教学资源,更要看人力资源的配置。新的在线教育浪潮的那些拥有巨额粉丝的大学教授,轻易能够拿到数千万美金的创业基金,这对于传统的大学,是一个巨大的挑战,正是这个背景下,促动了大学改革的神经:再不顺应潮流,大学将不是最优秀教师的聚集地。大学要想真正新生,不仅仅在在线教育上,而在于教育理念的变化:如何从传统的篮球场,变成灯光幻影般用新技术武装的"主场"?

2.11 被创客们颠覆的教育

图 2-42　从黑客到创客,教育被不断颠覆

王博士是少有的实战派的博士,9 岁开始就跟随父亲进行电脑程序和画图设计,博士毕业以后在知名 IT 公司做了将近 10 年高管。最近王博士公司创业初见成效要扩张了,第一个要请的人,是自己过去的下属,也是自己 10 年前的老师和行业领路人,

中专都没有毕业的小张。王博士之所以看重小张,不仅仅因为小张所掌握的综合IT技能:通信层的232和485、数据库中的甲骨文和MySQL、微软和Linux操作系统、Java和PHP、思科和华为的网络调试、黑客功放和安全技术等等,几乎是从大学所招聘不到的,更为关键的是,小张对以上技能是动手就上。小张来帮王博士,一下子公司就有了生气,小张又马上为王博士招来了小付等3人,技术都是顶呱呱的,个性各有不同,唯一和小张的共同点就是,他们都是没有拿到过本科学历的"创客"一族。

小张是幸运的,1999年中专没有毕业的他,赶上互联网大潮,为了远离父母的怨言,也为了自己的爱好,小张离开了上海,去追寻那些"牛人"。整整10年,小张换过无数的工作,走遍了5个城市,练就了大学练不成的创客文化。10年后回到上海的时候,与他同龄的那些同学学历很高,还在苦苦地寻找工作的时候,小张基本不用上班每年也能混个吃喝不愁。这一切,都得益于互联网。在网络上,他不仅找到了自己的老师和同僚,更可以找到大量的学习资料以及软件源代码。

小张的这一切,并不是历史的必然选择,得益于40年前的某种IT文化,这种IT文化一路走来,目前被称为:创客。

40年前创客的前世,叫黑客。当年为了赢利或政治图谋而出现的黑客,没想到竟然改变了教育的形态。

1972年,在加州的一个家庭聚会中,两个辍学的学生在商量干一件坏事:他们发明了一个蓝盒子,并成功地卖了出去。这个蓝盒子的原理就是:通过模拟通信信号,接入电话网后,可以偷电话费。靠着这笔不义之财,两个家伙赚了第一笔钱,赚到钱的两个人,决定走正路,于是开了一间电脑公司,这间电脑公司的名字叫:苹果。而这两个人正是苹果的创始人:乔布斯和沃兹尼亚克。10年以后,离开苹果的沃兹尼亚克,在一次飞机失事捡回一条命后,决定用行动忏悔自己的过去。他将自己的股票低价卖给苹果同事后,做了10年的志愿者,建立了儿童电脑课程,并自己亲自担任教师。这件事情及其影响,改变了教育和电脑的关系。教育技术的普及,正是由一代沃兹尼亚克的努力才达到今天的,也正是如此,40年后才有可能有技术改变的教育这回事。

乔布斯等第一代黑客是为了牟利而玩电脑的,而Kevin Mitnick却是为了牛一把而攻击美国国防部。当Kevin Mitnick追踪美国国防部的系统好奇地看一件案件的进展的时候,美国国防部这个案件正在抓的人正是Kevin Mitnick自己。Kevin Mitnick决定和美国国防部斗智斗勇,那一天,这种非盈利的"开明专制"似的黑客有了另外一个名字:极客。

随着乔布斯的成功的榜样作用,与 Kevin Mitnick 不同的是,越来越多的黑客决定自己成立公司走正路而不是进监狱,他们,通过网络和计算机技术来赚钱,今天我们称它们为威客。正当威客如火如荼的时候,理查·马修·斯托曼出现了,他认为那些成立公司的威客,不符合经典的黑客狭义精神,于是,他成立了一个组织:自由软件运动(简称 GNU),人类应该有更高的梦想,而不是赚钱。这个运动到后来,直接催生了开源软件的诞生,最著名的,就是成功地影响了来自芬兰的小伙子李纳斯·托瓦兹,正是这个人开创了 Linux 时代。从此以后,学习电脑软件的人,再也不是那些只能依靠软件公司高额成本培训和授权的工程师了,可以是任何在互联网上有兴趣的人,软件教育,首先成为教育的突破口。

2002 年,澳大利亚职业技术学院的教师马丁,为了解决隔着沙漠的学生们乘飞机上课的问题,开发了一套开源的软件 Moodle,到 2011 年,这个开源的教育平台在全世界已经超过 100 万个门户,用户数千万。马丁将开放精神拓展到 IT 以外,什么专业都可以在这个平台上共享,全世界数万人在不断更新和升级这个平台。

2006 年,谷歌收购了只有 20 个月运营经历、甚至都没有成立公司的 YouTube,谷歌花了 16 亿美金。一个孟加拉裔的金融专家可汗偶然辅导自己亲戚数学作业,将自己的讲课视频上传 YouTube,从此一发不可收拾。3 年过去了,可汗并没有选择去上市,尽管别人包括盖茨在内的人都非常看好他。可汗选择了公益,也就是创客之路。他的 30 多名员工将筹集的捐款用来建设数千门的视频课程。这些课程,影响了本文开头的那些全世界的学习爱好者。最新的消息是,可汗认为视频教育最好的结果是"颠倒课堂"也就是学生回家看课程,上课不听讲而与老师互动。这种颠倒课堂确实改变了千百年来课堂和家庭的关系。有人惊呼:教师要下岗的时候,可汗却认为,随着技术的进步,不仅教师不会下岗,反而需求量会增加。在可汗的一本新书中,可汗将传统的每个班 1 个老师,增加到 2 个或者 2 个以上。

标志着创客时代到来的是 2010 年的一段视频。这年,也是在 YouTube 网上,一个印度的发明家的人际互动的系列发明引爆网络。普拉纳·米斯特的这段叫做第六感的视频,影响的不仅仅是技术,而是更多的业余科学家在自己家里和社区里进行的"创造与发明"。而这些人有了一个正式的称谓:创客。而创客之所以能够创造,除了开源的平台、开源的软件外,又一轮志愿者提供的开源的硬件设计,提供了强大的支撑。包括 3D 打印技术在内的技术的热潮,使《经济学人》惊呼,第三次工业革命正在来临。而美国振兴自己的工业计划也寄希望于此。今后,在就近生产、信息可达、物流可达的现代文明,将迎来新一轮"乡村运动",而原本就属于社区的创业行为和教育行为将融为一体:比尔·盖茨、扎克伯格、乔布斯,以及中国的小张们。

那么,从成长和教育经历来看,创客们是如何炼成的呢?观察下来,和互联网带来的沟通方式和共享方式有密切的关联。

1. 动力。简单、具体的目标和动力:他们学习主动,对技术走向异常敏感,经常阅读、转发或者推荐牛人的文章,非常佩服行业中的牛人,希望自己成为那样的人并不断接近那个人的圈子。

2. 资源。他们具有发烧友般的个人资源系统:收集书、光碟、电子资源、非常多种类的实战系统,无论电脑里面、书架上、家里的库房里,充满了喜欢的资料,能够不断整理自己的原创资料。

3. 圈子。他们具有一个或多个指向非常明确的并不断变化圈子:私交、网络、博客、论坛、牛人;圈子集中在专业领域,圈子的学历和年龄复杂,对圈子里的知名人士动向非常敏感,迅速能够建立社会联系,圈子成员之间迅速建立信任和进行短期合作;圈子之内的地位由案例和水平而不是身份决定。

4. 渠道。他们具有或创造发表个人见解渠道:教授别人、写博客、微博、发表见解、交流。

5. 分享。他们喜爱和善于分享:好为人师,很大一部分时间免费乐衷于帮别人的忙,尤其是专业圈子之间人的忙。然而,出名前个人职业生涯也许并不顺利,换过的单位比较多,或者在本单位并非主流,也许干着和本单位无关的技术。

6. 自学。他们弄明白走向后大量自学时间而不是去上课:看网页、论坛、买书等,一般都是夜猫子,生活并不规律;一般性格上偏执或者特别,一般学历并不高或者学历不低但不是这个专业的。一般外语不一定很好,然而专业网站和专业名词却出奇地优秀。

7. 实践。他们实践而不是做题;通常不甘落后,通过"我做到了"而不是"我知道了"显摆自己;喜欢新鲜、奇怪、特别的尝试并以此为荣。

也许由于他们本身的教育经历足以蔑视经典,也许曾经的优等生已经烦透了那些让他们优秀的灵丹妙药,也许由于非优等生的经历让他们憋着一肚子气,也许由于他们又有能力和技术改变一切,随着越来越多创客的出现,教育必将迎来颠覆性的变化。

第三章

信息视角的教育践行

3.1 教育者的实践：信息与教育

有用的数据就是信息，那么研究教育发展趋势，我们就不得不回到教育的历史，看看历史上教育与信息的关系以及一代代教育者的努力，从这些，我们能否看到一些规律呢？

公元前6世纪，孔子开始了他的教育实验，他所述的《大学》成为今天高等教育的代名词。我们来看看孔子是如何对待他的72贤人和3000弟子的：

    教育地点：课堂、朝堂、庙堂

    教育方法：传道、授业、解惑

    信息载体：简牍、讲坛、传说

    实训方法：游学、评论、实习

孔子的教育理想、教育方法对后世起到了非常重大的影响，然而不得不注意的一个现实是，如果从当时对经济、政治和社会的影响来看，孔子无疑是失败的。如果从教育学的直接后果来看那就是他的学生们大多找不到工作，他自己也狼奔豕突流离失所、不得志。孔子的教育学之所以能够留传下来，很重要的原因就是孔子时代的信息载体——竹简——记录了孔子和他的言行。孔子所宣扬的等级的稳定虽然反映的是混乱时代对未来的向往，但是不但解决不了当时的社会问题，也解决不了弟子的工作问题。那个时候,基于简牍这个昂贵的信息载体,普遍的学习根本不现实,而人际直接交流的成本却很低,因此,孔子学生的学习,主要不是通过刻在竹牍上的文字,而是通过口语化的交流实现的。孔子的学生将孔子的言行记录在简牍上,就如今天的微博,言语简短、顺序混乱,不但传播了孔子的思想,也造成不可靠的"曰"和"云",也造成后世对孔子解读的千年争论。

在与孔子同时代但更早一些的管仲所在的齐国,虽然和孔子的家乡近在咫尺,但当权者根本不接受孔子的教育思想。不仅如此,管子所倡导的与孔子几乎完全不同的教育方法,在当时的效果也远远超过了孔子。

教育地点:市井、厅堂、弄堂;

教育方法:实训、交流、建构;

信息载体:父子、帮派、情景;

实训方法:职业、分业、教化。

与孔子的教育和他本人经过了 500 年左右的回报历史相比,管子的教育只持续了 30 年就造就一个强大的齐国,"齐人之福"可不是后世的传说。不但如此,直到今天,到底管子和孔子谁的教育思想更伟大,可能还要争论下去,然而与孔子的昂贵的教育成本相比,齐国的兼职教育部长管仲,对当时经济政治的贡献成就更大,这是毫无疑问的。教育方法决定了管子的成就,管仲重视教育的经济作用,重视教育实用的技能和价值,重视军事和经济时代教育的需求,并且,管仲充分利用了当时人际直接交流信息成本最低的特点,将齐国迅速带到大国的地位。只不过,孔子自己教的学生非常多,留下了大量的"子曰",而我们今天能够看到的管子的教育实践,只能从《小匡》略知一二。齐国的成功实践,让齐国的后人们不是那么相信孔子。事实上,孔子在齐国是碰壁居多。

东方有圣人,西方有圣人,此心同,此理同。几乎与孔子同时代但稍晚的时期,公元前三世纪,古希腊的柏拉图在经历了游历后开办了自己的讲堂,目前西方"学术"一词,就是他讲堂的名称。

教育地点:学园、游学、庙堂;

教育方法:互动、顺应、引导;

信息载体:草纸、大学、对话;

实训方法:启发、理性、价值。

由于使用了比简牍更加方便和便宜的信息载体——草纸,柏拉图的《理想国》可以以巨著的形式保留下来,记录了苏格拉底与他人的对话。柏拉图发扬和传播的是古希腊高度发达的民主与理性,柏拉图用自己的教育理念,将古希腊的民主和法制推向一个新的高点。大学,从此有了一个逻辑的起点。

在西方中世纪之时,中国人又一次站在了教育改革的前沿。公元 1260 年,朱熹开始了他崭新的教育实践。如果注意到朱熹的时代背景和信息学背景,我们会惊讶地发现,与先前和他一样出名的教育学家相比,他生活在一个幸运的时代:他的思想和教育实践赶上了活字印刷术被发明的好日子。

  教育地点:书院、私塾、厅堂;
  教育方法:教事、穷理、灌输;
  信息载体:书本、教材、训诫;
  实训方法:背诵、程序、模仿。

由于活字印刷术的发明,知识由王公贵族拥有的专利,迅速可以普及到乡、镇和村。朱熹所在的南宋弱国以及被后世所称的"唐宋以降",积贫积弱的统治阶级也需要朱熹普及等级的统治思想,于是又一个伟大的教育家诞生了。朱熹的教育结果不仅拆分了小学和大学,还造成"士"的迅速普及。朱熹的教育使得一个目不识丁的孩子经过十年的苦读,可以成为一个维持国家稳定的人。然而,朱熹的大学培养的更多是百无一用的书生,除了当官的知识外,学校里出来的人四体不勤、五谷不分,在稳定了社会的同时,也使得国家的创新和活力大大降低。朱熹时代,活字印刷的廉价信息载体起到强化等级和秩序的作用。朱熹并没有将《营造法式》纳入他的传播范围,而是将四书五经奉为经典,使得这类科技类图书陷入野书境地,直到 20 世纪初梁思成发现整理才重见光明。

整整 500 年后,1760 年,中国的四大发明全部传到欧洲。火药和指南针被用来征服殖民地,造纸和印刷术却带来文艺复兴和科学技术的革命。这一年,卢梭开始了他回到乡村的教育思考之旅。朱熹的教育是传播等级和秩序,卢梭却正好相反,面对着宗教的土崩瓦解和王国的崩溃,卢梭利用越来越低廉的信息和知识载体,普及的却是民主和自由,终于诞生了在教育史上不得不提的巨著《爱弥儿》。

  教育地点:家庭、社会、自然;
  教育方法:启发、本体、平等;
  信息载体:小说、媒体、声誉。

卢梭的教育学探索的结果是文艺的复兴和工业的崛起,不到百年间两次工业革命相继爆发。东方传过来的造纸术和印刷术,在卢梭那里,用来宣扬的是平等价值观,符合共和时代的需求。

作为后起之秀的德国,如何在革命的时代后来居上?1800年的德国教育部长洪堡德成为了有史以来最有作为的教育官员,他第一次将课程与技能而不是与哲学紧密结合,分别建立了研究性的和职业性的学习机构,他对于大学的认识如下:

教育地点:大学、科研、学科;

教育方法:自由、独立、人文;

信息载体:课程、科学、考试;

实训方法:建构、学科、纯净。

洪堡德利用技术所带来的廉价的信息载体,强化平等价值观的科学时代需求,结果,德国工业和科技腾飞。洪堡德做了一件中国宋王朝900年前一样的事情:将工程技术印上教科书,短短30年就将德国带入发达国家的快车道。

1918年前后,完成了两次工业革命的世界注定在教育上会有一次突破。这一年开始,杜威走遍了欧洲、美洲和亚洲,宣扬他的实用主义和自由主义的教育理论。两次工业革命带给"杜威主义"的技术前提是书本已经变成大规模印刷和更加便宜。历史告诉我们,当知识足够便宜,能够轻易得到的时候,就会出现一位强调技能而反思知识本身的教育家,杜威也不例外。这一次,为时三年的讲学将杜威的理论带往了墨西哥、苏联、日本和中国。在中国,胡适亲自为他做翻译。至今为止,华人中绝大多数得到诺贝尔奖的科学家和几乎所有的中国名校的建校理念,都不能摆脱杜威所带来的影响。

教育地点:家庭、社会、自然;

教育方法:认知、道德、实干;

信息载体:社会、实践、活动;

实训方法:实践、程序、模仿。

杜威所代表的实用主义以及科学和技术的紧密结合,伴随着的是美国的崛起和中国、日本以及苏联的黄金教育年代。大规模印刷所带来的更加低廉的信息载体,使得人们开始反思知识,强化认知与能力,符合和推动了主流工业时代需求。可以说,杜威所带来的这场教育理念变革,至今仍在继续。

总结历史上重要的教育理论,我们可以看到,关于人的塑造问题:理性、理想、道德,从来没人疑问,这是教育的核心;信息载体问题:载体的成本决定了知识的重要性;信息内容问题:教育者不断在争论教育是以社会和人为中心,还是以知识和公理为中心；教育方法问题：教育旨在释放本性，还是宣扬等级，是灌输信息，还是增强能力，这个问题根据知识载体的成本有不同的解答；教育目标问题：是培养人的能力，还是强化已有的秩序，这个问题就像一条正弦曲线一般在不同时代摇摆。

如果我们寻找教育的共同点，我们可以把教育总结为四种理论：教堂理论、厅堂理论、弄堂理论和食堂理论：

  教堂理论：培养和改变的人本身，成为有品格的人；

  厅堂理论：培养道德和修养，选拔社会精英；

  弄堂理论：培养社会需要的人才，适应社会；

  食堂理论：培养自食其力有用有技能的人。

如果我们用信息载体视角来看历史上的教育变革，事情可能变得简单一些：

  简牍时代：格言教育，教化人品；

  草纸时代：对话教育，探讨社会；

  活字时代：典籍教育，传承文化；

  印刷时代：课程教育，留存经验。

如果我们把教育变革的眼光聚焦在最近 200 年，信息在教育中的作用就更加清晰：Seminar 理论是团队之间的语言信息的一种创新模式；实用主义理论是工业世界与大学之间的信息价值的释放和互动；资源依赖理论是大学和大学所处环境之间的信息的交换方式的解读；建构主义理论是知识背后的学习者的行为信息；混合学习理论是多模态学习者的行为信息；WebQuest 理论是海量知识和互动信息。

如果从信息视角来看待教育变革，我们可以得到更加简单的结论：从某种角度上讲，3000 年来的所有教育学变革，没有任何新鲜内容，而信息载体的成本和社会主流需求是影响教育思想的关键因素。

目前这场深刻的教育变革，是从 20 世纪 60 年代的信息革命开始的。从数据的计算，到数据的共享，再到多媒体和云技术的应用，知识载体越来越成为免费的，同时，知识爆炸所带来的是历史知识的贬值，以及创新和技能的升值。知识普及和低廉化，知识学习的成本却越来越低，然而，人们的生活节奏使得与人沟通的成本越来越高，与人沟通成为更加昂贵和高价值的事情。在知识载体越低廉的年代，知识本身也变得越边缘，能力越来越重要了；价值本身的规律告诉我们，知识的重要性取决于评估难易，而这往往不是使用价值，知识评估模式决定了大学的形式和内容。在以往的大学中，评估人只能以知识为主体，大学以拥有多少册图书和入学分数为指标；而在知识普及的年代,人本身的能力如何,对能力的评估成为了更加重要的事情。这也是大学努力的方向,于是获得多少诺贝尔奖、图灵奖、毕业生的薪水以及募集捐款的能力成了更加重要的标准。

云和物联新技术背景下,其结果是大数据。与大数据伴生的是教育行为和学习行为的巨大变革。在这场变革中,人与人沟通越来越倾向于社会化网络和大数据,成本越来越低,在线数据成为研究的重点,需要更加及时的社会参与,知识的回报周期越来越倾向于在线和及时回报,而不是理念性的。

"目前这场教育的浪潮,是印刷术发明之后,教育领域面临的最重大变革。"

——哈佛大学在线教育负责人

3.2 教育关键词及其内涵

中国的校服为什么那么丑?中国的学生为什么要排队?中国的上课为什么双手要合拢?看完下面的文章,也许会有答案。无论从教,从学,从内容来看,中西方教育语义上有微妙的差异,也许是教育差别的原因之一。

西方教育一词,英文是 education,和法语、德语,均由拉丁文 educare 而来,e-为出,-ducare 为引,合为引出。东西方教育方法的差距,从词汇组成

图3-1 环境美,校服也美,女儿国内过去的校服为何一直很丑呢?

的潜意识就能看出端倪。华文的教育,具有教化、教课和养育的含义,学生的状态是被动的和被施恩;而西文的含义就是引导,因此很多教育学主流理论和西方教育文化强调引导与此不无关系。在德文教育一词 erzehung,除了引导,还有训育的含义,但从词汇来讲,应该是东西方教育观念中含义最全面的,也难怪很多教育大师和教育的里程碑均发生在德国。

中文的教育一词合起来使用被广泛接纳,是近代以后的事情。"教育"一词,最早出现在《孟子》,在《孟子·尽心章句上》有"得天下英才而教育之,三乐也"的说法。虽然,教育含义比较符合儒家哲学的单向教化,然而,教育在古代合起来使用却并不多。

而最早和教育、学习相关的词汇和西方的教育学习词汇一样，中国古人还是分得比较清楚的，倒是擅长系统论的现代华人，容易混为一谈。这些词汇包含教、育、养、诲、训、学、习、练、技、艺、知、识、智、慧，前5个是老师的动作，中间3个是学生的动作，最后6个是学习的内容。

中国"教"，直到现代文，都有两重含义，一个是与"学"相对应的teaching，也就是教师传授的过程；另外一种更为国人看中的，是教化，这个时候，词汇对应的应该是"诲"，其含义，是道德精神层面的。

"养"一词，与育类似，确有不同。主要指生长、养育。然而值得注意的是，中国的"养"和"育"是两个词，西方教育学词根上，并不包含中国的"养"的意思。"惟女子与小人难养也"，很明确，养的关键点是"伺候"。西方教育学的"教育"，并不包含养育之意，中国的教育一词把含义扩大，"教育从娃娃抓起"、"不要输在起跑线上"这些是中文语境对教育的误读，和词汇有关吗？我想是有的。我们学习了别人的教育传统，概念上却并不严密，要问中国的幼儿园是否属于教育问题，多数人会认为是的，而国外概念中，这是育和养的问题，不属于教育范畴，更不会像中国这般鬼使神差地把"娃娃抓起"当作一个主要的教育问题。

"育"一词，基本没有歧义。西方的教育就是引导，中国的"育"，也是引导，但含义上有略微的不同。中国的育，精心呵护之意更多，而西方的教育一词，引导的含义更多。

"诲"一词，是教中的一个，也基本上就是只有teaching的含义，没有教化的更高标准。"诲人不倦"，基本上指知识的学习。中国古代科举制度有一个有趣的现象，考生到京城考试之前，拜访了某个老师，或者主考官是某个老师，这个学生就终生成为这个老师的门下。一天课都没有上，怎么就是学生了呢？这个学生的含义，不是指"诲过"，而是指"教过"，也就是精神感召也算同门。一样的事例，2004年，相声演员郭德纲跪拜侯耀文为老师，两个年龄都老大不小的人员也没有学艺，怎么就成为师生了呢？原来，这里也是"有教无诲"的学生了，精神上的感召，"一日为师，终身为父"，更多的是加入"党争"的一派而已。

最后一个词"训"。经常使用的有"教训"、"训诫"、"训狗"，意思比较明确，就是明确的法则、戒条、格言。在宗教的教育史上，是使用最多的教育手段。家族也有"家训"。简单地说，"训"一词，更多的是行为规范。既上不了教化的层面，也不是教诲的具体技能。

以上从教育方来看的词汇,中国的教育本身,在文化层面,就有很多和西方的不同。相对于引导、教化和传授,我们的教育过多地包含了养,包含了训。这也就不难理解,中国的家长和学生把很多事情都归罪于教育方,甚至研究生自杀也如此,养非学校的责任,中国不同;也不难理解,中国的各种学校校服如此丑陋、统一做体操和排队训练,这些训的内容,基本不是现代教育学的使命,中国不同。

再看学习方的第一个词"学"。本作"壆",像双手构木为屋形。后作声符,加"子"为义符。从文字学来看,"学"的原意是"效法"。一个人看见一个房屋,用手做出房屋模型的结构,叫"学"。因此,中国古人有名言"学而不思则罔,思而不学则殆"。这是最朴素的建构主义理论的雏形,深刻地揭示了效仿、头脑加工、再效仿螺旋上升的学习过程。

另外一个类似的词"习"。古文的习,字形如羽毛,意思是小鸟反复练习。学和习是有很大区别的。学必须经过思考的过程,而习基本上是通过人的神经系统形成动作惯性,靠的是肌肉记忆力,因此,习武,经常用习。

与习类似的一个词汇"练"。练字的古文指"把丝绸反复分类挑拣,投入下一道工序"。练与习类似,都是通过人的神经系统的习惯性形成技能,只不过多了通过工具和动用工具的含义,因此"操练,训练"等,都是用练。

学习者相关的几个词汇:学,习,练,针对的其实是不同类型的学习。学,要学习的是思维和知识层面的东西,更多来源于形而上的层面;而练、习,基本通过肌肉记忆力,使技能和操作层面,可以认为要靠天分和靠人体机能本身多次重复。了解了以上学习者的行为分类,就能够理解一下事实:为什么梵高是一个精神上有问题、道德上和情商上也不那么健康的人,会有艺术成就,梵高早年的艺术基础被训练得非常精巧,不大需要普适性的行而上的教育。同理,著名画家陈丹青从清华辞去博导,原因是经过清华英语和马列筛选过的博士生无法画画,这也是清华大学和整个中国60年艺术训练给技能教育附加过多智能所致。著名歌唱家和画家获得了博士学位,并不能提高艺术作品的修养,也是一个道理。

最后看几个学习客体的词汇:技、艺、知、识、智、慧。

技,对应的是"匠",匠心练就的是技巧,技能这个东西其实也不需要太多理解和原理的,例如警察的搏击是一种技能,修车也是一种技能,护士也是一种技能。技能本身是通过练习就能够学习会的,一种熟能生巧的过程。因此,对于职业学校、技能训练等,警察和军人是典型的技能范畴。从这个意义上讲,对警察和军人设置专门的大量本科,是不合适的。当然,知识型和管理型岗位除外。

艺,与技基本相同,技基本上是改变客观世界的,艺更多的是通过人的身体带来美感。不同的是,艺的天赋层面要求更高。

知,本意是传递地和箭一样快。

识,是准确识别队形方阵。由此可见,知指西方的词汇 KNOWLEDGE,而识却多了一层含义,识别、搜索引擎的作用。我们所讲的"书呆子",就是说一个人有知识,无常识,也就是"有知无识"。

智,智是知识和说放在一起,意思是不仅肚子里有货,还说得准。德鲁克说过,才能本身毫无用途,必须将其发挥出来才有作用。而智就是将才能准确地表达出来。

慧,一字,最能体现中国的哲学思想。上面两个丰,指国事和天下事,下面一个彗,指家事,心里装着家事,家事治理好了,治国如烹小鲜,天下事和国家事也放在心上,这个人就是"慧"。

那么我们看,从学习和教育的客体来说,其实教育方法是应该不同的。技和艺是一种训练,其实不应该归入教育部门管的事,我认为应该归入工业与信息化部和文化部,这也是我国其实有一流名校,比如上海音乐学院等,由于不是教育部门管,没有被大量行政污染,还不错;知和识,其实较高层面的应该由教育部门管的,基础教育主要为知,高等教育主要为识。而智慧,是应该985院校以上重点培养的研究型大学的任务,应该独立办学,接受市场考验才对。

而中国,同样一拨人,不但管了技艺,还管知识,还管智慧;不但管了教,还要管学,养了一大堆降低效率没用的官僚,不是一个智慧的选择。

本节写到现在,本可以告一段落了,不过,这些差别的原因,我突然想到了一点:那就是白话文问题。中国走向现代化的努力是100年前,白话文是一个标志,白话文对中国的科学与进步贡献了非常大的作用,然而似乎停止了进步。即使到现在,汉语也不能说是一个严密的语言。而我们在阐述一件事情的时候,概念不清楚就争论,无异于鸡同鸭讲,毫无意义。中国教育投入4%的GDP,比起全球平均5.6%,要低,等我们到了5.6%,全球的水平由于中国提高可能要到6%,而关键不在于此,而在于投入到哪里,以及什么是教育。塔利班的意思是伊斯兰学生军,这些孩子从小免费接受的教育就是诵经,这样教育,即使达到56%的GDP,不仅对国家没有好处,反而会毁掉人类的遗产。

3.3 信息,教育理论的统一场论

混合学习系统设计是教育技术领域研究的前沿和热点问题。它既是学习科学领域关注的焦点,也是混合学习设计的核心。系统合理的学习活动设计可以使学生更轻松、有趣、高度参与和互动,主动地进行知识建构,有助于激发学生的学习热情,培养其协作交流能力,促进深度学习,从而带来教学效果和学习绩效的整体提升。进入信息时代后,互联网络和 Web2.0 技术又为提高学习活动的效率提供了更广阔的舞台和更丰富的可能性。因此,分析混合学习活动中教与学的规律,理清混合学习活动系统中各要素之间的相互作用,提出增强学习者学习成绩和效能感的策略和方法,对促进信息技术与课程整合、提高信息时代的课程教学质量、优化面授和在线学习效果,均具有重要的理论价值和现实意义。

东华大学智能实验室研究发现,智能实验室系统就是一种混合学习活动设计,通过实验室的智能管理,实现教学个性化,教学效果最大化。充分利用现代信息技术以及网络多媒体技术支撑混合学习活动的进行。

有关于指导建立混合学习课程的论文指出,现代信息技术的掌握程度对于混合学习的效果有明显影响,利用信息技术反馈改变学习方式对于学习效果也是有极大影响的。

如果抛开孔子时代的教育的技术背景,孔子的教育学在今天也无疑是先进的和令人震撼的。孔子使用诗歌的方式进行个人形象包装,孔子捍卫道义不惜动刀动枪,孔子有教无类的学生既有屠夫也有王子,孔子教学生的实践方法是带领学生游学,实践课程的比例远远大于理论课程的比例,孔子教育收费的模式既有赞助还有学费,其中赞助的比例甚至高于目前最好的大学。孔子的话语随着学生的记录由竹简随时发布,一行竹简几十个字。孔子几乎就是现代微博的春秋版祖师爷。最近,我让学生做一个孔子和柏拉图的社交网络的可视化展现。我相信他们的社交网络的结构,一定比当代的教育大师更加完美,他们更像一个活动家,而不是教书匠。

我们这里,简单回顾一下教育史上几个重要的理论截图和技术革命所带来的变化:

Seminar:在西方,大规模的教育普及来自于宗教,真正意义的大学的产生也和宗教有关。大学产生后的几百年时间里,大家发现仅仅对于知识的背诵和教义的学习并不能使人们真正掌握教育和科学的真谛。德国教育部长的一项革新不仅仅改变了德国的科技面貌,至 1870 年始,Seminar 已成为预算中最大的项目。其蓬勃的发展,改变了大学尤其是学校成员的生活。教授大部分时间来到研究所工作,研究所成为他们的第二个家,同时,研究所也成为优秀学生的第二个家。专门的图书馆、设备和在课堂上得不到的与教授自由交谈的机会,皆可从 Seminar 中获得,这也深刻影响了美国的教育。洪堡"为科学而生活"的梦想,似乎在这段时期正为德国的大学成千上万的师生所实现。1866—1914 年间,随着德国大学人数大规模增长,Seminar 也相应获得长足发展,政府也大力资助 Seminar。洪堡德所作的巨大贡献也许就是回到孔子时代的小组讨论学习。1870 年前后,哈佛的教授将 Seminar 引进美国,也开始了美国的教育革命。人们发现,知识并不是力量,而掌握有用的知识才是力量,在大规模学习中,Seminar 是通过互动将无用的信息和有用的信息进行筛选的过程。在新的技术教育背景下,Seminar 理论有了新的发展趋势,借助现代技术的发展,Seminar 教学法与新媒体技术实现了完美的结合,师生、学生小组之间可以跨越空间与时间的界限,实现更加高效的互动与协作,采用 WEB2.0 的云技术更加个性化地展现协作与个性的特点。例如,东华大学智能实验室系统,就为学生自主学习和教师合理排课提供了可能,也为 Seminar 教学法提供了前提。这一切形式的自主性都是建构主义理论的延伸。

建构主义:瑞士这个小国,在 20 世纪战乱时期保持着难得的宁静。在那里,皮亚杰开始了他的教育研究。不同于一般的科学研究,即对儿童进行分组然后得出静态的结论,皮亚杰将目光瞄向了自己的女儿。作为父亲,他的记录产生了一个伟大的教育学理论:建构主义理论。建构主义理论核心思想是:学生对知识的理解是在他们已有经验的基础上主动构建的,课程教学的过程就是教师促进学生主动建构知识的过程。建构主义强调学习是在一定的情境即社会文化背景下,借助其他人的帮助即通过人际间的协作活动而实现意义的过程。因此,建构主义学习观认为学习有四大要素,分别为情境、协作、会话和意义构建。在新的技术革命的背景下,建构主义理论有了发挥作用的最好媒介——多媒体技术。电脑、网络等新媒体技术对于学生自主学习是一个完美的媒介。学生、老师、教务人员通过这一即插即用、"云"技术实现实时交流、互动。而 WebQuest 即网络探究更是云和物联背景下,事先设定任务,然后通过网络等新媒体技术完成任务,实时与老师、同学交流、互动。建构主义认为学习的目的是完成更高知识的建构过程,在物联和云技术的背景下,在实践的过程中,可以快速进行理论的校验与提升,更加方便地完成新一轮意义建构的构建。学习不是由教师把知识简单地传递给学生,而是由学生自己建构知识的过程。电脑在学生成就、学生满意度和知识构建的应用中,电脑在改革传统课堂教育中起到关键作用。

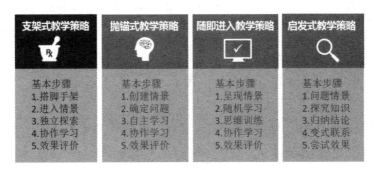

图3-2　基于建构主义教学方式的改变

WebQuest:圣地亚哥州立大学教育技术系伯尼·道奇和汤姆·马奇是WebQuest理论的创始人。采用建构主义的基本思想,教师在网络中建立自己的课程探究平台,组织以调查研究为导向的学习活动。在这类课程计划和活动中,呈现给学生的是一个特定的假想情景或者一项任务,通常是一个需要解决的问题或者一个需要完成的项目。WebQuest理论强调建构主义的"以学生为主体"这一理念,认为学生是认知的主体,教师对学生的意义建构起协助和促进作用,并不要求教师直接向学生传授和灌输知识。WebQuest为学生提供了多种途径、多种方式,提供了学习知识的开放式的环境。WebQuest采用建构主义"情境性教学",强调学习与一定的社会文化背景相联系,模拟真实情境的学习环境,在课堂上展示出与现实中解决实际问题相类似的探索过程。WebQuest倡导"协作学习"。在学习过程中学生相互帮助,分工协作,从而达到良好的教学效果。

在WebQuest中教师的作用主要表现为:

● 教师是学生主动建构知识的引导者、帮助者及诱导者。
● 教师是群体的协作者。
● 教师是信息资源的设计者、查询者和提供者。
● 教师是学生的学术顾问。
● 教师是课程的设计者和开发者。

混合学习:学习是指学习者因经验而引起的行为、能力和心理倾向比较持久的变化。学习理论从早期巴甫洛夫的经典性条件反射学说开始，各代学者从心理与生理学、社会学、信息论、系统论、人本论等各个不同角度，对学习的发生做了诠释。学习理论从行为学习理论、认知学习理论、人本学习理论、建构学习理论发展到了现在的混合学习理论。2009年，美国教育部通过对1996年到2008年间在高等教育中开展的实证研究数据进行元分析发现：与单纯的课堂面授教学、单纯的远程在线学习相比，混合学习是最有效的学习方式。建立混合学习必须有技术的支持，包括基础设施技术，教学的技术和支撑学习的技术。基础设施技术包括基本的支持交流的网络系统；教学的技术包括教学工具和实现不同学习方式的技术等等。有研究者在关于"混合学习的学生满意度"研究报告中指出，混合学习中的计算机使用效率、系统有效性、内容的丰富性都是学生满意的关键组成部分。作为提高满意度的重要部分，计算机技术成为混合学习成功与否的关键。现代教育理论发展到多媒体时代，出现了许多新的特点和趋势。混合学习理论集合了建构主义理论、WebQuest的特点和优点，成为现代各个教育阶段的选择。混合学习的主要思想是把面对面教学和在线学习两种学习模式有机地整合，以达到降低成本、提高效益的目标。混合学习通过面对面教学和在线学习两种模式支持学生的学习，扩大了学习者的学习机会，在时间上提供了便利，同时，混合学习提供多种不同形式的学习活动，提高学习者的参与度，从而促进有效学习。教学是一个复杂的过程，不同的学习理论，在不同的学习阶段、不同的学习环境下，存在相互补充的关系。这说明人们对知识以及学习本质的认识是不断深化和发展的，混合式学习实践就充分体现了这种理念融合的趋势。

表 3-1 教育新技术背景下各种教育理论与实践对比表

教育理论与实践	定义	特点
Seminar	Seminar是为研究某问题而与教授共同讨论的班级，也即一种结合教学活动的研讨方式或者说在教学过程中开展学术研究。	Seminar教学法起源于德国，在美国得到普及和发展，目前和案例教学法一起是当前国际上流行的大学学科教学改革的被广泛运用的方法，已经成为国际主流和必须的课堂教学方法，并且已经延伸到小学、初中和高中阶段的教学中。云和物联背景下，Seminar有了新的发展趋势，借助现代技术的发展，Seminar教学法与新媒体技术实现了完美的结合，师生、学生小组序之间可以跨越空间与时间更加高效地互动与协作，采用Web2.0的云技术更加个性化地展现协作与个性的特点。

续表

教育理论与实践	定 义	特 点
建构主义	知识不是通过教师传授得到,而是学习者在一定的情境即社会文化背景下,借助其他人(包括教师和学习伙伴)的帮助,利用必要学习资料,通过意义建构方式获得知识的过程。	建构主义理论被认为是目前最具前景的学习理论。从科学哲学、科学社会学和认识科学等学科中发展起来的一种集成理论。其核心思想是,学生对前人积累的系统知识的理解是在他们已有经验的基础上主动构建的,课程教学的过程就是教师促进学生主动建构知识的过程。建构主义认为,学生是认知的主体,由教师确定知识主题,并围绕着如何引导学生实现该主题的意义建构进行教学内容的设计。云和物联背景下,建构主义理论有了发挥作用的最好媒介——多媒体技术,电脑、网络等新媒体技术对于学生自主学习是一个完美的媒介。
WebQuest	以调查研究为导向的学习活动,在这类课程计划和活动中,呈现给学生一个特定的假想情景或者一项任务,通常是一个需要解决的问题或者一个需要完成的项目。	WebQuest理论强调建构主义的"以学生为主体"的理念,认为学生是认知的主体,教师对学生的意义建构起协作和促进作用,并不要求教师直接向学生传授和灌输知识。WebQuest采用建构主义"情境性教学",强调学习与一定的社会文化背景相联系,模拟真实情境的学习环境,在课堂上展示出与现实中解决实际问题相类似的探索过程。随着教育新技术的迅速发展,借助网络教育平台实现web quest的强大的教学功能成为可能。学生、教师、教务管理人员利用平台实时互动,这是云和物联技术带来的信息时代革命。
混合学习	混合学习的主要思想是把面对面教学和在线学习两种学习模式有机地整合,以达到降低成本、提高效益的目标。	人们对网络学习进行反思后,出现在教育领域,尤其是教育技术领域中较为流行的一个术语。它结合了各种网络技术来实现教育目标;运用多种学习理论(建构主义、人本主义、行为主义、认知主义)选择最佳教学方法;将教学技术与面对面的教师教导相结合;将教学技术与实际工作任务相结合或混合,以使学习和工作协调一致。针对现代教育技术的发展,对于混合学习活动的设计也出现了许多形式,应用于高等教育教学活动中。

纵观技术与教学的互动史,它的促进作用是一脉相承的,从20世纪80年代起,随着计算机和网络通信等信息技术的迅猛发展,技术又在教育领域打开了新局面,并且,这次由信息技术所主导的冲击,对教育改革和发展产生了比以往更巨大猛烈的影响,教育也随之步入了我们称之为的信息化时代。这种影响不仅单纯的表现为引入了一种全新的教学媒体,更为根本的是,它引起了教学关系深层变革。

关于信息读写能力教育的研究中指出,现在的学生只有具备更好的信息技术能力才能在学习、工作,以及以后的生活中更有竞争力。在马来西亚所做的"高等教育中的基于主体论的信息技术与知识构建"的一项研究指出:信息技术的掌握对于高等教育的意义是显著的。信息技术的发展会深刻改变老师的教授方式和学生的学习方式。人们应该以积极的态度去迎接信息时代的到来。Ton Mooij 在《关于用教育和信息技术来整合学习中的差异:以教育转型为切合点》的论文中指出:教育中的信息技术条件是教育转型成功与否的关键,也是必要的前提和支撑,转型过程中的许多问题,可以用信息技术来解决。可以说,信息技术的发展引起了教育行为的变革。

信息技术的巨大活力,带来了教育应用中前所未有的高潮,呈现出教材多媒化、资源全球化、教学个性化、学习自主化、任务合作化、管理自动化、环境虚拟化等一系列教育信息化的特点。

1. 教材多媒化:利用多媒体,特别是超媒体技术,使得教学内容结构化、动态化、形象化。

2. 资源全球化:利用网络,特别是互联网,可以使全世界的教育资源练成一个信息海洋,供广大教育用户共享。

3. 教学个性化:利用人工智能技术构建的智能导师系统能够根据学生的不同个性特点和需求进行教学和提供帮助。

4. 学习自主化:由于以学生为主体的教育思想日益得到认同,利用信息技术支持自主学习成为必然发展趋势。

5. 任务合作化:通过合作方式进行学习活动。信息技术在支持合作学习方面可以起重要作用,其形式包括通过计算机合作(网上合作学习)、在计算机面前合作(如小组作业)、与计算机合作(计算机扮演学生同伴角色)。

6. 管理自动化:利用计算机管理教学过程的系统叫做CMI(计算机管理教学)系统,包括计算机化测试与评分、学习问题诊断、学习任务分配等功能。

7. 教育环境虚拟化:意味着教学活动可以很大程度上脱离物理空间和时间的限制。

在物理学理论方面,统一场论的证明和应用是无数个物理学家努力的方向,吸引了包括爱因斯坦在内的顶级科学家。如果说物理世界的统一场理论是从相互作用是由场(或场的量子)来传递的观念出发,统一地描述和揭示基本相互作用的共同本质和内在联系的物理理论,那么,教育史上的各个理论的统一场,就是信息。教育史上的历次进步和革命与科学史完全不同的是,科学的敌人是老化的科学和过去的科学,而教育史上的历次革命都是回到过去的教育。僵化的课堂教学、知识学习、官僚化教育从来不是真正的教育学家宣传的东西,它们为什么成为历次被革命的对象,其主要原因在于官僚和课堂容易被评估而不是对人有益。

如果我们把教育还原成"信息对人的作用"以及"人对于信息的采纳",本质上,教育这点事,看似复杂却又简单。

3.4 一言难尽的师生比

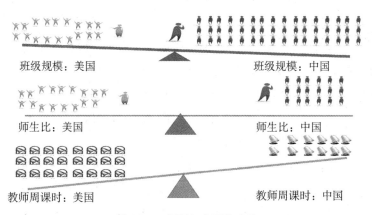

图 3-3 美国与中国的比较

谈起中国人为什么喜欢评估,我还真有点感受。大约 10 年以前,我开始从事信息安全风险评估的研究,也正是那个时候的底子,让我 10 年后应约来到了美国卡内基梅隆大学作访问,进的还是最著名的实验室。在这里,我见到了最著名的教授,包括研究存活性的 Harword 教授。可惜,失望居多。原因很简单,当技术不成熟的时候,管理具有很大的想象性,因此信息安全管理,包括评估,被过度抬高,但目前技术很成熟后,管理其实就是那么回事,没有神秘感的管理,当然成为明日黄花了。HARWORD 教授也同意我的看法。

我想,中国人喜欢评估,就可以解释了。中国的社会结构基本上是外行领导内行,并不是内行自治,因此,外行要想管理内行,当然具有神秘感的数字,以及评估技术就大行其道了。最典型的就是房价收入比、基尼系数、师生比、恩格尔系数等等。这些词汇确实是外国人发明的,用于专业分析。在中国,一些半懂不懂的专家和政府官员,拿着这些数字混吃混喝,争得脸红脖子粗,到最后,其实都是外行管内行,越管越忙。

今天就说说这一言难尽的师生比。说这件事情之前,先做个铺垫。中国的总理,说任期内一定要使教育经费占GDP的比例达到4%,估计也能达到。达到4%是什么概念呢?世界目前的平均数是5.6%,光看数据差距很大呀。但是仅仅是数据是不能说明问题的,因为前苏联的教育经费占GDP的比例达到8%。可惜,教育的多数是谎言;而塔利班的教育经费如果你统计,可以达到30%以上,可是只学古兰经。

这些年,教育部门一直将此指标作为财政配套的标杆,以及各个大中小学的考核指标之一。经过多年的努力,我们的师生比,已经和世界接轨,如果不看其他指标,以外行的角度,2012年,我们已经达到"中等发达国家水平了"。事情果真如此吗?

我们可以以稍微内行一点的指标,再看看。当然,外行管理内行,是没有耐心和兴趣看那么细致的。好,就简单一些。看班级规模。不看不知道,一看吓一跳。美国中学平均班级规模为15到20人,中国达到50人。天哪,如果师生比相当,班级规模相差为何如此之大呢?再往下看,看教师的周课时量,中国的教师只有13学时,美国的教师有25学时。原来,中国的教师都在上大课,而美国的教师在赶场子。小班教育,当然对于互动教学好处多多,可惜,我们的教师都在偷懒。

但事实并非如此。在中国当老师,自然不觉得比美国更轻松,为什么呢?原来,还存在另外一个指标:有效教育指标。我女儿在美国私立高中读书,学校里面没有班主任、没有政治老师、没有班会,也没有思想政治课,更没有团委、党委、副校长及各个处长、主任。这样算来,教师闲置的少了,平均数就会发生变化。若没有那么多没有名堂的事情,没有闲人,教师的压力就会减轻许多。更为重要的是,美国孩子不用学12年外语、体育、音乐、美术等基本都是选修课。不要小看选修课,基本上都是专业水准,一点不差。不信你随便拿一个美国的高中校队来中国比赛试试。在中国的教育体制下,体育、音乐、美术是教育部门的要求,而不是学生自己想干的,当然干不好。

再说说高中三年级。中国的初中三年级和高中三年级,基本是浪费时间准备升学考试。而美国的高中三年级是大学预科。考大学是你自己的事情,因此,SAT,在美国的课堂上是基本不教的。但是,培养人,确是学校的本分。美国高中生要学经济学,学微积分,学生物学,这些是中国的大学课堂上的东西,美国高中一点也不偷懒,这可关系到高中的名声。

还有一点没有提到,那就是志愿者服务。对美国高中生来说,这可算是顶顶重要的事情。然而,高中只管认证,一点也不管上课的事。美国的志愿者按IB课程的CAS考核,也就是:创新、执行、服务,基本上是学生参加社区活动,得到信用记录,然后到学校认证,每年要40个学时。我女儿选择了在当地华人社区当汉语老师,每周都要备课、讲课、改卷子。学校会有顾问给孩子们适当的辅导,而这些辅导,最体现的是学校精神上的异同。

到此,读者基本上也有感觉吧,教育岂是一个简单的指标所能评估的?

3.5 从贫民窟的墙洞电脑,到英国和印度之间的"奶奶云"
——苏迦特·米特拉挑战教育学定律的颠覆性实验

图3-4 贫民窟的百万富翁,作者受到实验的启发

2009年,《贫民窟的百万富翁》获得第81届奥斯卡最佳影片等8项大奖,这部电影讲述了一个酒吧服务员得到益智节目亿万奖金以及之后被怀疑作弊的离奇故事。影片来源于印度作家维卡斯·斯瓦卢普的小说《Q&A》。维卡斯·斯瓦卢普2005年看到一个印度教授通过互联网普及贫民学习科技知识的报道,进而创作了这部小说。那个印度教授,正是从1999年开始就进行教育实验的苏迦特·米特拉。近年来很多印度电影都在探讨贫民教育和教育改革的话题,同样在中国家喻户晓的电影还有《三傻大闹宝来坞》。而曾经在MIT进行访问研究的印度籍英国纽卡斯特大学教育技术教授苏迦特·米特拉的系列教育学试验,被称为挑战教育学公理的教育革命,在全世界教育领域掀起一场热烈的讨论。

无论是东方还是西方,教育学就目前来讲,还是属于人文学科领域。虽然中西教育有很大区别,然而几千年来的传统,基本上是离不开学校、教师和学生这三方面的关系。即使建构主义理论对教育最激进的反思,也只到"教师的作用是发挥学生的积极

图3-5 "当孩子有兴趣的时候,教育就发生了",1999年开始,苏迦特·米特拉修了几百个这样的墙洞电脑

性"以及"自我知识建构的过程"。在教育学研究方面,西方确实比中国较早进入心理学和认知学的系统研究。过去100年的经济学走向,逐渐摆脱人文社会领域而走向实证科学和经济数学,教育学受其影响,也有零星的基于实验经济学和行为经济学的实验,然而这种实验,由于周期长、变量多,很难有非常明确的结论。随着网络技术的发展,数据本身获取更加容易,这方面的研究也越来越趋向成熟,而终于由苏迦特·米特拉结成正果。

图3-6 开放的野外环境有利于减轻学习压力

到目前为止,苏迦特·米特拉的实验概括起来,分成以下几种,之所以是实验而不是传统的人文学科,是因为这些实验已经被苏迦特·米特拉不断重复,很多教育学家也在重复,结果是可信的:

  1. 1999年在印度和南非以初始的街头电脑互联网实验,在非英语地区实验,证明电脑和上网是不需要成年人教的;

  2. 在印度语地区进行语言教育,同样没有成年教师的情况下,没有教师的学生学习英语也能够成效显著;

3. 在偏远的非英语地区进行生物学教育,学生自我学习可以掌握生物学知识;在柬埔寨进行数学实验是同样的效果;

4. 辅助以外行的常识性鼓励措施,学生的分数能够达到 76 分,这个分数是专业学习出色的分数了;

5. 在英国进行 10 到 12 年级的 6 道电子学的小组不可能完成的任务,结果证明学生不仅得到准确的答案,一段时间后,知识掌握更加扎实;

6. 利用英国的老年妇女,建立起印度和英国之间的奶奶云教育平台实验;

7. 在意大利,进行不用翻译的英语和意大利语的沟通学习,学生很快回答勾股定律的准确内容以及数学表示。

为什么说苏迦特·米特拉挑战教育学公理呢? 主要有以下考虑:

1. 在传统的教育理念中,学生学习是需要教师引导的,而苏迦特·米特拉证明,教师是多余的,只要有足够的支架和场景,学生会自组织完成效率一点也不低的学习行为;

2. 传统的教育理念中,学校扮演着重要的作用,要有教室和学习环境,而苏迦特·米特拉恰恰在最贫穷的街边完成没有教室和学校的学习行为;

3. 传统的教育都认为师生的沟通对于学习非常重要,然而苏迦特·米特拉的试验证明,即使语言不通,有足够技术工具,学生有能力完成学习的任务;

4. 传统的教育认为人的学习需要将实践上升到理论,只有上升至理论,所学习的内容才能具有深度和影响持久,而苏迦特·米特拉的实验表明,至少在 10 岁左右的孩子中,在经过探讨和学习过程的实践,完全没有理论上升的步骤,学生的学习和记忆更加持久,理解的深度一点也不差。

苏迦特·米特拉的教育实验还在继续,越来越受到关注。用他自己的话说,自己的实验原理一直秉承着一个一贯的主张:"If the World Belongs to Our Children Then Why Don't We Just Give It to Them?"(如果世界是属于孩子们的,那么为什么不还给他们呢?)

苏迦特·米特拉的实验是从 1999 年开始的:在贫困地区街面的墙上放置并打开电脑屏,同时装上可以使用互联网的电脑,然后离开。实验发现,对于一群从来没有接触过电脑的 13 岁的孩子,似乎不需要去教他们,他们会自己自学而学会使用电脑。这似乎和以下个体差异没有关系:教育背景、英语和其他语言的能力、社会经济水平、种族和区域、性别、遗传背景、智力。通过实验苏迦特·米特拉发现,根本不用教,农村的

图3-7 距离现代文明越远,实验效果越明显

图3-8 没有教师,异质的学生会自发形成协作学习

孩子能够完成电脑以下基本功能的操作:所有的操作功能、画图、下载和存放文件、玩游戏、运行教育和其他的程序、播放音乐视频和图像、浏览互联网、建立邮件账号、收发邮件、处理简单的故障(比如喇叭不响)、下载和播放流媒体、下载游戏。以上这些实验结果其实并不奇怪,我们自己学习电脑这些知识以及自己的孩子的学习过程,基本上也告诉我们这些规律。苏迦特·米特拉的不同之处在于,这些使用电脑的孩子甚至英语也不会。这就容易解释为什么毫无电脑基础知识和教育背景的黑客群体能够完成大学教授和博士都不能完成的行为,而他们并不是天才。

通过实验,苏迦特·米特拉还发现一些有趣的现象,那些贫困孩子通过街边的电脑学习,普遍出现了以下情况:

1. 上课、出勤和考试成绩,尤其是电脑相关的成绩大幅度得到提高;
2. 英语词汇和应用得到大幅度提高;
3. 注意力和解决问题的能力大幅度提高;
4. 自我管理和协作能力大幅度提高。

如果仅仅做到这一步,是我们绝大多数不怀成见的教师能够想象得到的,苏迦特·米特拉对这些自我学习电脑的孩子们的学习进行仔细分析,有了惊人的发现,用他自己的话说:"我发现了一个自组织的系统,教育是一个自组织的系统,而学习成果是一个显性的结果,也许建构主义应该改写。"苏迦特·米特拉发现,这些自组织是这样完成的:

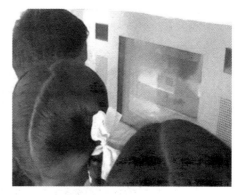

图3-9 苏迦特·米特拉继续将他的实验扩展到生物学教学

1. 一些时候一个孩子发现一点点计算机已有的功能,他会向其他孩子显摆,另外一些时候一个孩子偶然打开一个人机界面,其他观看者,偶然的发现就会被开发出来。例如,当他们发现光标变为手的形状一定在屏幕上的某个地方;

2. 第一个发现这样的孩子,会让其他孩子重复这样做以验证;

3. 在验证的过程中,一个或者更多的孩子会发现一些偶发的或者附带的发现;

4. 所有的孩子重复所有的发现,获得更多的发现并建立一个词汇命名发现;

5. 词汇鼓励他们去概括这些知识;

6. 他们记住整个过程的流程,例如,如何打开一个绘画程序以及存放他们。他们做同样的事情直到其中一个人发现更优的方法,互帮互助缩减过程。他们讨论,进行小型会议,制定他们的时间表和计划,重要的是别低估他们;

7. 学习小组将问题分成已知和未知,就像他们已经做过和没有做过那样。他们了解到,知识的拥有和物质的拥有是不同的,他们可以用知识和友谊进行交换,而武力什么也得不到;

8. 一个阶段结束后,如果没有更多的发现,孩子们比较空,他们会实践他们已经学过的东西,在这一点上,干预就有必要了,以介绍另外一个发现的"种子"。学习就是这样一个螺旋上升的过程。

苏迦特·米特拉对这种自组织的学习进行总结,发现以下规律:

1. 电脑必须置在公共的、露天的、安全的场所。孩子们,经常包括父母,在封闭的环境会感到忧虑,把电脑放进室内甚至学校,很容易和军营、控制、学习以及其他负面情绪联系在一起。把计算机放置在操场却是一个理想的方案。

2. 不同程度的孩子分成一个小组。小组学习是建构主义就开始强调的学习

图 3-10　成人被远程监控不允许参与孩子的学习

方式，孩子们互相学习的效率比自我约束高得多，这也是为什么 100 个孩子配一个电脑的原因。

3. 不能有成年人介入指导。成年人不允许使用电脑亭，电脑亭被远程监控以保证正确使用。

4. PC 和互联网的性能和连接必须可靠。

图 3-11　苏迦特·米特拉发现 10 岁左右的孩子通过自适应学习，理解的深度和持续性更好

苏迦特·米特拉的系列实验的结论的影响是非常大的，尤其是在技术变革的今天：

1. 如果给定合适的资源，孩子们构成小组能够自适应和自组织地学习。

图3-12　100个孩子一个电脑,是为了协作,比每人一个电脑效果好得多

图3-13　苏迦特·米特拉将电子学课程用在英国孩子身上,实验仍然成功

2. 建构主义理论被长期证明是一个有效的学习理论,然而这些实验进一步可以重新定义建构主义学习:学习一个自组织系统。

3. 通过公共电脑的协作学习是一个这样的过程:学习不是强加的,因此孩子们很容易接受。

4. 评价体系是获得的而不是强加的,因此在数字化学习环境中具有一种选择学习绩效的能力。

5. 教育质量和学校的偏远程度成反比。

今天,教育的本质也许就是解放人原有的内在能力,对于学校、教师和课堂,也许需要重新定义。

图3-14 苏迦特·米特拉甚至用英语为意大利语的孩子布置没有学过的勾股定律任务

图3-15 奶奶云,这样的英国奶奶,苏迦特·米特拉组织了200个

图3-16 奶奶云——印度德里

图3-17 奶奶云,布置一个学习的实验场景

3.6 从上真的到玩真的

今天超过40岁的有大学学历的人,大概是在80年代以前读的大学。如果是学工科的,印象非常深刻的一件事情就是:大学里面的实验室,几乎都是真实的设备。1987年我在北京钢铁学院上大学的新生第一课,就是70岁的老教授给我们演示20辊轧机如何把几厘米厚的钢板变成比头发丝还细的钢薄膜。这台轧机曾经为东方红卫星作过贡献,现在还悄悄地躺在北京科技大学材料工程国家重点实验室的一角。2011年"轧87"班毕业20周年聚会的时候,大家深情地与它合影。现在的北京科技大学材料工程国家实验室投资额比以前大了非常多,也是秉承着过去一贯的传统:有非常多的先进设备可以让学生学习和操作。然而,如果以同时代的工业化同步来说,20多年前的大学生无疑是幸运的:一是目前也只有北京科技大学材料学院等少数学校的师生的某些实验室能够玩这样的真实设备;二是即使是这些国家重点实

图3-18 宾州州立大学化工实验室:化工厂、实验室、教学和研究场所

验室的师生,又有多少能够与当今大工业的现代化钢铁厂接轨呢?

当年我们的金工实习和物理化学实验,到首都钢铁厂认识实习(同样包含学习黑板上周冠五同志的最新指示)、到鞍山钢铁厂生产实习、到宝钢毕业实习生产线上收集数据并做毕业论文。回想起来,如今的大学生绝对没有如此幸运。1952年院系调整,是中国教育史上第一次灾难,却难得还留下了真实认知实训这个好东西。50年代到80年代,整个中国资金紧张的情况下,没有任何人怀疑大学巨额投入实验室,也没有任何人去质疑那里的资金的效益。教育这件事情是不能随便算账的,正如浙江大学竺可桢校长当年带领1000学生长途跋涉的时候,什么都可以扔,书和实验设备一样都不能扔。

早期的教育家,如胡适、蒋梦麟、陶行知、竺可桢、梁漱溟、罗锦辉等等,深受杜威实用主义教育思想的影响:社会即学校、工厂即学校。不仅如此,杜威在20世纪20年代走遍了美洲、亚洲和欧洲,这种思想影响和造就了当代教育,至今,美国的教育思想与此一脉相承。

不幸的事情在90年代的中国再次发生:大学的大量扩招、师资严重不足、实验经费严重不足、部委的学校归教育部后企业与高校联系链断裂。在这种大跃进式的高等教育改革过程中,大学知识与大学教育等同,操作技能和实践认知等同,于是,实验室开始变味:不再有学生昼夜呆在实验室做实验,也少有教授几个星期呆在实验室获取数据,读书、背书、出国、申请两基金、发文章,似乎成了大学师生的主要事情。

在这种集约化、目标化的教育理念以及计算机的快速发展的背景下,一个值得注意甚至绝对具有误导性的实训和学习方式开始扩展起来:虚拟教育和仿真教育。设备不够用怎么办呢? 在计算机上模拟一个,操作计算机!

虚拟和仿真学习刚刚出来的时候,确实很震撼。1996年,我办了自己第一个企业:电脑维修和配置,当时唯一能够卖的软件就是"开天辟地"和"万事无忧"。这个由北京金洪恩公司推出的通过二维模拟学习装配电脑的软件,在那个年代应该是除了杀毒软件外老百姓少数愿意买的软件了。然而震撼归震撼,以后很多年的实践告诉我,几乎没有电脑维修高手是通过这个软件学习会的,而高手们几乎都是在电脑城装配兼容机学会的。我卖金洪恩的软件,自己成为装机高手,也是装配了200台以上的电脑后熟能生巧的。

从90年代中到现在的20年时间,由于高校的扩招,使得大量和大多数的师生学习某种科学和工程,都是在这样虚拟的环境下进行的:学习网络,没有见过网络设备;学习芯片,没有见过真实的芯片;学习软件,没有参与过真实的软件项目。我本人通过接触工作过的几个单位1500名IT企业员工,发现80%的部门经理不是IT出身的,而同期的IT相关专业的毕业生占总体毕业生1/3以上。这两个数据很容易得出对中国高等教育不利的结论。

来美国之前,中国的高等教育又在进行另外一场轰轰烈烈的革命:建实验室。总理保证任期内的教育经费要占到4%,于是上海三年内的教育经费从450亿快速增长到750亿。增加的教育经费不能发工资、不能建高楼,实验室经费成了大头。中央与地方共建、高地建设、修购基金、085内涵建设等等,上海一个本科院校一年的实验室经费是以前10年的总和。有钱当然是好事:首先弥补基础设施的欠账,然后把设备连成系统,不够空间放了就开始动软件和仿真的主意。然而,钱投下去,却并没有带来学习行为的变革,20年前实验室热火朝天的景象依然没有出现,如果你凌晨2点走进实验室,这里依然是静悄悄的。

从7年前开始,我兼任某教育实验公司执行董事,就坚持推荐上真实设备。当时遇到了巨大的阻力。一个真实的、完整的思科或者华为网络实验室,大约需要400万才能满足一个班的学生同时玩真实的设备。而一个机房加上思科模拟器,只需要投入36台电脑和模拟软件就可以了,资金投入不会超过30万。更加重要的是,真实设备对老师的挑战远远大于学生,99%的问题不会在教科书上找到,99%的意外是实验指导书不能涵盖的,然而对于学生的教育来讲,这99%才是最重要的。7年后的今天,各个真实验室建立起来后,情况好了很多,然而教师的问题却丝毫得不到改观。通过访谈和问卷,我发现一个意想不到的现象:目前高校改革最大的阻力不是来源于行政,而是来源于教师。

带着这些问题,我再看美国的实验室,看看人家是怎么做的,是不是也上真的设备。我惊讶地发现,我所设计的物联实验系统、智能实验系统、开放实验系统,并没有在美国的大学爆发式地出现。"上真的"只是低级阶段,"玩真的"才是实训和实验应该干的。卡内基梅隆大学每年会收到很多企业的捐款,很多捐款都是捐给某个实验室的,这些捐款连同设备以及企业的研究人员,一起进入校园。校园里面的设备几乎都是来源于企业,而企业的开发和学校教学就在实验室。当我们的教育主管部门在严格规定教室在学校中的面积比例的时候,人家的教室比例不断在减少,实验室在增加。实验室增加带来的是大量的小班课程,很多课程只有几个人选,而每个学生有很多可选的课程。学生的课程结业也多是以作品体现。

信息时代的实验室和非信息时代确实具有巨大的不同。站在信息革命的肩膀上，如果我们走得正确，也许能够具有后发优势。一切的前提是围绕真实的产业和工业世界来管理和感知。

清华大学化工系反应工程实验室是国家和北京市的重点实验室，里面的流化床研究是世界一流的。带着这些问题，我让一个小组去参观这个实验室，看看教与学是什么情况。这个在清华园里面占地20亩的难得的实验室（据说为了让这个反应炉能够落地中关村，是动用了高层力量的），投资数亿，很多著名的成果出自这里。我哥哥魏飞正是这里的负责人，50多个博士生、数名院士在这里学习和研究。现代化的信息管理和传统的设备结合在一起，发挥出难得的叠加效应。

从"上真的"到"玩真的"是实验研究和教育的一次飞跃，国外如此，国内也是如此。在写完这篇文字后，我突然想到，2010年世博会是一次失败的还是成功的世博会？有谁拿来多少真的工业设备？有谁又上了多少真实设备？又有谁在180天里面玩了多少真实设备？一个靠仿真和模拟构造的幻想，是对国民的现代工业文明教育的亵渎。

3.7 信息压力

2012年7、8月，本节作者之一童荔有幸在匹兹堡和洛杉矶全程见证了定级PG-13的电影《一位壁花少年的收获》的拍摄，并和作者兼导演史蒂夫·奇波斯基共进午餐。该片已于2012年9月在北美上映。这部电影根据同名畅销小说改编，国内的网站翻译成《壁花少年》，对于国人来说翻译成《局外人的收获》更贴切一些。作者描写了一个非主流学生眼中的世界以及面对各种社会现象的心路历程：酗酒、情色、同性恋、吸毒。这部电影吸引了电影《哈里·波特》的女主角扮演者的参与，影片被称作是"有关青春期跌宕起伏的现代经典"，有的书店将原著列为2012年夏日青少年经典读

图3-19 电影《壁花少年的所得》海报

物之一。然而,这样一部13年后的经典,1999年被美国图书协会列为"十大青少儿有争议书籍"的第三位,这样的变化背后美国发生了什么呢?

在英文中,壁花少年指的是舞会上没有男士愿意邀请去跳舞的女士,其结果这些女士只有闷闷不乐地靠着墙根站着,后来约定俗成壁花少年常用来泛指那些局外人。主人公查里由于内向,认为没有人能够了解她,是书中的壁花少年。但是旁观者清,她不仅看到她姐姐美丽出众的阳光,也目睹了姐姐常被她男友们虐待的软弱和阴暗;看到了她朋友们的悲欢离合,以及吸毒与同性恋的尝试,也感受了朋友自杀的痛苦和朋友的感情;在朋友的鼓励和她英文老师的帮助下,查里开始看到自己的才智和特长,从别人对她的限制中解放出来,感受到无限的自由。

美国与中国一样,与高中孩子沟通非常重要却又不是一件容易的事情,华人的高中学生家长很难了解到孩子的真实情况,尤其是目前网络媒体的发达,对此基本上是"黔驴技穷"。但是传统的cool妈、星妈加苦妈们却毫不示甘心,还是想进一步了解美国生活和我们的孩子,试图以永远与他们保持一个互敬互爱的关系。我们应当发现中国教育中想当然的"煮夹生饭"的原因,以期改善教育的效果。

该电影的作者正好在匹兹堡长大,这部电影也是在匹兹堡拍摄的:匹城风光、金三角和大桥的夜景、校园生活、英文课、毕业典礼、舞会等等,多是在匹城南部的彼得高中拍摄。事实上,这部小说就是以作者就读的这所高中为背景(该校以白人子弟为主,校区的学习成绩与房地产税收在匹兹堡地区名列前茅)。作为就住在学校旁边的孩子的家长读了这本书后,震动很大:这本小说里作者对一部分高中生人物的勾画和高中生活的描述为我们提供了许多和孩子们交流的素材,会比统计数字和研究报告更生动;作为家长,自己的孩子的成长环境几乎就在这里:在我们脑子里,孩子们的学校环境没这么乱。于是本文作者便与他们的子女们对证这些可怕的词汇:同性恋、酗酒、吸毒,孩子却不以为然,不认为有什么大惊小怪。

看来,信息社会中面对信息压力,此种环境之下的教育遇到了巨大的挑战。就在2012年8月,英国的哈里王子被爆色情照片,引起舆论大哗。照理来说,英国王室对于王室成员的教育非常严格。百年来王室成员战场都要上的,难道就管不住男女那点事?结果却是真的管不住,原因就是因为信息压力。

在过去的100年,一个贵族,只要管好他的社区、他的朋友、他的学校,基本的成长轨迹是可控的。然而,哈里王子成长于电影、电视、网络、移动终端和社交网络信息泛滥的今天。问题恰恰出在传统的管理不能适应全新的信息压力环境。大家知道,面对着网络、影视、社交媒体的存在,以往靠屏蔽信息来培养人的方式越来越无法奏效。

美国小学的教育环境很可爱。基本上是任何的人与人之间的直接交往。如果老师和家长沟通有效,孩子们会有许多机会在德、智、体上全面发展。聪明的家长应该充分利用这个环境(例如,比尔·盖茨的父亲在他小的时候就不让他看电视);随着孩子的成熟与网络的复杂,美国初中也变得比较复杂了,在管理上和课程上都很稀松,家长去学校的机会大大减少,因为学校开始鼓励学生自己找老师解决问题;高中后孩子们更成熟,他们有选择自己喜欢的信息方式的自由,家长对学校的环境,事情知道相应越来越少,孩子们的朋友也会有变化。物以类聚,人以群分,井水不犯河水是这个时候大部分学生的态度。作者书中的人物,以及他们之间的关系和表现对我们的孩子一点不陌生。在一个拥有千人的公立学区里,碰撞多年的孩子们,他们似乎知道自己与他人有效空间和距离。在有的方面,我们的孩子是"明星",有的方面是"壁花",但是,只要他们发现自我,知道自重、自爱,他们会走向一个没有人可以限制他们发展的"自由王国"。

如果不能屏蔽,那就主动适应。一番心路历程之后,电影主角最后找到了自我,这个过程既代表了传统的美国精神,也给我们信息压力新时代的教育以启示:我们需要一个有什么样的情商的下一代?是封闭的理想化的说教、教化出来的没有免疫力的人?还是还原社会现实,培养出早晚要面对社会的能够找到自我价值的人?我们的孩子要利用自己的识别和免疫功能,战胜不利的环境。信息社会里是没有真空地段的。两耳不闻窗外事,一心只读圣贤书是很不实际的。因此,从小培养孩子热爱学习、珍爱自我和自己的身体,并且给他们思想的空间和机会,让他们在实际环境中多作决定,去发现自己的才能和朋友,这些,是他们以后战胜不利环境的基础。

(本节由童荔参与撰写)

3.8 信息视角的教育反思

1919年的一天,成都有位名叫吴虞的老先生,到北京拜访胡适。这位老先生可不简单,就在不久前,写了《家族制度为专制主义之根据论》、《吃人与礼教》、《儒家主张阶级制度之害》等文章,坚决地反儒非孔,尤其是对朱程理学进行了猛烈的抨击,名重一时。谈话中,吴虞说起了非儒反孔的问题,当时胡适正在读《水浒传》中"三打祝家庄"这一章,借助这个"打"字,胡适随口说了一句"打孔家店"。这句话一经传出,胡适说的"打孔家店"被加重分量为"打倒孔家店"了。这件事说明当年胡适的名望之大,影响之广。1921年6月《吴虞文录》出版,胡适于同年6月16日写了《吴虞文录序》一文,其结尾写道:"这个道理最明显:何以那种吃人的礼教制度都不挂别的招牌,偏爱挂孔老先生的招牌呢? 正因为两千年吃人的礼教法制都挂着孔丘的招牌,故这块孔丘的招牌——无论是老店,是冒牌——不能不拿下来,锤碎,烧去!"

90多年后的今天,再看待五四运动,看法已经有了分歧。民主和科学经过了100年,仍然是今天挥之不去的主题。新文化和白话文却深入人心,如果没有新文化和白话文,从信息学角度上看,世界先进的技术,翻译上就是跨不过去的坎儿;教育和文化议题是当初最直接、最果敢和最触动心灵的,经过了100年,也许是变化最小的。对儒家文化以至于对国人的批判,从胡适开始,到林语堂、柏杨后,不但逐渐悄无声息,领军人物也由主流发言人变成了极端另类人物。不但如此,胡适自己,也经历了反孔的少年到儒者的风范。

有人用中华文化的强大力量来形容,有人用中国教育根深蒂固来解释,那么,从教育学角度讲,孔子和儒家的力量为何如此强大或者根深蒂固? 以至于反对者皈依、众生臣服,100年后仍然回到起点? 随着中国国力的增强,孔家店不但没有打倒,孔子的家乡济宁被国家课题定为"中国的文化副都"、接受西方教育多年的学者率领弟子齐妆跪拜、"孔子学院"布满全球。有证据表明,孔子正冲破历朝K线图的阻力位,达到2500年来的高点。

也许,我们反思文化的根源,应该从反思教育开始,而反思教育,应该从反思孔子开始。幸运的是,孔子留下了大量的故事和对话,我们也许可以从这些故事和对话开始。我不是研究孔子的专家,也生怕如胡适般走入孔子他老人家为后世设计的迷魂阵。我就用社会化网络和信息学的角度来分析一下吧。

2011年11月25日,我随同著名信息管理专家薛华成教授考察南方科技大学,面对着这个希望改变中国高等教育现状的校园,薛教授提出了他的"中国高等教育10大问题":

1. 大学的共产主义远景是什么? Communist词根是Community,意为和谐美好社区之意,大学的长远目标到底怎么美好?
2. 我国大学和美国大学相比,谁离共产主义更近,哪些地方近,哪些地方远?
3. 大学的目的主要是为满足人们的文化需求,还是培养人才?
4. 大学的主要任务是为培养人,还是传授知识和技能?
5. 大学的治理是否应实行"教授治校,学术自由"?
6. 大学的培养流程是否应柔性化,如实行"全学分制"?

7. 大学应如何建成"学习型、扁平化"的知识型组织?
8. 大学是否应市场化,适应市场需求?
9. 大学的形式是否是未来企业的模式?
10. 目前大学"创新难出,大师难现,腐败易生,官气熏天"根源在哪里?

陪同完薛老师考察不久,我就来到美国,带着这 10 个问题,我寻找导师提出的命题的答案。这些系列文章,也起源于薛老师的启发。美国的事情考虑一阶段后,我用薛老师的问题,正好研究孔子,而研究孔子,最好从他的对话开始。"孔子学院"在 2500 年前正好为我们提供了《论语》这个教材和日志,于是我将论语全部读了一遍,将人物和对话以及直接交往的在世人物录入矩阵,使用 UCINET 进行了一下初步分析。

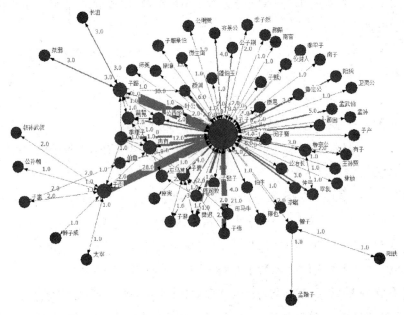

图 3-20 《论语》社会网络关系图

谈到大数据,往往讲到今天的教育和未来的教育,其实,像春秋时代的孔子、古希腊的柏拉图、宋朝的朱熹,甚至红楼梦,运用当代的数据处理技术,往往能够验证过去的人们的感觉、设想,只要当初的作者留下来的作品和背景材料足够多。从论语输入数据库得到的这张图我们可以清晰看出以下结论:

1. 孔子交往和花工夫最多的是这些人物:子贡(孔子的富豪学生)、子路(孔子的保镖学生)、子夏(晚年孔子的秘书,孔子得意门生)、季康子(鲁国首富)、冉有

(正直开朗有管理才能的学生,由于政见不合被孔子逐出师门)、曾皙(孔子早年的学生)、公西华(擅长交际,孔子的公关大使)、子张(交往虽多,关照不多,孔子基本不主动搭理的学生)。

2. 孔子非常让后世的儒学失望,他根本不是只读圣贤书的人,还把自己称作圣贤。孔子喜欢交往权贵、富翁和秘书,孔子让子贡给自己交往政治家,子路当跑腿的,冉有交往本地贵族和富翁,子夏控制言论和替自己写论文,这与今天的大学校长们和官员没有什么区别,读《论语》,是中国人官场文化的起点,孔子是示范。

3. 孔子师范学院里面,只有孔子一个老师,其他人的社会网络也是为孔子服务的,并不是老师,孔子说的和做的完全不是一回事,一言堂从孔子开始。子夏只有当孔子去世以后才可以以孔子和孔子师范学院的名义发表论文和招生。

4. 除了几个心腹,孔子师范学院的学生之间是没有什么交往证据的,几个心腹的交往也是严格被孔子管制的,孔子所说的每个学生都可以有自己的前途和发展一定是导师认可和可控的范围内才行,冉有由于和孔子战略不符而被逐出家门,其实是给另外的学生颜色看,以至于另外一个学生子贡被认为比孔子才能高而惊吓过度。

5. 孔子非常热衷与和政治家和权贵交往:齐景公、鲁哀公、季康子、季平子、卫灵公,这种交往基本上是孔子私密的和单向的,冉有就因为孔子的客户更喜欢自己的学生而惹上麻烦。

6. 子张和曾子是孔子基本上不多关照的人物,其中,子张只问孔子才答,而曾子跟随孔子 11 年,孔子似乎只在记录中瞄过他一眼。然而,这两个人和孔子的秘书子夏一起,构成了传播儒学最重要的人物。曾子成为孔子真正的继承者,在论语中独立发言次数也不少,《大学》为曾子所著,曾子更培养了孟子这个学生。而孔子最器重和花功夫的学生子路"不得好死",而子贡也建树不多。曾子在孔子在世的时候,就有自己独到的见解和独立的发言群体和交往圈子。

7. 孔子在中国历史上比较早使用死人压活人的教师。颜回是孔子力捧的劳动模范,然而,颜回本人影响力也有限。

3.9 实验教育与"百家讲坛"

工程类的学生培养模式经过了粉笔、PPT、模拟、工程几个阶段的发展,然而在中国,每到一个新的学校要建设实验室的时候,就会发现,很多教师又缩回 PPT 时代,为什么呢?难道工程化的实验室不比模拟的和书本的更好吗?

要回答这个问题,得回到中国的教育体制上来,不了解和理解这点,这个问题就不好解决。我一直说:"中国高等教育又一个伟大而艰巨的使命,那就是把一批满怀热望经过严格高考筛选的莘莘学子,培养成对工作一无是处的毕业生。"为什么这样说呢?那是因为,我们的大学是垄断的,这些垄断的大学里面的教师,是跟着教育部的指标走的,而无论学术职称还是学校地位,没有一个好大学是和学生质量相关的。

我们还要了解一个事情,那就是为什么要上工程化的平台,到底对学生有什么好处?一个工程化的平台,其成本往往是模拟仿真的十倍,很多实验却很难做。要知道这其中的原因,就一定要对两件事情进行分析,其一:本科教育的宗旨是什么?是动手能力吗?它和职业前培训有什么区别;其二,模拟教学的问题在哪里?为什么不能够代替工程化实验室?

很多训练工科专业的实验室走过了两个阶段,为学校服务和为实验中心服务,然而无论我们的实验指导书多么漂亮、我们的验收资料多么完善、我们的实验想得多么周到,一个不争的事实就是,学生不能得到非常更加有益的全方位帮助、实验室多数时间在闲置、老师不敢上课。

中国 30 年高等教育最大失败的两个专业是英语和计算机,最成功的应该是医学,有时候我在想,计算机专业应该引入医学的附属医院模式,有时候又在想,也许把计算机应用专业放在外语系可能效果更好,事实证明,以上的设想并非天方夜谭,在澳大利亚很多的软件编程确实是外语学院里面的专业。

我曾经让研究生做过一个调查,把国内的核心刊物上的实验室论文和国际上 EI 论文进行了一个对比,基本的结论是国内的文章没有什么参照价值,原因是什么呢?并不是国内的文章深度不够,而是立脚点根本不对,反观英文原刊杂志论文,更重要的是基于教育学的信息化实验搭建,不忽悠、直面问题、解决问题,我想,实验回归教育本质,理解和支持教育和教育学者,是根本的根本。

东华大学计算机学院的史又群教授一席话很受让我用:"我们多年的计算机教育,人为地把一个完整的系统和人的学习的过程切分成很多毫不相关的知识点。"在进行实验教学设计的时候,我们首先要区别出大学教育和培训机构不同的四个能力培养。上海庚商公司的叶铭博士提出工科专业课程教育的四个能力培养:专业协作能力、专业写作能力、专业搜索能力、专业外语能力,其实,这不仅仅是工科的专业能力培养,也是大学教育与培训机构最大的不同。

1. 专业协作能力：考证族（我们称为 Paper）之间，之所以很难建立深厚的感情和专业联系，很重要的就是很难形成专业协作能力。在很多实验室建立的六角桌，其实是 Seminar 协作学习很重要的一种教育场景。任务教学、团队小组作业等，非常重视的就是在单体知识无法完成的专业协作能力。

2. 专业写作能力：技术人员的工资从 2000 到 8000，除了技术因素，更多的因素来源于专业写作能力的差距，尤其对于管理相关的专业。因此，综合性实验和标书、论文等，是非常重要的能力。

3. 专业搜索能力：搜索引擎的使用情况，很大程度体现出个人的能力，尤其是 IT 类知识更新特别快的专业。职业培训和大学教育的不同也很大程度体现在知识的建构而不只是知识本身。然而，专业搜索能力不仅仅体现在百度和谷歌，作为学科建设来讲，信息化应该提供更加专业的经过筛选的专业信息以及学生搜索使用专业信息的能力。

4. 专业外语能力：知识的更新如果希望站在前沿，一手信息的直接搜索非常重要，而专业外语能力也是大学教育与职业培训机构最大的不同。

在强调实践能力的今天，我们有一种误区，那就是简单地把本科生的实践能力等同于动手能力。其实仔细分析一下身边计算机高手的成长道路，我们就会发现，他们都不是证书培养出来的，这些证书的培养比学校的动手严密得多。我发现，更多的人是从问题出发，依靠自己大学训练出来的逻辑能力，依靠实际环境琢磨出来的，在我调查的身边 50 个计算机高手中，竟然有 35 个非计算机专业这样出身的人。那么我们是否可以定义，逻辑思维和判断能力加上真实场景和真实问题，能够造就一个人才的自我发展。

模拟教学似乎解决了动手的问题，就像托福考试一样，一个模拟教学的软件，能够模拟很多现场的环境，然而，也就像托福考试一样，我们大量的网络工程师：CCIE 和 CCNP 被称为纸上证书，为什么呢？如果没有真正上过工程化实验课程是不会体会这一点的。我在上课的时候，会经常发现不同的机器出现不同的场景和不同的故障，一般的老师会觉得这些问题模拟系统不会出现，而我具备多年的工程经验，却告诉学生正是这些问题，才是正常工程中 95% 出现的问题，才是我们要学习和研究的，正是如此，我们的知识才学得扎实，我们才不会变得 paper 化。例如，当一个班 36 个学生都在拼一个地址的时候，有一半学生是做不了实验的，我可以问他们网络流量和负荷的问题,而这些问题,在模拟系统是不会出现的。

关于工程化实验室教学方法对比模拟的好处,总结下来有以下几点:

1. 现实工程90%的问题,以理想环境为假设的模拟系统是不可能出现的;
2. 本科教育甚至大专,大学教育的根本目的不是训练技巧,而是技能加知识;
3. 就连最好的思科认证,业内也有"PAPER CCIE"之说,"体验"和"感知"对人技能的触动是完全不同的,正如我大学亲自做了一个金工的榔头,比模拟多少遍体会都深;
4. 还原身边几十位计算机高手的发展历程,实战环节和实战的困惑的解决,几乎是唯一途径;
5. 从周边教育得到的启示也是如此,从小到大学英语十年,不如到国外待上一年;
6. 工程化训练对于教师的进步、对于研究生的进步,是模拟系统无法企及的;
7. 从上课的效果来看,学生天生对真实的设备的好奇要大、兴趣要浓;
8. 从学院的招生宣传、对外宣传、信任宣传、争取课题等方面来讲,真实环境效果更好;
9. 硬件环境比模拟系统有一个没有的好处,就是因为有了这些设备而引发新的研究设想和之后的实践活动;
10. 对于科研活动的支持,对于教师对外争取横向、纵向的科研活动的好处,大大好于模拟;

既然工程化实验系统有如此多好处,为什么还有很多抗性呢?

1. 价格上,工程化实验室无论是场地规模和投资,都大大高于模拟系统;
2. 无论配备多齐全的设备,也很难保证每个学生同时进行实验;
3. 目前的教育体系教师压力很大、准备时间很长、怕在学生面前露怯等问题并没有很好解决;
4. 课堂上出现意外和进行不下去可能性更大;
5. 理论和实践的融合方面,由于真实系统的接口原因,比较困难;
6. 在课件的展示效果方面,由于是真实设备,相对枯燥。

如何解决以上的问题呢?突然想到,真实系统、模拟系统的对比,其实有点像评书和百家讲坛的对比;

1. 观众愿意看到"真"的学者说的"真"的历史，而不是"模拟"的说书创造的"模拟"的场景；

2. 真的学者的讲解其实是很枯燥的，到目前，说书人的技能还远远超过学者；

3. 说书的成本很低，学者的成本很高；说书的可以说完三国说抗日，学者不能说完三国讲红楼；

4. 说书是体会一种技能，百家讲坛是得到一种知识。

我们把说书的单田芳比做模拟系统，把钱文忠的《玄奘西游记》比作工程化实验，我们看，"百家讲坛"是如何改进避免问题的：

1. 为了避免学术的枯燥问题，百家讲坛让学者连续说话不超过5分钟，动画、真实场景、文字、图像穿插非常多；这点上，无论是美国的可汗学院经验还是Udacity的课程，都是如此。

2. "百家讲坛"使用了大量的主持人旁白；

3. "百家讲坛"使用了真实观众的笑声和互动；

4. "百家讲坛"使用了大量的文献来源介绍激发观众的学习兴趣；

5. "百家讲坛"使用了大量观众容易接受的现代语言而不是学术语言帮助观众理解；

6. 多媒体的展示上，百家讲坛使用了大量的视频、动画等插播。

我们再回想一个很有趣的事情，就是被诟病青歌赛点评"太酸"而离开这个节目没多久后的余秋雨又重新回到青年歌手大奖赛。是的，缺少了文化素质点评的青年歌手大奖赛，对于大多数不懂专业判断的观众来说，收视率大大下降。另外一个佐证就是，以谈话见长的余秋雨《秋雨时分》，在香港电视台半个小时自己说，节目就办不下去了，而李敖的《李敖有话说》，天天评论新的社会政治现象可以连办几年。可见，观众对于真实和学问的追求，也一定依靠某种合适的展示方式和表达方式才行。

教育学的东西，不仅在于教育的内容，而在于教育信息的表达。

3.10 线上线下(O2O)与混合学习趋势

在卡内基美隆大学访学的时候，看到一个教授写的一本专著，讲网络时代的爱情，他通过社交媒体的访谈和实验，提出了一个很有趣的观点：在线社交媒体中，人们比以往更加浪漫，感情更加丰富细腻。设想一下两种对比的情况：线下面对面的表白"我爱你"酝酿半年,以及男孩子通过社交媒体似是而非地不断使用社交新词的隐喻不断试探女孩子的底线。

每次新技术的出现,总是给人们很大的预期,大规模在线课程(Mooc)、微课程的出现,与30年前的电化教育、20年前的PPT教育、10年前的网络教育普及与发展过程一样:刚开始新潮的人们总是幻想着技术能够改变一切,伴随着技术的现实幻灭过程,人们的学习行为悄悄发生着革命。相比起30年前,大学已经很难能够找到用粉笔写字的老师了,而停电这种最严重的技术事故,我想80%的课堂会无法继续,与此同时,新技术让教师的授课比以往容易很多、课堂的信息量也大幅度地增加。

事实上,纯粹通过虚拟空间技术学习与传统教育中的说教是一回事。中国古代开始,对教师的要求就有"立言、立行""言传、身教"的混合要求,而最近一波在线教育热潮,又使很多人忘记了"混合"这个词汇的含义。

15年前的电子商务,经历了一场类似的变革,1999年,大量的互联网泡沫破碎,使得"鼠标+水泥"这种混合模式开始得到重视,于是,携程旅行网、淘宝等新的一批互联网公司引领电子商务模式的时候,才挽救了电子商务。今天,这种线下+线上的模式有了一个更新的版本:"O2O"。

事实上,如果我们把"信息技术"看得更加宽泛一些,教育重来就是混合的:

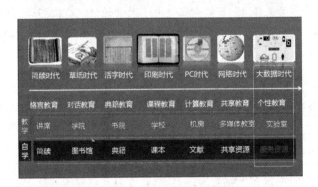

图3-21 技术与混合教育的发展

O2O(Online To Offline)指的是线上到线下,一种模式,立足于资源,线上线下并重,形成有机融合的整体。今后的教育,由于有了线上的帮助和大数据的技术,在以下的模式方面,会产生革命性的变革:

商业模式:过去的教育,无论是政府还是社会,重点关注的不是学生、不是教师,而是大学,而一切服务机构,关注的重点也是如此。这方面,与电子商务的发展初期相似:做生意老生常谈的三个要素,第一地段、第二地段、第三还是地段,只要有一个好的商场,就等于拥有了决定性的因素。这些年的电子商务情况已经彻底颠覆:技术的发展,已经使得客户行为成为第一重点。目前的Mooc平台也好、微课平台也好,技术服务机构提供的模式无非是B-U(服务于大学管理机构)、B-I(服务于学院教学实体)、B-T(服务于教师)、B-S(服务于学生)、B-B(通过学生的数据服务服务于第三方机构,如用人单位等)。Edx的诞生,是美国若干所著名大学联盟成立的大规模课程平台,是服务于大学的,在商业模式方面与2002年的Moodle平台(澳大利亚)和2006年成立的Sakai平台是一回事。而可汗教育与中国的网易公开课,其定位是完全不同的,是更倾向于学生和教师的平台。

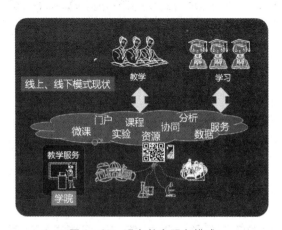

图3-22　现有教育服务模式

　　商业模式决定了技术模式。由于目前的线上和线下的教育割裂,造成了在教育上的发展远远落后于电子商务。非常多的新兴组织在进行教育革命的时候,忽视了千百年来教育所依赖的实体线下资源的不可或缺性:实验室、教师、仪器设备、建筑物、社交和文化历史传承以至于校园的课堂和绿地;而传统的大学在进行现代科技的改造的时候,所采用的割裂的技术措施(例如专门成立的现代教育中心、网络中心、网络学院等),总是以失败的实践而告终。新型的校园,来自于商业服务模式变化所引起的技术混合的应用:不再是类似电子商务初期建立一个网站和内部应用的信息化,教育也会学习电子商务发展成熟阶段的社会网络和社会资源的应用:如学校实体资源和虚拟资源的混合、校内资源和社会资源的混合、现实和虚拟的混合、硬件和软件的混合、私有云和公有云的混合、现实增强和增强现实的混合等等。

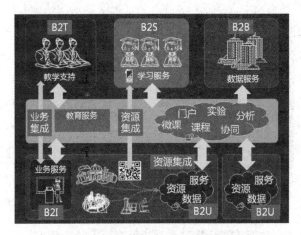

图 3-23 将来教育服务模式

技术模式决定了服务模式。今后的大学,私有云将越来越少,而是越来越多的混合云架构:基于任务教学的大数据服务、微课、课程、实验等,越来越依赖于第三方公有云的服务,更加高效;大学大规模买软件的时代即将过去,而变成基于云服务的"买服务"、"买数据"模式。这就像人们去医院体检,"不是为了去扎几针获取痛苦,而是为了获取体检报告",越来越多的教育混合云的使用,使得教育和学习评估,更加准确和高效。

图 3-24 未来校园的服务模式

这样,今后的教育空间,将会整合实体和虚拟的资源,围绕学习空间,营造一个"放下身段"的服务模式,学校不仅不会消失,反而会得到加强,只不过,学校将更加依赖于公共社会的第三方服务,自身更加关注核心教育流程和教育资源的组织。

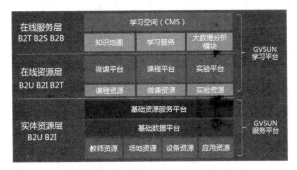

图 3-25　未来 O2O 的学习服务模式

3.11　网络探究与"任务十要"

图 3-26　每学期结束,韦恩助理教授都会让他 120 个学生用作品来完成他这门嵌入式设计课程

　　从 2003 年到 2014 年的每一个学期,美国卡内基美隆大学都有一门课 18-549,会吸引非常多的参观者:学期结束不是考试,而是作品考核,连续多年,由 Boss、因特尔等几十家知名公司支持的这门课程,都要求学生在 15 周的时间里面,设计出一个"真实可用的"嵌入式操作系统设计作品:3D 打印机、机器人、自动流量控制器、飞行器等等。2012 年起,韦恩助理教授更是将整个卡内基美隆体育馆给包了下来,邀请全校的师生来观摩他的课程。韦恩教授已经 30 多岁了,还是个助理教授,但这并不能阻止他的课成为最受欢迎的课程之一,因为,在来卡内基美隆之前,他已经是因特尔公司的经理了,自从他来了之后,卡内基美隆大学不仅能得到不少捐款,选他课程的同学,还能够得到由他老东家提供的开发平台以及每学期 5 万美金的课程建设费用。

是的,卡内基美隆大学之所以短短几十年能够走上全世界计算机学科的巅峰,就是在于"玩真的"。而学生们的任务教学,成为天经地义的事情。我曾经陪同研究生上过一门课程:视频互动,交作业的那天一样是所有的小组同学拿出真东西(经过15周的学习和实验,同学们的东西任何一件都可以成为中国主流城市高新技术产品):摄像头录播跟踪系统、停车场查车系统、主持人微笑打分系统、武术打分系统等等。我亲眼看到一组印度学生在演示的时候没有成功而泪流满面:这意味着,这组学生的GPA将极大受损,也意味着毕业薪水将下降1万美金以上!

任务教学法(task-based approach)是一种建立在"建构主义(constructivism)"理论基础上的教学法。这种理论认为,学生知识的获得主要不是靠教师传授,而是学习者在一定的情境(即社会文化背景)下,借助他人(包括教师和学习伙伴)的帮助,利用必要的学习资料,通过意义建构方式获得。学生的学习活动与任务或问题相结合,以探索问题来引导和维持学习者的学习兴趣和动机;创建真实的教学环境,让学生带着真实的任务去学习,在这个过程中,学生拥有学习的主动权,教师能动地引导和激励,使学生真正掌握所学内容,并通过任务举一反三。

并不是每个老师都有韦恩教授那么有钱,也并不是每个大学都有可能与国际主流公司密切合作的。然而,由于互联网的发展,通过网络探究模式,为学生准备大量资源,通过线上线下互动的任务教学,却可以达到类似的效果。

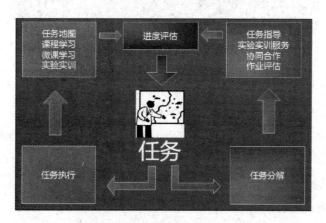

图3-27 基于网络探究的任务教学

事实上,自从美国学者B. Dodge和T. March 1995年提出的WebQuest教学模式以来,大家所重视的重点都在于网络,而忽视了探究本身。那么,在混合模式主宰教育的历史和未来,网络探究如何和任务教学完美结合呢?我总结了完成网络探究和任务

教学十个最重要的要素,简称任务十要:

1. 任务要"聚":搜索、阅读、辨别真伪!

2012年的联合国教育大奖给了印度教育学家苏迦特,苏迦特对于现代教育提出一个革命性的提法:"互联网时代未来孩子最重要的三种技能:搜索、阅读、辨别真伪!"知识已经不是教师和学校垄断了,而思维技能,是学生真正能够从学校应该得到的东西。因此,我们每一次作业、每一次任务,都应该针对阅读、搜索、辨别真伪而设计,而不是像以往那样针对知识记忆。上图是一个简单的例证:需要学生掌握搜索,就要给学生空间:"光大证券乌龙指事件是怎么回事,要学生去找";针对这样一个简单的事件,需要学生大量的阅读相关标准,这个时候,教师的资源系统就会发挥作用,而不是教会学生知识,这一门课我有1200多个学生文件,而不是仅仅一本书,充分发挥了网络探究平台的作用;辨别真伪,是教师最应该设计给学生锻炼的能力,在上述案例中,我设计了似是而非的答案,让学生锻炼各种概念的区别。

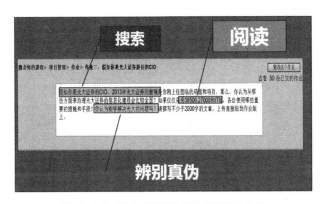

图3-28　魏忠老师"IT项目管理"作业例

2. 任务要"分":任务探究的4种策略

并不是教师将资源放到网上,布置真实作业,任务教学就完成任务了。大致说来,针对知识和学生状态的不同,会有四种任务教学策略。

第一种叫支架式教学,就是给学生搭建知识资源的脚手架,比较适合处于态如饥似渴的学生和状态。例如,我在上信息网络安全一门课程的时候,看全体学生都对黑客技术感兴趣,却无从下手,于是编制了一个具有12个典型漏洞的网站:"漏洞网",让学生去攻击。学生非常希望能够达到目的,兴趣浓厚就是不知道如何去学习,于是,

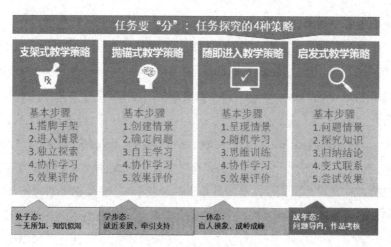

图 3-29 任务教学的 4 种策略

在这个网站后面,我布置了支架"攻击工具"、还布置了相类似的攻击案例和录屏、还布置了相关知识点的考试帮助理解,于是,一门非常难教的课程,就很容易让学生掌握了。

第二种叫抛锚式教育策略。学生处于学步态,兴趣未必有那么浓厚难度却很大,这个时候,应该寻找学生能够理解的就近知识发展区去布置任务。在我的一门网络工程管理课程中,学生最终要使用专用的 Visio 工具和 Project 工具来制作投标文件,在布置初始作业的时候,我采用他们能够理解和感兴趣的任务:用 Visio 画自己家的小区平面图、用 Project 规划自己 30 年人生等等。

第三种叫随机进入教育策略。为了帮助学生全面理解某个知识的建构,需要从不同侧面去看待同样一个事物,我经常参照狄仁杰的方法,例如,IT 项目管理课程,我要求学生从监理、后评估、审计、安全、质量多个角度,用多个标准来评价同样一个案例。

第四种叫启发式教学。对于成熟、具有自制力和自学能力的学生或者具有这样特点的课程,教师最重要的是提出问题,提供充分的资源,让学生制作作品。

3. 任务要"真"

真问题特别容易让学生感兴趣,也更容易让学生跨过一门课程的起步门槛。连续 6 年,我尝试在网络工程课程的最后阶段,让学生以小组为单位去投标一个真实存在的上海政府采购项目:从技术到价格、从标书到原型、从厂商到解决方案,学生感觉到一毕业就能找到自己的施展空间事实也是如此。

4. 任务要"实"

不仅问题要真,学生解决问题后所得到的结论,最好是实际有用的、可感受的。例如,"IT项目管理"这门课程,最后学生得到的任务作业是通过我给的300多个真实文件构成的一个项目的资料,来撰写一个真实的"IT审计报告"。

5. 任务要"简"

学习的复杂性,恰恰要求教师布置任务要非常明确让学生知道学完这门课程后,能够达到什么作用。信息安全课程的网站攻破、网络工程管理的投标书、IT项目管理中的审计报告,学生之所以在我尝试的这三门课兴趣弄弄,主要是能够非常清晰地说明白自己学到了什么、能干什么。

6. 任务要"明"

毕竟学习的目标性和考核的目标性,是很多学生关心的,因此在学期开始的时候,就应该明白无误地告诉学生评价标准:网络、实践、作品。

7. 任务要"串"

下面这张图,是我的"网络工程管理"课程给学生布置的作业:个人网页、动态域名、虚拟机、网络图、甘特图、三维图,等等,最后是真实投标。最后一个复杂的、综合型

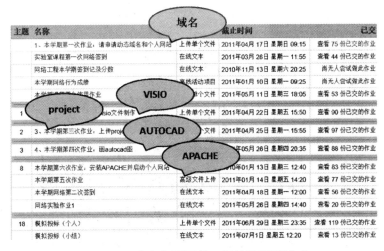

图 3-30 魏忠老师"网络工程管理"课程作业

的任务,是由前面不同基础任务串起来的,需要从简至难进行设计,除了设计,要发挥网络平台的优势,为学生提供经典的案例和最佳实践,学生比葫芦画瓢很容易学会。

8. 任务要"扶"

前面讲过,任务从简到繁是一个过程,而网络资源平台,就是一个扶持学生学习的支持系统。我们讲教学相长,在网络时代,教师和学生知识本身的差距并不大,教师要充分发挥科研和资源的优势,为学生提供更加专业和一线的资源支持。

9. 任务要"透"

教育的创新,一定有一个前提那就是学生的学习效果要提高而不能是降低。在网络支持环境和任务教学环境下,最容易疏忽的是学生的基础知识。为了弥补这个缺陷,我几年来,均采用将教科书重要知识点编成题库,要求学生在完成实体任务的同时,并简要完成在线的知识考试。

10. 任务要"动"

师生互动、现实和虚拟互动、课堂和实践互动,混合教育模式给了非常多的方法和手段,不仅能提高教学效果,还能够增强学习过程的趣味性。例如,在 Sakai 平台和 Moodle 平台与学生讨论、通过微信点名和沟通、建立 QQ 群、建立知识地图、微课程等等,新技术的使用,总能弥补师生的年龄差距,加强师生的信任和学习效果。

图 3-31 魏忠老师的网络工程管理课,将线上和线下一体化的知识地图融入课程的实践环节

第四章

此案，彼岸

4.1 "教育不公"背后的制度逻辑

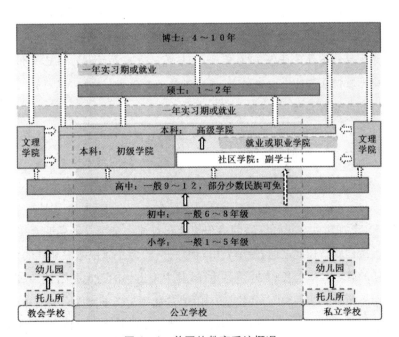

图4-1 美国的教育系统概况

假如你是来自中国上海最好的高中上海中学的学生,转来美国加州一所贵族私立走读高中读书,学费寄宿家庭费 5 万多,学业适应迅速,如鱼得水。但是如果赶得巧得话,按照中国人的标准,你这个精英考生至少可以体会 5 种不公平:

1. 你辛辛苦苦转到美国从高中开始读起的这所贵族中学,所在学校在被加州伯克利录取的名额是 3 个左右,而情况比你所在中学差很多的公立学校也有一个加州伯克利的名额,公立学校的那一个人的 SAT 成绩要排到你所在的贵族中学的第 50 名以后。

2. 无论是公立中学考核还是私立大学录取,参加大学录取的考生要和自己的本族竞争:也许你的 SAT 成绩是 2200 分,邻居的黑人兄弟杰克是 2100 分,其他基本一样,可是就是因为你是亚裔,你只能上南加州大学,而他去了加州理工学院,还得到奖学金。

3. 杰克的弟弟没有 SAT 成绩,甚至高中都没读完,没有关系,他直接上了华盛顿州不错的社区大学,2 年后成绩 GPA 达到 3.7,他转学来到南加州大学和你同学,4 年学费比你少缴一共 6 万美金,还比你年轻两年毕业。

4. 杰克的妹妹学习成绩不错,高中在一所很一般的本科学院提前修完大学两年的课程,高中毕业直接上大学三年级,也和你一起毕业,直接省了一半学费。

5. 你的女朋友听说社区大学便宜,也干脆从中国过来投奔社区大学读书,作为国际生她的学费是每年 9000 美元,入学后她发现年龄超过自己一倍的美国下岗大妈大叔们也在这个班级读书,不过不但不交学费,还可以通过读书获得政府每年 1 万美金的补助。

要解释美国以上的"教育不公平"这件事还真不容易,这还要从 100 多年前谈起,不过首先你要有耐心,其次不要认为仅仅是种族平衡,最后在我解释现实的过程中千万不要认为美国人傻,美国这经过 100 年筛选进化出来的种种制度,了解后才有资格评论。

1894 年,芝加哥大学年轻气盛的哈珀校长在石油大亨洛克菲勒的直接支持下迎来了哲学教授杜威。在此之前,哈珀利用石油大亨的天才演说才能和钱的力量,请来了 8 位在任的著名大学校长和 20 位系主任(其中最出格的行为是哈珀一次从克拉克大学心理中心挖走 2/3 的教师)。钱是管用的,芝加哥大学迅速成为美国知名大学,而杜威也迅速写出了自己的第一部哲学书。"美国人也有了自己的哲学"这件事让洛克菲勒和哈珀兴奋异常,石油大王说:"投资芝加哥大学是我一生最成功的买卖!"哈珀也信誓旦旦:"芝加哥大学的教育学能够成为美国第一。"

说哈珀与杜威是黄金搭档一点也不为过,尤其是他们在教育学上的一致看法。在哈珀之前,美国已经出现了文理学院两年初级学院学生转师范本科学院的雏形,得克萨斯州的教会大学贝勒大学在经济危机中与附近的教会学院也已经形成了"2+2"模式的初级学院与大学高级学院的转学模式。然而,是哈珀和杜威将教育的改革真正进行了下去并赋予理论支柱。哈珀认为大学的前两年学习与高中高年级更加相似,因此哈珀将芝加哥大学的前两年称为初级学院,后两年称为高级学院。而杜威的到来将哈珀的理想更加深入了一步,杜威并不满足写几本哲学书,他成立了教育学院并建立了第一所大学所属的中学和小学,并将大学预科思想融入学校实验,在这个实验学校里,杜威完成了他"做中学""教育即生活""学校即社会"的实用主义哲学理论的升华,通过对杜威的解读我们或许得到:教育中的知识和能力根本是不能分离的,教育的最终目标就是让教育持续,"教育的目的是要使个人能够继续他的教育……不是要在教育历程以外,去寻觅别的目的,把教育做这个别的目的的附属物"。在芝加哥大学和以后的持续进行的哈珀和杜威的教育理论争论在美国石破天惊,影响巨大。

前面说了这么多,现在点出迟迟出现的主题:教育公平和社会角度的教育目标。

有生之年,杜威就已经见到了自己的成果:两次世界大战的退伍浪潮使得职业培训迫在眉睫,杜鲁门总统建议初级学院改名社区学院以承担更多的教育职能;1949年退伍的哈佛MBA有3/4人员是退伍兵,而这些退伍的人,学习成绩未必出色,在后面的表现却是无法令人质疑:在后面的20年职业生涯中一半具有跨国公司总经理的成就;杜威和哈钦斯的争议也许在于:教育到底是像芝加哥大学第五任校长哈钦斯所说的有教养的人,还是杜威所说的教育的成功在于被教育者的教育能够持续下去?

杜威去世50年后的美国,已经呈现了杜威乐于见到的情况:46%的学生就读于社区学院,然后之中很大部分又转向4年制本科;而在名校本科之前很多高中生已经修完大学头两年的预科课程;美国的私立高中中的教会高中和寄宿高中逐步衰落,取而代之的是以社区居住地学区为主流的复杂人群的公立教育体系;高中生开始就与社区更加融入,成绩不再是衡量一切的标准,领导力和特长、公益和爱心活动、学业成绩、学校的过程考试成绩等形成综合的考评体系,而大学生在校甚至辞职创业成为家常便饭;基础教育、职业教育、研究教育的界限更加模糊和错位,终身教育已经成为一个社会需求。如果用过去50年的发展脉络来回顾的话,在总体社会层面很容易得出从欧洲继承下来的纯粹的精英教育朝着教育的社区化迈进的结论,杜威的实用主义教育肯定是占了上风的:教育即生活、学校即社会。

对了,读到这里,聪明一点的你也许会被我这个讲糊涂故事的人逐步说明白了:对于美国来说,教育总体的配置,已经全面应验了杜威100年前的论述:教育就是教育,被教育者本身的教育持续就是目的,应对教育任何外在的目标都要警觉。杜威的教育论述更多的是从个体层面进行的,如果把杜威的理论从推广到教育制度层面:教育的成功就是受教育者的教育能够持续,那么前面的5个不公平似乎可以解释得更清晰一些:

1. 虽然你所在的贵族学校的第五十名的高考成绩要高于公立学校的第一名,然而加州伯克利认为那个第一名的学生的教育也许更加能够持续,因为他在公立学区连续保证第一更加难得;而加州教育部门认为,每个学区都有人通过努力能够上名校,更能让更多的人的教育继续下去。

2. 黑人兄弟的学习成绩也许不如亚裔,然而比起相差100分的高考学业成绩来说,他在本族群众体现的优异特性,更能体现他的潜质以及他将来的教育能够持续;而加州纳税人的角度,每个种族都有希望这件事情,会让教育更能够广泛持续,而杜威100年前也大致这样认为。

3. 杰克的弟弟也许根本不是做研究的料,事实上南加州大学也根本不指望多数学生将来从事研究工作。然而杰克的弟弟在社区学校体现的优异的学业分数,已经证明了他很努力,他的教育能够持续下去,有理由相信杰克的弟弟来到南加州大学也会努力,从这个角度上,南加州大学要放弃一些凤尾,选择这样的鸡头;而站在加州整体上考虑,占将近一半的社区学院的学生能够有希望接受更高的教育,是教育能够持续非常重要的基础。

4. 杰克的妹妹在高中就读完大学的基础课程,证明了她的教育的持续性,通过这个手段,更多贫苦而优异的孩子能够上得起南加州大学,而南加州大学这笔生意也划算:直接从社区大学挑走优等学生,校友总数会增加的,将来的捐款候选人也会增加;站在杜威和哈珀的角度,本来教育就应该是连续的。

5. 本县、本州的学费比起外州和外国人优惠,是纳税人的权利,也是教育能够持续的重要支柱。通过学费杠杆,年轻的劳动力留在本纳税区,会有利于本地经济良性循环。而下岗的老大妈们,政府与其白发他们失业金,不如让他们提高面对就业的自身能力。最后一条,恰恰应验了杜威100年前的终身教育的理念,事实上想一想就明白,持续一生的教育不就是终生教育?

通过以上说明，大家明白了社区学院的来龙去脉与理论溯源。是的，得益于包括100多年前哈珀和杜威等人的努力，美国形成了如今多元的高等教育格局和教育社区化趋势，在此过程中一些历史和政治因素也功不可没：二战的军人退伍；二战后的婴儿潮；肯尼迪约翰逊总统的高等教育法案、向贫困宣战计划、伟大社会计划；民权运动；美国社区学院联盟的成立以及起作用等等。

目前在美国已经有超过1200所的社区大学，在线学生数目超过总学生数目的46%，所有的州立法都规定公立大学应录取一定比例的社区学院的学生，很多私立大学也接受指定目录的社区大学的转学生。美国的本州学生社区学院平均收费3000美金每年，是公立大学的近1/3，是私立大学的1/4；对于非本州和本国学生，社区学院更加物美价廉。更加重要的是，社区大学几乎不需要高考成绩的"零门槛"和小班化教育。

近年来，美国对中国签证放宽，再加上美国的社区大学逐渐得到中国留学生及其家长的了解，进入社区大学就学的学生呈飞速发展的势头，相对于澳大利亚和英国的教育，美国的教育资源更加丰富，这也赢得了越来越多的留学生的青睐。更加重要的是，美国的教育资源过剩和中国的教育资源紧缺的背景下和经济危机的影响，越来越多的美国社区大学更加重视中国学生的招生。留学生资历造假等负面影响，让美国的本科以上大学也更愿意从社区大学录取学业记录更加可靠的中国留学生。当然，留学生去社区大学的目的，不一定是为了省钱，而是为了得到奋斗成才的机会，而针对社区大学没有宿舍，学生成分复杂，选课和转学技术性强的特点，也有一些美国教育践行者开拓了针对中国学生的、有更多保障的附加辅导。

杜威的理论如果我们延伸一些，我们也可以分析一下中国大学的985、211、一本、二本、三本分类，以及基础教育的择校费和精英重点学校问题。目前绝大多数对上述的质疑是从教育公平角度进行的，却并没有注意更加严重的社会效率问题。教育的连续性认为"一个人如果念完一个教育阶段，或是他念完了数学第一册，却不想再继续念下去，这代表教育是失败的"，那么教育制度的好与不好，就可以从是否能够支持教育连续性进行社会总体效率的评判。如果将杜威的理论延伸到教育制度，可以看到美国教育走的路在于将公平融入效率，而不是仅仅追求公平。从这个角度上讲，中国当今的精英教育，如此多的等级制的筛选体制以及如此多拼搏了10多年的硕士博士毕业以后进入被保护的稳定行业（或者进入内部竞争相对很弱的就业状态）然后不再学习，与美国教育所形成的支持和倾斜给予任何希望继续学习的人以机会，以上两者在教育配置上的制度逻辑的区别,确实值得我们反思。

(本节由陈航、邝红军参与撰写)

4.2 紧急救援中的技术问题

小时候妈妈就经常逗我:"将来你结婚了,妈妈和你媳妇都掉进了河里,你先救谁?"旁人哈哈大笑的时候,我一本正经地说:"当然先救妈妈!"女儿开始懂事了,我和妻子用类似的问题逗女儿:"爸爸好,还是妈妈好?"旁人哈哈大笑的时候,女儿说:"爸爸妈妈都好!"

儿童时期的玩笑不论多么"可乐",在危险和矛盾真实地发生时,却不全然由个人来决定和选择。有些国家的文化也许是要求先救妈妈,不然会被石头砸死;有些地方的人要看女方家族的势力大小,不然可能会被小舅子打死……中国几千年来的文化在此类问题上似乎没提供多少可操作的答案,常常只是终结于道德的评判。事实上,当母亲和媳妇真的都落入水中时,大概不会首先考虑"先救谁"的问题,更重要的问题是"怎么救"——谁更容易救?救人的流程是怎样的,等等。纠结于"先救、后救",会耽误大事。在此意义上说,在紧急救援中,道德是个伪问题,技术才是真问题!

2013年4月20日8时02分,四川省雅安市芦山县(北纬30.3,东经103.0)发生7.0级地震,震源深度13公里,震中距成都约100公里。

地震发生时,部分高三学生仍在学校上课。教师不顾个人安危,及时转移学生。"同学们先走,我断后",充分体现了舍生忘死、爱生如子的高尚师德。采访中,我们发现,这些平时并不是领导们认为的特别优秀的教师,却在最危难的时刻用行动诠释了什么是人性,什么才是真正的坚守。

然而,就在地震发生的危难瞬间,学生们却不让教师最后一个离开,强拉着教师一起冲出教室。这种以实际行动诠释的学生对教师的尊重着实令人感佩。地震发生后,在余震不断发生的情况下,几名曾因调皮将被开除的学生却率先当起了志愿者,为受灾群众搭帐篷,充分彰显了人性的伟大,也为在"唯分数论"为评价标准的现行教育制度下,我们到底应该怎样评价教育、评价教师和学生,带给我们更深的思考。

上面的这则新闻描述的是一个事实,这个事实似乎与2008年5.12大地震中著名的"跑跑事件"刚好相反。然而,在我看来,5年时间过去了,上一次的巨大地震并没有使我们变得更理智、更专业。相反,正如王则柯教授所言,"智慧被善良蒙蔽",道德主义渲染和主宰着舆情民意,明智的救援流程问题被搁置一边。

我们再看这篇报道的关键词和关键句:高尚师德;不顾个人安危,转移学生;同学们先走,我断后;不是领导们认为特别优秀的教师;学生们强拉着老师走出了教室;对老师的尊重;被开除的学生首先做了志愿者;唯分数论评价学生。这则报道凸出表达了一个意思,那就是除了道德,还是道德!然而,这样的报道有严重的缺失和隐患:今后再有发生同样的危难场景,什么东西能够保证救援的效果?

读者可以与我一样,在搜索引擎中分别输入中文"地震、教师、责任"和英文"earthquake, teachers, responsibility"。我们可以得到如下图所示的结果(为了避免最近发生的地震新闻对搜索结果的影响,我还在搜索时间的设定上作了处理,并且屏蔽了"汶川"之类的关键词)。

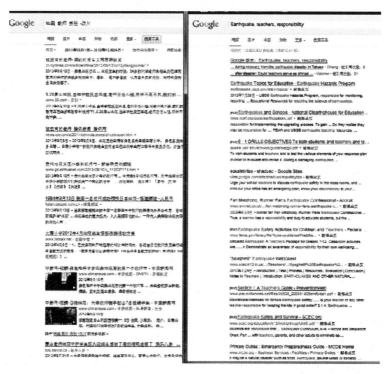

图4-2

上面的截图清晰无误表明了中国人遇到灾难时的"道德情节":搜索结果的前面几

页几乎都只是道德评判。这种评判似乎会永远地进行下去，也永远没有明确的结论，所剩的仅是指责、弘扬、反思，如此周而复始。搜索英文的结果显示，绝大部分内容都是关于师生怎样救助的，包括规则、流程、技术、指南等。

打开搜索结果链接的内容，我们会得到更多的结论。在日本地震的时候，教师必须做的事和说的话："隐蔽"、"不准喧哗"、"报住桌子腿"、"告诉我有没有同学受伤"、"左边的一排可以撤退了"、"听我指挥"。在美国，对学生的要求是：卧倒、隐蔽、抱住桌子腿；对教师的明确指示是：隐蔽、保持冷静、指挥救援。如果诸位有兴趣，可以查一查，几乎没有关于教师是否应该最先离开的任何规定。为什么呢？因为，在科学的眼光里，救援是个技术活儿！

关于教师在地震发生时的角色，美国的不同州有不同的要求。例如，加州等同于救援人员和火车司机。火车司机当然不能随便弃车逃跑，但也没有必要最后一个离开火车。那么，在救灾技术层面，如何规范"火车司机"的行为呢？

几乎一致的，欧美和日本的要求是：教师必须和学生在一起，必须指挥救援。我女儿在美国读书一年，学校拉响了5次警报。让我惊讶的是，竟然从来没有预告和事先的专门训练。当毫无预告的警报拉响时，正在上课的教室立刻安静了下来，紧接着，学生按照顺序离开教室，从各种安全通道疏散，教师也没有更多的言语，更多的是安静地用手势让大家加快速度。"与学生在一起"这个指令，其实非常实用。并不要求教师最后一个离开教室，而是要求永远站在能够看见更多学生的地方。对于地震这种灾难来说，"断后"是个伪命题，因为往往最危险的地方并不是后面。

如果不要求教师"最后离开教室"，是否会出现教师首先逃离的情形？也许会有，但这不会是理性的选择。如果"没有与学生在一起"，这样的教师可能因为违反校规而已经被开除；如果首先跑出去，经过训练的教师都明白，这种危险性更大。被开除是小事，如果学生由于没有教师指挥而受伤或者死亡，这个学校会遭受天价索赔，作为当事人的老师很可能倾家荡产。在危险面前，如果不理智可能会倾家荡产，有谁愿意跑呢？

再说说平时的演练。我女儿所经受的5次警报演练，都是火灾。虽然学校的老生说还有地震、枪击、劫持等演练，但是这些并不常见。这些警报毫无规律可循，也没有什么预先的课程。很简单，如果哪个班级乱了或者新生不知道，只要跟着看一遍，自然就明白了。为什么火灾警报最多呢？这主要也不是道德归因，而是因为有保险公司在后面跟着。火灾的保险需要以演练为基础，保险公司会查这个学校的演练情况，并制定相应的费率。更为重要的是，如果在火灾中哪个老师没有按照规程去做，保险公司会拒绝或者减少赔付比例,这个责任谁都承担不起。金钱是最有效的责任监督,比道德好使得多!

说到这里,我可以打住了。不过有一个问题可以交给读者去思考:在中国被封为道德模范的"高尚教师"的行为,在日本和美国会得到怎样的评价呢?如果有先跑出去的学生受伤或者死亡,美国的家长会如何处理呢?

当所有的焦点集中在道德的时候,其实往往是技术出了真问题!

4.3 "高效课堂"是一本怎样被念的教育经

图 4-3 从 2005 年开始杜朗口中学创造了一个连续 7 年的神话:
学生当演员、学校收门票,全国各地的教师当听众

如果不是因为杜朗口中学,哪怕是中学地理老师,也很少有人会注意到山东省茌平县;同样,如果不是因为这所学校,也不会给位于聊城西面并不富裕的茌平县的正泰东方大酒店这些年这么好的客源;如果打开这个酒店的某推广网页,你会看到这个酒店最大的宣传口号就是:"参观杜朗口中学,入住四星水准宾馆。"有理由相信,这个中学毫不逊色于一个 4A 级景区的号召力:学校参观门票从最初 50 元涨到 2012 年的 160 元,还不包含资料费,高峰时期,前来参观学习的人络绎不绝,每天高达有数百人。

在教育政绩的取向之下,拔高或者提升某种教育模式是不难想象的事情,在"新课改"的大背景之下,此种现象尤其显著。这些年,大家对应试教育多有诟病,渴望见到既不用付出多大代价,又能快速提高升学率,还可能形成让孩子快乐学习的模式。杜朗口模式就"应景而生"了。包装漂亮一点,宣传大力一点,一旦变成神话,大量的学习和复制就可能展开,财源和收入就可以预期了。一些宣传和介绍杜朗口模式的文章堆砌了大量的术语,使用了大量的形容词和排比句。在科学研究和教育学术领域,大量出现形容词和排比句,就难免招致警觉甚至反感,国外的这类文章几乎没有这样写的。

凡是有神话的地方就可能充满愚昧和欺骗。神话越大,愚昧越强,欺骗越甚。早先的"黄冈模式",后来的"衡水模式",无论包装得如何巧妙,都没能掩盖摧残学生从而提高升学率的本质。孩子读高三时自杀,其父母直到现在还在为了弥补创伤和缺憾坚持不懈地努力做试管婴儿,这样的悲剧就发生在我们身边。我认识的一位中学校长说:"与其办这样两所学校,不如办两所监狱。"著名作家周国平说:"我认识一个中学校长,他任职的学校是当地最好的中学,他这个学校考上清华北大的多了,考上北师大的算差的。怎么做到的? 全封闭管理,两周休息一天。在应试体制下,不这样做,他的学校就会出局。他见我的第一面就说:'周老师,我们这些人都是历史的罪人,我们将来是要受历史的审判的。'"早些年的少年班一哄而上,确实出现过不少少年提前所谓"学习成功"的例子,在我们身边,这样的案例并不鲜见,可是,神话的背后是什么呢? 一个孩子提前一年上学,平均下来,家长必须放弃两年的工作时间,这哪有什么神话可言?

人生有涯而学无涯,这是教育学面临的一个重要问题。怎么认识"教育效率",也就有了一个绕不过的问题。胎教、早教、少年班、高效课堂、"抬头率"管理,都是试图延长孩子的学习时间或者压缩孩子的成长期来达到"效率"目标。在基础教育的 12 年里,如何学得比别人多,学得比别人快,在 45 分钟的堂课里,如何学得比别人效率高,就成了学校和教师的重要目标。美国 20 世纪中前叶,也有教育的"效率崇拜",那时教育领域跟管理学的"泰勒原理"的追求有着相同的背景和取向。即便像当时的美国那样讲究"科学性",其实践及其效应都很成问题,今日中国的"高效课堂"的追求,却可能偏离科学而只强化时间的效率,"补课"和"课外辅导"的盛行便见怪不怪了。某省级重点中学的校长对我说:"我从教这么多年,发现在应试环境下,应试成绩好的答案是,学生智力中上,愿意配合应试,比别人学得多,比别人学得早,除此别无办法。"是否真的没有办法? 假如杜朗口中学找到了办法,那不是很令人期待吗?

来看一下杜朗口中学的办法是什么。总结下来有以下几点:学生自主学习、三面布置黑板、探究学习、老师不讲学生讲、学生随便不拘一格、上课时甚至随意走动、教育超市、把课堂拆分成大约十分钟的若干部分,等等。有越来越多的网友用考察和证据指出"高效课堂"模式造假和造神,这种质疑甚至使得杜朗口中学改革的某些合理的东西也一并被忽略或否定。

在全球范围内,诸如"自主学习"、"探究学习"、"三面黑板"和"随意走动"等,并不是杜朗口中学的首创和发明。例如,从1999年开始,印度裔英国教育学家苏迦特便进行了一项长达十多年的实验,他以"墙上的电脑"资助边远地区的学习。实验表明,学生的学习是一种自组织行动,从而进一步推进了建构主义的学习理论和实践。美国加州洛杉矶大学环境艺术学家亚历山大非常强调学习环境的变化,在《建筑模式语言》一书中,他说:"课堂就如市场,来者不拒,学生可以随时出入,小便以后不回来。"显然,这比杜朗口模式还出格。早在19世纪中叶,著名史家德国柏林大学朗克教授便采用"研讨班"(Seminar,西明纳尔制)组织教学,这使教学极其活跃和成功。至于每十分钟一段,这种是目前在线课程的主流模式(微课程),可汗教育和Udacity就是这样做的;学生为主讨论和解题,我们分明看到了王则柯教授写的普林斯顿大学数学教授的影子。国际教育改革的各种成果,从小学读到大学的,从贫民的到精英的,如"超市搬地"体现在杜朗口这个乡镇中学身上,背后的"经"并不简单,也不是杜朗口自己发明的"瞎折腾",那么杜朗口中学的问题出在哪里?这个经到底哪里念歪了呢?

与中国相似,印度的教育也极不均衡。1999年,英国纽卡斯特大学的教育学专家苏迦特在一项基金的支持下来到了印度的偏远山村。他的教育实验有很多做法和杜朗口中学相似,然而,仔细对比起来,其中的差别是很大的。首先,不同于"杜朗口神化话"发端于一个教育报的记者的研究成果,印度实验的实践者本人就是教师,本身是教育研究者和大学教授,其实验的专业性毋庸置疑,苏迦特不仅是英国教授,还在美国知名大学进行长期研究访问;其次,苏迦特的实验针对的是互联网环境下的学习变化,他研究了不同国家和不同生活水平之下互联网对于学习行为的支撑作用,他的实验并不是为了"应试",具有充分的技术条件和探究性;三是苏迦特的实验具有严格的验证性,他为实验装了很多摄像头,记录和考察学生的行为,然后对学生的行为进行分析比较,并找出学生自组织学习的条件和过程要素;更重要的是,苏迦特充分考虑到了实验的"无关变量",对教育过程基本做到"无干扰",既不影响原本的教育流程,更没有参观学习者的侵扰;最后,苏迦特的教育实验的首要目的不是为了推广,而是为了找到在互联网学习中的行为规律,为互联网自组织学习设计提供依据。苏迦特的后期实验在英国和意大利进行,他把印度的经验和一般规律应用于网络学习中。

古今中外,在教育效率的问题上,人类从来没有停止过追求。不过,早期的教育思想者关心的问题与现当代的教育学者关心的问题有不同的偏重。"学什么"和"怎么学"是教育学的基本问题。古代教育,"怎么学"的问题是考虑的重点,"学什么"并不是主要关心的问题。随着人类知识的不断增长,加上印刷术的广泛使用,特别是工业革命之后,"怎么学"的问题逐渐让位于"学什么"的问题,后者成了研究的重点。

梳理中国教育的源与流,对比前苏联教育与美国教育,对于我们分析"高效课堂"或许会有帮助。受前苏联的影响,"学什么"的问题由国家和中央计划者决定,因此,前苏联和中国的教师更多的只能在"怎么学"的问题上作有限的发挥。中国的制度包括中考和高考制度,也基本上规定了在"学什么"的问题上,教师没有多少操作的权力和空间,因而,琳琅满目的各种教育实验和改革,大多只在"怎么学"的问题上下功夫,凸出教学方式、教学方法的探索和运用。就此而言,"杜朗口模式"和"高效课堂"也不例外。

美国的理论和实践则刚好相反:都实行分权制。在这种制度安排之下,即便是"普通教师",也共享着较多的教育权力,包括选择"教什么"的权力。所以,美国的"课程论"非常发达,教育理念精彩纷呈,教材市场十分活跃。美国没有强大的教育部。即便是全国性的《不让一个孩子掉队》法案,也只能在语言和数学上评估简单的东西,因此,课程的弹性化和多样化成为美国教育的显著特征。美国大学入学考试 SAT,几乎是无法像中国的高考那样准备的,各州和各校的教材以及课程非常复杂,有的高中毕业时,学的数学还极其简单,有的高中毕业时,却把微积分都学完了。

在美国这样的一个国家,通过评估来追求教育效率,也是一件极其困难的事情。2012 年美国教育最关注的 13 件事情之中有 3 件和教育评估相关。在田纳西州一个教育评估的试点中,教育评估也只用在帮助落后教师的改进上,而不是评估先进。教育学者查有梁研究美国和中国最近十年的教育改革,有三个结论很值得重视:

  1."自上而下行政地建构一种最好的教育体系,使得所有学生都不会掉队,不可能。"

  2."自上而下行政地推行一种课程理念和方法,使得所有学生都得到发展,不可能。"

  3."自下而上经验地建构一种最好的教学方法,使得所有学生都达到优良,不可能。"

为了解释上述理由,查先生用了一个例子,2010 年,来自上海的学生在国际学生能力评估测试中拿下了数学与科学的最高分,而美国学生却正好居于中游水平,但恰恰上海是不同于国内其他省市,独立制定课程标准的地区。如果教育仅仅是考试成绩,那么无疑有些成果是非常突出的:新东方的英语培训、李阳的疯狂英语、衡水中学的高考状元……然而,越来越多的人看到了,这种表面的效率背后隐藏着巨大的危机。

中国在"世贸组织"的谈判中,有一次一个关键的翻译错误,让领导人指示要做一本新的《英美法大辞典》,然而,受应试教育和标准化考试束缚的年轻一代,却编不出这样一本新辞典。最后是一批平均年龄80岁左右的东吴大学法学院老校友们合著完成了这部词典。60年前的英语培训不过只有几年,怎么会有如此的功底?有人引述当时的英语学习情况道出了秘密:"为什么要学习英语呢?"答案是:"只有通过3年的学习,才能够体会莎士比亚语言的魅力啊。"经过13年的在校英语学习,托福考满分的人,能够体会莎士比亚的美吗?

图4-4 朱生豪与宋清如

仅学习三年英语,如果让民国的这帮才子考今天托福照样不灵,他们也许背诵莎士比亚的诗歌最大动力是吸引异性。朱生豪32岁去世前翻译了今天广为流传的31部莎士比亚戏剧。

让我们再从课程理论的角度来看高效课堂吧。大致说来,存在两种不同的课程理念和模式:一种是目标预设的模式,或者叫"泰勒模式",它是我们最常见也是最熟悉的,在这种模式之下,所谓的"教学效率",就是单位时间里实现预设课程目标的程度,花的时间越少,达成目标的程度越高,效率也就越大。另一种模式,其实是没有模式,或者可以称作"目标游离模式"。课堂效率这一概念,与第一种课程模式关系更直接更紧密。就目标模式来说,要看目标的设定本身是否合理,其着眼点在哪里,还有就是设定的目标是否可行。举例来说,美国教育心理学家罗伯特·加涅把人的智慧技能分为五种,达成每一种智慧的条件是不一样的,所以他写的书书名就叫《学习的条件》,后来又出版了《学习的条件与教学论》,这是教育科学化的一种追求。讲学习效率,就不能不考虑科学及科学成果表明的可能性及其条件。假如"高效课堂"或别的什么课堂只讲求效率,而脱离这些心理学和教育学的科学成果来搞,就容易出问题,达不成目标,也不可能有什么效率,还可能把学生搞残搞废。

"高效课堂"的操持者可能带来的一个致命的问题在于:人的成长和教育的复杂性

被简单粗暴地处理，人的发展的可能性就变得非常窄。这种被窄化的目标和通道如果恰好又是众多学子参与竞争胜出或被淘汰的唯一标准，结果就只可能是悲剧：一方面制造众多的升学方面的失败者，另一方面，即便升学成功的人，也成了机体、心理、和学习能力不正常的人，同样是教育的牺牲品和失败者。

实际上，有效的培训，应该是以教师的自主学习为基础的，而不只是听听什么讲座或者报告就行的。一个自主学习习惯和能力比较好的老师，他平时就会坚持阅读、思考、写作和实践性反思。如果他的学习目标、时间和空间的安排是自己决定的，一些外在的规则和规范不过是他决策的参照点，他参加培训或者听报告就会更积极主动，收获也会更大一些。像罗伯特·加涅那样思考，你要学生具有何种智慧，你就要考虑"学习的条件"。这样的老师把学习当作是探索的过程，在他那里，学习就是探索，学习就是发现。这样的"会学习"的老师还会把学习的方法传授给学生。然而，当什么时候听报告，听什么人的报告，在哪里听报告等都被由外在的力量比如教育行政官员决定并且整齐划一时，教师的积极性和自主学习的能力就会被伤害和破坏。

在教育经济学里，有"筛选理论"和"人力资本理论"的争辩。前者认为学校的作用是把人按不同的标准区分和筛选出来，这些被区分和筛选的人与工作岗位匹配；后者则强调教育对于提高人的健康、知识、技能、创造力等方面的作用。我们为什么要上学？按照筛选理论来说，你到学校受教育，目标就是升级，把别人筛选下去，把自己提拔上去，"学而优则仕"。怎么判定你"学优"呢？你上了重点中学，211工程重点大学，有了这些身份和标签，似乎你就"优"了。在人力资本理论之下说，你上学是为了你的健康，为了你的能力的提升。

美国人做过一个统计，如果仅以没有考上某著名大学的人和考上这个大学的人，根据其分数的微小差距，看"进入社会"之后在事业和收入上会相差多少倍，似乎能证明上名牌大学的教育重要性。有趣的是，那些考上了这所名牌大学却由于特殊原因没有正式上这所大学学习的人，其成就是上了这所大学的人的两倍。这似乎证明教育的筛选确实有效，也证明在一般情况下，人的心理因素的作用更大。让我们考虑另外一种情况：假如有50个弱智的孩子去争取特殊学校的25个名额，其中，智商排前24名的孩子因为某些原因没能进到学校接受教育，十年之后会是什么情形呢？一个合理的猜想是，那25个"最笨"的孩子，由于受到了教育而能够自食其力，而那24名智商更高的孩子，很可能笨到还不会自己独立自主地进食。教育对于弱者和能力低下的学生所起的作用更大。

美国的《不让一个孩子掉队》法案尽管受到很大争议,但是,它充分考虑到了教育的"可为"和"不可为",所有的评估都只针对不及格的学生才排名,学校工作的重点是"差生",而不是优秀学生。到目前为止,中国的教育及其评估,恰好相反,为了升学率,为了"重点率",有限的资源和关怀都过多地倾注在"优生"上。

有效的学习是情境化的,是启发式的。在封闭、单调、僵化的学校环境中,因为缺乏有效学习赖以依托的情境,缺乏启发式的教学,这样的学校教育就只可能是一批批地制造学习上的失败者。"会者不必教,不会者难教",看来,教育的确是一个难题。教育者不得不面对这样的难题,因此可以说,教育是"教育者的难题"。正视这个难题,破解这个难题,一直是教育研究者努力的方向。

从上述"筛选理论"和"人力资本理论"的二分的框架来看"高效课堂"及其追求,令人担心的是,所谓的"高效"及其课堂,极有可能变得不过是对"学而优则仕"传统的继承和延续,学校的目标就是学生"步步高"的升迁,学生的健康和自我完善并不是学校工作的出发点。学校和教师追求的不是学生的发展和自己的专业成长,而是"上等级":教师争恐后要变成"骨干教师"、"模范教师"、"特级教师";学校要想方设法地变成"重点学校"、"等级学校"、"示范学校"。学校和教师都"异化"了,本末倒置。

美国,无论公立学校,还是私立学校,教师的自主性都是很强。教育是复杂的,没有标准答案的。它不可能短期见效,也不应该只追求"效率"目标,或者让"高效"的追求遮蔽其他的可能性,急功近利不是教育的应有状态。

(本节由魏忠、邝红军撰写,也是与郑州二中校长王瑞、华南师范大学附小吴向东老师多次讨论的结果,在此表示感谢)

4.4 被恐惧绑架的中国基础教育

2012年12月6日,常州市教育局主办由辖区各教育单位参加的云教育高峰论坛,我作为演讲嘉宾参加了会议,会议上,另外一位演讲嘉宾,郑州二中校长王瑞的讲话让我印象深刻。作为国内首先使用iPad进行课程学习的学校试点,王瑞对现代教育忐忑的同时,也对应试教育忧心忡忡,他说:"这么多年我总结应试教育成功的秘诀:智力中上、比别人学得多、比别人学得早、具有主动配合应试的心态。"

上海交通大学附属中学的李波波,这学期也尝到了补课的好处。从初中三年级开始,他就和上海兰生初中的其他同学一起补课,全部的周末被课外的"学而思"包围,他

图 4-5 2013 年 3 月,衡水某中学又开始了例行的高考誓师大会(图片来自网络)

的有些同学会采用一对一的"精锐"模式,这些补习班收费不等,最贵的每年要 10 万以上,撑起了美国华尔街 N 个"中国应试概念"上市公司。初二的时候,没有补课的李波波明显成绩迅速被同学超越,通过一个学期的补课,成绩稳定在中上,按照这个成绩,是不可能上上海的四大名校的。最后一学期,李波波针对上海的自主招生考试补课,虽然最后成绩比交大附中低了将近 20 分,但是由于自主招生中难题怪题发挥出色,顺利地进入到这个上海的高中名校。从 2010 年开始,上海的中考学生不仅要面临中考的压力,要想上前 10 位的名校,就需要面对类似奥数一样的课外知识的考试,辗转于各大高中的自主招生考点。李波波是幸运的,虽然入学分数比同学低了近 20 分,但是波波同学迅速找到了提高成绩的办法,那就是老师上课讲的东西提前在辅导班学习一遍,再增加一些难度训练的辅导班。靠这个办法,波波高中第一学期在 40 多人的班级名列前十。波波平时也增加一些专项训练,这些训练基本上将知识公式化,比如外语和语文作文的应试,就采用背句式和范文的办法增加评卷老师的好感。尝到了甜头的波波,已经主动地将几乎所有的课外时间给了补课。

几乎与波波全面参加补习班的两年以前,从来不补课的我的女儿,也正式向我提出要求补课,补课的原因是自己觉得恐惧:"自己宿舍的 7 位同学,全部补课,其中还有 3 位同学参加一对一的补课。"一个学期下来,原先比自己成绩低不少的同学,迅速超越自己,让女儿感到恐惧。我于是按照精锐教育公司的要求,由父母带着女儿来到报名现场,一个辅导员类型的人接待并测试女儿。女儿其实成绩很好,不过就有点粗心。

这个辅导员当着女儿的面"恐吓"我们和女儿："你们不要以为是粗心,如果中考不平均92分以上,是不可能上好高中的,而这平均的几分,需要付出巨大的努力。"我知道她所说的巨大的努力是什么,那就是牺牲女儿全部的周末,以及每年7万多的补课费。作为一个教育学者,我愤怒,又无奈,最后带着女儿选择逃离,到美国来读书,放弃中考。

　　进入美国高中的女儿,迅速变了一个人。没有大量的补习班,没有标准答案,也没有如此多的周考与月考,更为重要的是,也没有排名和公布成绩。女儿只知道,如果体育特别优秀、课外活动和志愿者特别优秀以及成绩特别优秀的话,自己的照片就可以上学校的荣誉榜。没有参加过 SSAT 和托福考试的女儿生怕自己成绩的倒数,因此格外努力。所有的课程的作业基本构成了平时的成绩,而作业基本上是探索性的。比如纽约房租管控和不管控对房价如何影响,奥巴马和罗姆尼的经济政策对比,信不信宗教的 10 大区别,美国在第二次工业革命的作用等。除此之外,女儿还承担了当地华人中文学校的授课任务。在她的努力下,美国出生的华人 ABC 学中文的人数由 15 人增长到 50 人。比起中国的高中,女儿并不轻松,也丝毫不敢马虎,不按照规则做事情,就意味着某门作业就是 0 分。三个月过去后,第一次荣誉榜,女儿惊喜地发现,自己不仅上了榜单,而且在高级荣誉榜的前列。

　　受美国教育的影响,妻子和我也对女儿的未来的看法发生了较大的改变,原先受恐惧的影响,这个吓人的逻辑就是:如果你上不了好高中,就不可能上好大学,上不了好大学,就找不到好工作,找不到好工作,就得扫大街……我和妻子对女儿说:"你只要自己喜欢,就尽量去做得更好,将来上什么大学读什么专业不重要,重要的是要成为一个人格健全和生活快活的人。"没有恐惧的伴随,女儿逐渐理解了邻居请假一周与家里人休假,也不再害怕某某人成绩超过自己,个性逐渐发挥出来,在匹兹堡北部的华人圈子里,是一个人见人爱的小老师。

　　突然有一天,女儿的一番话,让我觉得女儿长大了。在来美国半年以后,女儿正式向我们提出了一个建议:"爸爸、妈妈,你们现在在美国买的房子租出去可以每月 1300 美金,而你们在美国陪我,损失就更大了。我建议你们可以回国进行你们的事业,把美国的房子租出去,这样我们一起寻找美国家庭托管我,还会有盈余。我有一个要求,最好找美国夫妇,这样我外语会好一些。"听完女儿的建议,我和妻子百感交集,独立的人格,也许很快就能形成,关键是教育不是写作文,不是恐吓,而是融入生活。

　　在徐家汇的核心地带的写字楼里面,孩子们正在上补习班,补习班的外面是休息厅,下了岗的妈妈们一边打着毛衣,一边交换着补习班的经验。等孩子们出来,妈妈们带着孩子辗转于另外的补习班。以上是各种补习班常见的场景。在国内的大学同事不屑这种做法,然而几年过后,从应试而言,效果发生了明显的变化,于是绑架着很多不参加补习班的家长也变本加厉地投入到这场竞争。为什么如此呢?社会学童荔博士举了一个简单的例子。她说,有次回国接触各类人群,发现最重视教育的人群是出租车司机,有个出租车司机对他说:"决不能让孩子输在起跑线上,决不能让孩子过自己这样的苦日子。"结果就是,从小学开始,这个出租车司机就攒钱为孩子上补习班,三年初中,花光了司机8年的积蓄。

这场竞争是由社会底层的恐惧造成,也更加增大了教育资源的不平等。前些年我做过一个调查,上海生源中,一本院校笔记本电脑普及率为95%,二本院校为60%,大专为15%,职业学校为5%,逃离恐惧的竞争就是家境的竞争,在这场应试教育的竞赛中,穷的更穷,要想上一个上海的一本院校,没有10万以上的补课费用是不可能完成的。而对比调查表明,非上海生源和农村生源中,考上好大学的比例和家境的关系并不密切。

那么,是否这样的竞争就造就了人才的培养和人的成功呢?答案不容乐观。在我所从事的IT行业,几乎有一个普遍现象,那就好似很多最优秀的工程师,就是大专或者根本没有上过大学的。他们被补习班和恐惧早早抛弃,却也失去了被中国高等教育污染的机会。与此同时,那些被恐惧包围了10多年的学生,进入大学后"有恃无恐",厌学情绪浓厚,从此不愿学习现象普遍,甚至延伸到以后的职业生涯。

应该承认这样一个事实,从培养人格角度和创新角度,60多年来是惨痛的失败,而30年来更是教育学值得深思的反面典型。成绩和就业是次要的,那些从小到大充斥着恐惧的孩子,一心要超越别人,等到了成年,除了竞争和自私,似乎不会其他东西,友爱、能力、协作、感恩,这些普世价值,被应试的主流排除在教育之外。如不改变,确实如资中筠所说,中国的人种会退化的。历届教育部长,你们担得起这个责任吗?

4.5 学管仲,还是学孔子
——教育系统持续进步与环境、人文因素

某教育杂志举办教育国际化方面的论坛,将要请麦肯锡公司做相关演讲,主编李斌希望我提点相关的看法。正好在美国这边美国大选也正进行得如火如荼,美国大选1/3的主题是教育。粗略看了一下麦肯锡前两年做的深入研究《全球进步最快教育系统因何持续进步》,对麦肯锡的专业精神尤为敬佩,该说的,麦肯锡已经非常详细地阐述了,这里,就教育系统进步与环境、人文因素谈点自己的看法,以便国内在学习优秀的教育体系的时候,密切重视进步的教育体系背景的适用情况。

来到美国考察发现麦肯锡报告的一些结论,确实对中国的教育改革是重要的提醒:"学校系统无法决定应当做什么,但可以决定完成的方式",也就是环境因素;麦肯锡报告指出"针对不同阶段的教学体系的具体措施往往是相左的","增加教育的投入并不意味着教育体系的改善"。然而,由于麦肯锡报告还是给出了不同阶段、不同背景下持续进步的"一般规律",鉴于中国学习西方的"习惯",还是在本文做一些特别的强调。

首先,"教育体系进步",麦肯锡公司指出了 20 个比较成功的教育体系样板,中国教育改革者和学习者应特别注意。这 20 个对象包含三类,第一类是新加坡、拉脱维亚、立陶宛、斯洛文尼亚、亚美尼亚,小国的单一体系;第二类是美国、加拿大、波兰、印度的一些单独的教育区域,这些国家教育体系本身是多元化的;第三类是一些原先比较落后的教育遇到某种机遇而掌控得比较好的,比如巴西、印度、约旦等地区。无论如何,关键词"教育体系"不应忽视,所谓教育体系,是独立于其他教育,体现个性特征的一整套教育流程和制度及投资主体。我们学习这些教育体系及其一般规律的时候,应该敏锐地警觉:中国的教育体系分化还远远没有完成,也就是无论是个性化的需求、投资主体、制度建设等,基本没有,因此也基本只有一种国家基础教育体系,而这种国家一统的基础教育体系,在中国这样一个 10 多亿人口、地区差距巨大的背景条件下,很难给出一个好与不好的结论的。

中国人研究问题,喜欢系统论,热衷以美国、加拿大、英国等国家对比来研究。来到美国考察一年左右我发现,这种视角本身就存在很大的偏差。麦肯锡报告中美国、加拿大等国有好几个研究对象,出于对美国的了解,我认为这是正确的。美国是一个联邦国家,教育权利很大部分在州政府,而即使是州政府,也只对自己投入的公立学校的部分有话语权,而教育地方税的政策使得"学区"的重要性远非中国教育者不亲历而能感受的。入榜的加州长堤体系、波士顿体系是典型的经济发展和社区环境所致,而加州公立特许学校体系,又是典型教育多元化和个性化的范例,这些经验,在中国都不具备可借鉴性。而加拿大安大略省,也是多元化的产物。麦肯锡报告的研究大国范例给我们的启示也许是巨大的:在中国这样的一个大国,尊重教育的区域性和差异性,教育才能够真正有好的体系出现。波兰并不是一个小国,入主这个进步榜多少有些意外,然而深入了解就会发现,波兰从 90 年代的教育改革开始,就呈现多元化的特点:自下而上、自上而下、双向改革。

相比起大国和大的体系的多元性,小国的教育发展,更多地依赖于经济、教育战略和充分利用国际化资源。新加坡、加纳,经济和政治持续稳定,国小教育政策稳定是其根本原因。而拉脱维亚、斯洛文尼亚、立陶宛、亚美尼亚等国以及德国的萨克森自由州,无一例外经历了东欧剧变、欧盟政策、国际援助等,也充分利用了稳定的政治经济环境以及快速增长的教育经费和接轨带来的机遇。非常明确的答案是,持续发展的教育,是需要经费支持的,这些地区的教育经费占 GDP,均大于 4.5%。然而,环境因素是重要也许最重要的因素。而另外一个因素是"善于利用环境因素"。

在美国考察基础教育,我发现其实美国之"国"真还不是国人理解的"国"。而美国之"民"也不是中国理解的"民"。在中国主流的价值体系里面,"共性"才是抽象出一个国家和一个概念的绝对因素,如果研究美国教育、进步较快的体系的教育,这个观念不改变,是不会有结论的。举个例子,我们研究美国的文明和社会学,如果基本上把美国居民 70%以上以上帝作为宗教这个因素去除掉,那么慈善、社会治理、权力结构,甚至音乐、美术、演讲等等,结论都不得要领。我女儿在国内钢琴练到 8 级,年年学习美术,与同龄的孩子一样,几乎到高中就扔掉了。直到到美国教会才发现:音乐、美术是和社区生活密切相关的,美国的教会基本上都是钢琴伴奏,不少合唱伴奏,还有到处可以用得到的美术技能。深入美国社区会发现,黑人群体、意大利后裔群体、拉美裔群体、天主教群体、基督教群体、华人群体、犹太群体等由个性群体组成了这个国家。正是由于美国还有联邦的州法律以及适应这些教育制度,造就了美国多样化的教育体系,也才可能出现不一样的"持续进步的教育体系",而如此强大的国家,美国教育部只有 4000 雇员。

即使是在美国,某个教育体系的成功,也不是其他地方可以拷贝的:很难想象,没有大量的持续的高层次移民的进入,加州长堤学区如何能够持续改进;很难想象,如果没有波士顿的东北经济重镇和大学聚集,波士顿教育体系如何能够持续成长;如果美国采用中国大一统的教育部制,只会有一个结果:比中国的教育更差。20 个成功的教育系统也许能够告诉我们的结论是:尊重差异。

2500 年前鲁国的孔子和隔壁齐国的管仲的接班人们,有一场教育的隔空争论,孔子采用的是"因材施教",管仲采用的是"令夫工群萃而州处,相良材,审其四时,辨其功苦,权节其用,论比计制,断器尚完利。相语以事,相示以功,相陈以巧,相高以智"。我们看到后世推崇的孔子道德和技巧模式并没有造成孔子的学生和鲁国的经济教育强盛,而齐国连续30年的经济教育持续增长,"齐人之福",确实来自于管仲的"个性化学区管理",这也进一步印证了:教育应该按照地区和人群差异性进行独立的体系建设。

学校体系成功,"相似的学习人群"是必要的条件,这点往往被我们强调教育者的努力和作用而忽视。与此类似的是,中国各种高中名校和大学名校的教育质量,学生的优秀并不能证明教育质量的优秀,因为生源本身就是一个不平等的竞争。目前我们教育学习西方按照学区划片,但是中国由于人口密度大,学区并不能进行人口类别的充分区隔,造成了我们的学校个性化的丧失和教育难度的增大。这个和国家无关,和公平无关,和人文背景有关。举个例子,原先美国匹兹堡松鼠山附近是很好的校区,由于匹兹堡大学和卡内基梅隆大学的影响,生源也很纯净。经济危机后,所属的县合并中小学,附近的人群不一致的学生合并过来,结果造成学区排名的下降。而北部和南部郊区,在此影响下,几所中学由于大量学者和富人家庭的迁入,而迅速成为宾州最好的高中之一。如果我们以个体研究北部和南部这几所中学,当然会得出与麦肯锡报告一致的结论的"20条教育措施",然而,这"20条教育措施"并不是教育成功的原因,而是生源变化的必然结果。

与此相佐证的是,美国加州公立特许学校体系,并不是富人和好生源的学校体系,而是相反的。然而,正是由于把"不怎么好的学校和学生集中在一起"管理,正如管仲当年做的那样,才使这个学校体系成为持续进步的学校体系。我们也可以预计,将加州的长堤和特许两个完全不同的体系的教育部门合并,一定会得到比中国教育部门更坏的管理效果。

"他们从小参加弥撒、周末参加教会、周一在学校祷告、有修女任课、周五晚上听父母和教友讲经、不参加公立学校、住在安静的郊区、同学的父母价值观基本一致、同学们的父母基本没有离异、自己采用自己的教材。"这是我女儿所在的私立天主教学校的生活,也是美国千百个200到400人天主教一般场景。而"黑人和白人、亚裔一起学习,一个学校2000人、坐校车上学、不允许进行任何宗教和意识形态教育",又是典型的公立学校的特征,是有了这种区分,才有个性化和可能的持续进步学校。

2012年11月,刚刚经历大选洗礼的奥巴马会见了美国初中数学竞赛代表队,与中国教育部刚刚取消和严禁奥数相比,奥巴马显得轻松和自如。如果光看照片,我们会误以为奥巴马在会见中国奥数代表队。中国人数学好,很多人归结为中国基础教育好,这张照片应该是一个棒喝:这些孩子虽然长着中国人面孔,但应该全部是在美国接受的教育,和中国基础教育毫无关系。在美国,黑人打球、华人搞科学、印度裔搞工程、拉美裔做工人、犹太人做生意,没什么,不是哪个教育制度的问题,几百年了,人文和环境因素还是主导因素,关键不是你禁不禁,而是因势利导。从这个角度上讲,美国的教育先进,20个持续进步的教育系统占好几个,原因呢,是学了管仲,没有学孔子。

4.6 信息工具与教育的基础

图4-6 2012年的"头悬梁"励志行为最终成了"教育行为艺术"。湖北某中学这个高三(2)吊瓶班,最后没有人考上重点大学(图片来自网络)

2012年8月12日,中国社会科学院心理研究所某教授在中央电视台科教频道中说,炒菜的时候多炒一些时候,盐会分解,然后只剩下钠;2012年8月6日,毕业于清华大学机械系的国家发改委专家杨某说,中国的民族复兴指数已经达到62.74%;同样是2012年的8月14日,著名经济与社会学家秋风率领学生集体跪拜孔子……以上例子,在本文写作的当月数不胜数,有些可能是学者们的"行为艺术",有些则确实是缺乏常识,然而无论如何,都引起我们的思考,这些能够登上大雅之堂、拥有名校专家教授名头的出格举动绝非偶然。

当我们为华人也能够获得诺贝尔奖而自豪的时候,甚至自诩基础教育"赢在起点"的时候,如果经过冷静分析,不得不承认,获得诺贝尔奖的学者不是我们这个60多年教育体系中基础教育培养出来的。我们面对的更加残酷的现实也许是我们的教育最后的一块遮羞布——基础教育——所培养出来的公民、专家、教授所犯的错误越来越

"基础",越来越远离常识。这其中当然包括令人扼腕的85版《红楼梦》林黛玉的扮演者陈晓旭。本来容易治疗的乳腺癌被耽误治疗,还有2012年4月18日去世的复旦大学的女博士于娟。在生命的最后时刻,竟把机会放给了江湖医生。也许在信息压力面前,人越容易体现出来的不是他受到多少优质的高等教育,相反,基础教育的底子,更能够本能地表现出来。

有些人生阅历的中年人都会体会到,一个人,在不同的压力面前,所体现的道德水准和选择是不同的。信息社会,面临不同的信息压力和信息工具,接受过不同基础教育的人,所体现出来的行为、能力与情商也是不同的。很多时候,在信息压力面前,我们很可能顷刻就被打回我们所受的基础教育的原形。乔布斯是一个伟大的企业家,最后的选择也是耽误了治疗,这点上和杰克韦尔奇和巴菲特完全不同,其原因也许也在于,他们所受的基础教育不同。

对于中西方的基础教育,即使是名人名家,其看法也大相径庭。著名物理学家杨振宁2011年6月22日对中国的基础教育怀有深厚的感情地说:"中国的基础教育打下的'底子'要比国外扎实。"而菲尔兹奖获得者,著名数学家邱成桐在2006年11月却给中国的基础教育泼了瓢冷水:"这都是多少年来可怕的自我麻醉!我不认为中国学生的基础知识学得有多好!"对于这些现象,华南师范大学的王红教授在与范德堡大学合作,对中美校长9次互访做系统研究之后得出的结论是:"我们在终点输了,在起点也不见得'赢了'。我们的高等教育质量不如美国,基础教育质量也不见得就比美国高。""我们必须思考的一个问题是:作为基础教育机构的中小学,究竟应该为学生未来的发展奠定什么样的基础?"更犀利的说法是资中筠女士说的:"中国现在的教育,从幼儿园开始,传授的就是完全扼杀人的创造性和想象力的极端功利主义。如果中国的教育再不改变,中国的人种都会退化。"

那么,在当今的信息社会的信息压力面前,我们的基础教育到底需要培养什么样的基础?什么样的能力和什么样的情商呢?

一个不容忽视的事实是,中国教育背景下孩子,就数学物理化学基础学科的知识来说确实比同龄美国孩子要扎实。如果进入中小学的课堂我们会发现,美国8年级的程度,还不如国内小学5年级。正是由于这个事实存在,我们很多人认为:"我们虽然输在终点,但是我们曾经赢在起点"。事情果真如此吗?我自己的女儿就在美国读高中,初中毕业来到美国上课的第一天就遇到巨大挑战:没有班级和固定的课堂,小班的教学更是探究的学习,刚来的中国孩子与其说不能融入美国课堂,更应该说根本不知道该干什么。美国的高中就有经济学和微积分,更重要的是有些孩子进一步分析使用的问卷处理方法和软件使用,是我在国内研究生毕业时还不能掌握的东西。到了考试,确实是华人的孩子沾光,多数公立学校的华人的孩子分数很高,在匹兹堡北部著名的公立学校,分数前 50 名学生几乎都是华人学生,他们并没有在国内接受过教育。从以上事实我们看出,我们陶醉于的基础教育优越,也许是源自于华人和东方文化对分数的重视而已,而信息社会真正的基础,是这些分数吗?

卡内基梅隆大学之所以有今天的地位,和决策管理专家赫伯特·西蒙密不可分。西蒙说:"什么地方都有两种人,一种是 learned,一种是 idea。"西蒙就是一个具有 idea 的人,在校期间,西蒙的分数只有一门 A,却是拳击。西蒙代表了美国很多人的学习思路,而 2011 年在美国也引起巨大反响的"虎妈"则是典型的东方式的学习思路。在过去的 100 年,东方的思路和西方的思路各有千秋,做出科学巨大原创性贡献的更多的是西方基础教育体系培养出来的,而支撑这种科研的更加"基础"的人员,却离不开大量的华人、印度人、日本人和韩国人。今天的美国大学如果把以上东方人撤离,美国大学也许将不是今天的样子。然而,"基础"的作用,在信息压力时代,作用还是一样的吗?

王红教授说:"尽管中国的中小学生为学生奠定了很扎实的知识基础,但未必是学生进一步发展和学习的必需基础,相反,过多过重的知识学习,常常会压抑和挫伤学生进一步发展的动力和后劲。就拿现在大家都很关注的创新人才培养来说,很多研究已经表明,创新所需要的基础,并不是知识性基础而是美国中小学特别关注的好奇、探究、兴趣、质疑等为核心的能力性基础。正如《科学研究的艺术》一书中所指出的那样,'知识和经验的积累并不是出研究成果的主要因素','对科学的好奇和热爱是进行研究工作最重要的思想条件。'从这个角度看,美国的中小学较好地履行了它们的'基础'功能,学生的基础不是'弱'而是'强'。"她说得对极了。如果从信息压力的角度进行补充的话,在过去如果掌握基础知识的人在团队中还有"基础性"的作用的话,在信息社会中,这种"基础性的作用"很快就会被网络和云所替代。也许用不了多少时间,东方式的"基础科研人员",将逐渐退出美国的高校和研究所,从这个角度上讲,"中国的教育再不改变,中国的人种都会退化"之说并非危言耸听。

说一个关于"能力"的实际情况。目前中国有很多的留学英国的大学生,然而,读大学,到美国的著名高校,就不那么容易申请,为什么呢? 这是因为,美国没有完全统一的大学入学考试。然而,社区志愿活动、科研等都纳入各个大学的录取考量指标,因此中国学生死记硬背式的学习比较难进入美国高校。我认识一个美国的高中生,自己花了一年时间去到农场收集芦荟、到化工厂去加工,到实验室去分析,写出试验报告,显示应用效果。这个课题的目的是什么呢？说来好笑:"证明在家里面也可以制作美容保健产品。"这个学生最后被一个学科排名很靠前的生物学专业全额奖学金录取。这里,决定录取的并不是SAT成绩,而是一次高中期间的交流和面试活动。

我的女儿在国内很好的一个外国语学校读初中,到了美国,我作为家长很快就能发现在基础教育方面的中西差距。女儿就读的是一个私立高中,美国的10年级对应国内的是高中二年级。上课一周后,我发现,原本担心的语言问题和课程问题都不是问题。上第一天的数学课,女儿飞快地口算出来了类似的数学题,而美国的孩子还没有打开计算器。数学老师拿女儿的例子告诉全班:"你们不要自己算,只要会算就可以了,把这些事情交给计算器",转而对女儿说:"下次课你一定要带一个TI-84的德州仪器的图形计算器,很多功能都要交给计算器的。"后来我才知道,美国的高中数学作业和考试根本不会像国内一样手算,复杂一些的公式,全部交给图形计算器。女儿对我说,美国的作业不像中国,能够做的图形,老师都凑成整数,美国的作业经常会有根号10.74这样的题,不使用工具图形很难画,客观上训练学生使用复杂工具的能力。看着这个复杂的和电脑有接口的100多美金的计算机,我才明白了国内一直在练学生的算盘能力,而美国训练学生使用工具和原始创新能力。

轮到第二天的《经济学》课程(我们的大学生也未必学经济学),女儿下课后花了3个小时询问我家庭开支的问题。原来她有一个作业,要求学生举五个自己家中的"机会成本"的例子并撰写论文。孩子最喜欢的历史课程,课堂上几乎是在玩,课下的作业却是要求女儿论述"第二次工业革命与美国的发展"的相关论文。女儿上课的班级也很有意思,完全是像大学的选课制,不同的课程与不同年龄的孩子一起上。最让人吃惊的是私立高中竟然没有体育课,然而体育馆却是非常奢华的,教师和学生也是专业级的,如果你不选和没有达到一定量,那就真成了冷板凳队员了。因此,美国的孩子课外班一点也不少,但几乎都没有补习课上的内容:音乐、美术、舞蹈、体育、志愿者。孩子如果没有一技之长,仅仅是"学习好",基本上是你自己的事情,没有什么值得骄傲的。在信息社会,信息工具的使用(比如知识和计算器)比会算重要得多,把有限的时间做"人应该做的事情,其他交给机器吧",也许越来越成为现代社会的标志。而本节开始所列的误区,恰恰都不在于知识,而在于该人做的最基础和最常识的东西出了问题。

在美国会看到一个有趣的现象,由于学校采取的是鼓励教育和个性发展,既培养出来出类拔萃的精英,确实也培养出了大量的经过10多年的教育,到高中毕业却加减乘除一塌糊涂的学生。这也不奇怪,人家没有鞭子。美国教师天天对学生说"very good",还不能公布学生的成绩和排名,不培养出一批笨蛋才怪呢。鉴于此,美国前些年出台了《不让一个孩子掉队》法案,对公立中小学进行严格的评估,评估结果公布,不合格的取消办学资格。但是与中国的评估不同的是,这次的美国评估是"及格评估"。教育学研究越深入,就是社会学范畴的东西,它非常复杂。但是对于信息压力视角下的基础教育来说,东方应学习西方,西方也要学习和借鉴东方。不过,千万不要想当然地认为我们还在某个领域能够抗衡美国,在教育方面,不要说对抗,我们甚至还没有启蒙。

4.7 出资者的发言权

图4-7 在人们对南方科技大学寄予厚望和将信将疑之际,几乎没有舆论关心这个投资超过百亿的教育投入者是谁,怎么想的

2011年,中国教育最大的轩然大波来自于南方科技大学。这一年的朱清时,继在中国科技大学担任校长期间反对教育评估之后,又一次站在风口浪尖。6月7日、8日、9日三天,南方科技大学自己录取的45名学生,没有一人进入在教育行政部门在

学校为他们特意进行的高考考场。中国的高等教育太需要一些新鲜的空气了,但是这次朱清时的风来得还是太猛烈了。支持者说,教育要自主,校长应该有权力采用自己的方式招生,大专教育和本科教育完全不同,完全没有道理要求一个新办的大学一定从大专办起;反对者说,朱清时只是院士中的一个,如果南方科技大学可以不参加高考,那么拥有数十名院士的清华和北大,是否也可以自己招生呢?如果是这样,被突然打破的中国还可以被称作唯一公平的高考制度,将荡然无存。

大家在争论这一事件的时候,似乎忘记了一个最不应该忘记的东西:新成立的南方科技大学是谁投资的?投资者如何说呢?可是,最应该发言的投资者深圳市政府、学生和学生家长,却从来没有发过言。为南方科技大学投入了100个亿人民币的深圳市政府,似乎除了全国公开招聘正局级的副校长外,就悄无声息了。

2012年4月24日,争论了一年多的事件似乎有了进展,教育部发文,同意组建南方科技大学,这一年南方科技大学的招生人数为180人。令人匪夷所思的是,教育部的文件又丝毫没有提到投资者是深圳市政府,而是写着"广东省管理"。

本书不想在这里卷入那场已经旷日持久的争论,只是想从另外一个角度看待这个问题:在教育领域,投资者和投资来源在大学教育中的发言权问题。这个问题被这场争论遗忘,不仅仅是教育界的事情,恰恰是中国民主环境最大的悲哀。而悲哀的实质是什么呢?福特说过:"我们的汽车有很多种颜色,他们都是黑的。"用福特的语气我们是否可以说"中国教育发展多姿多彩,他们都是教育部的"呢?

一、家长和学生用脚投票

逝者如斯夫,不舍昼夜!这场教育争论的同时,各个大学逐步放开了自主招生的规模和范围,形成了三个比较大的联盟统一进行考试。我所就学过的复旦大学有教授就说,从学生生源来说,这些通过自主招生和面试的学生,在课堂和学业上的表现比起仅仅参加高考而录取的明显要好得多。不仅如此,从2011年开始,上海的高中录取也加大了自主招生的力度,著名高中的比例已经达到50%到60%;在正面作用的同时,负面作用也逐渐显现:被各大著名高中以特长名义预录取的学生几乎都是天天参加各种校外补习班的,而被称作裸考的考生去拼搏平均90多分的基础知识才能被重点学校录取。

与此同时,在华尔街和其他金融市场上,中国概念股正在上演一起奇特的戏剧:不被中国教育部管理的各种培训机构,正在进行的路演,赚足了投资者的眼球:不同于新东方、英孚等出国为导向的教育机构，精锐教育等收费堪比 EMBA 的教育培训机构，成为中国应试教育的最大收益者。力图让孩子成为精英的中国家长不惜血本让孩子成为这场游戏的受害者；而已经成为精英的家长，正在进行一场逃离的游戏：我孩子所在的上外附中今年只有 10 人参加高考；复旦附中 300 人中 100 人出国；上海交大应届生中 55％出国；清华大学在建校 110 年后，重新回到建校初衷：留美预科学校。

与国外每年花费数十万人民币相比，国内的每年 5000 元的学费应该是性能价格比很好的了，可是，在这场改革的竞赛中，家长们用脚在投票。也许，国门的开放，是中国教育最大的进步，进步的结果是什么呢？

二、民办高校：被迫的坚强

自 2002 年《民办教育促进法》出台之后，我国民办高校在校生数量 6 年翻了 10 倍，到目前已经有 300 所以上，每年招生人数超过 300 万，占高校招生人数的 30％。

然而，到了 2010 年，各大民办高校突然发现，靠教育赚钱不仅是不现实的，连生存也是一件很困难的事情，很多学校的招生率不到 50％，很多学校出线零投档。作为民办教育中的佼佼者，某某学院的招生老师们没想到自己有一天会挨个去问考生："你到底会不会来？"为了确保生源，招生老师要挨个给数千名拟录取的学生打电话。不少考生对这样的电话感到奇怪，招生老师只得无奈解释："我们不是骗子，我们是……"

吉林大学珠海学院是全国民办高校的佼佼者，早在 5 年以前就面临过严重的危机。占地数千亩的大学招生问题是个首要的问题，于是与很多民办高校一样出现过不和谐的事情。这个危机关口，廖立国接手了这个大学。"我投入了几十亿，不放心啊，把自己几乎全部的精力投入到学校了。"廖立国从一个华侨企业家，硬是几年之内读出了博士，担任了学校的董事长和党委书记，目前的近 3 万学生和蒸蒸日上的势头让廖董事长计划将校园内的湖的栏杆变成汉白玉的。然而，吉林大学珠海学院的成功并不可复制，同在珠海的其他民办高校就没有如此幸运。廖立国多数精力在大学，在学生面前他是党委书记，在教育部门面前他是学校董事长，在市长面前他是房地产公司的董事长，财力是一个问题，更重要的是他形成了一个不需要学校盈利的良性循环。

与吉林大学珠海学院相比，杉达学院就没有那么幸运。这所上海市比较优秀的民办高校，是教育家办学起家的，1992 年，一些著名的教育家包括陈光彪在内成立了这个比较早的大学，谢希德曾经担任过校长。经过若干年的发展，教育家的办学本意和压力使他们明白了大学的目的不是为了赚钱，于是几位创始人聚在一起，决定将大学完全变成非营利的,于是,才有了杉达学院几位创始人成为了高尚的教学楼的名字。未经证实的传言,2011年,杉达学院希望将学校送给公立,却未被接受。

上海建桥学院是著名实业家周星增创始的本科制私立大学。从小受到母亲慈善影响的周星增办学初始就没有想过盈利,然而却一直面临着师资的巨大压力。中国的民办教育,教师是没有事业编制的,这就意味着教师的职称和退休金等与公立大学面临着巨大的鸿沟。所幸的是,从2010年开始,公立大学所有的教育经费资助,上海的私立大学也开始能够得到,虽然每个学生1000元的资助比起公立大学是杯水车薪,准备搬迁到南汇新城的建桥学院还是强挺起腰板。周星增靠个人关系从包括东华大学在内的知名高校聘请了教师团队,甚至年富力强的队伍,一起艰难建设心目中理想的大学。

与国外相比,中国的民办高校的投资人,道德情怀一点也不差,然而却走过了一段更加艰辛的路程。

虽然民办教育拥有更多的自主权(例如,建桥学院的副校长张家钰最近打算将本校学生最头疼却几乎对他们今后工作没有什么用途又难啃的微积分改变成基础加实践课程,这在公立学校几乎是不可能的事情),然而却也受到歧视、生源、师资和资金的四座大山的压迫,更加重要的是,作为投资者的发言权,几乎是零。

三、公立大学:左手是钞票,右手是深渊

吴教授是上海某大学的教务处处长,机械出身的吴处长在中国高校做了一件领先的事情,那就是试图将全校封闭的实验室通过信息化手段全部开放出来,然而这件事情的难度根本不在于技术。他所在的是一所211高校,每年的国家投入并不少,然而全部的实验投入效益如何体现却比较难以知道。各个实验室按照教育部门上报的指标错得离谱,有些实验室能够使用率达到120%,但是如果你去现场看,却发现常年关着门。争取资源的时候,每个学院和每个教授都非常积极,然而真正的实验室,却比较难有80年代简陋的实验室昼夜亮灯的场景。对教授的考核偏向于检索和论文,不但造成了学术造假的诟病,更大的后果是教师不再将教育当作主业。

与吴处长一样困惑的是上海某学院实验中心的主任胡教授,2011年和2012年这所学院与其他高校一样,在上海985和中央地方共建中获取的资金数千万,是前面10年的总和,争取项目的时候胡教授和她的团队挑灯夜干,然而,这些项目申请、建设起来容易,使用起来却难。这所学院与中国的大多数高校一样,在扩招的潮流下将校区

搬往遥远的郊区,实验室教学效果是需要教师投入的,而4点钟班车撤退的现实和教师科研考核为主的现状,如何使实验室发挥效益呢?

关于公立大学的现状,大家看到更多的是暴露出来的行贿、受贿和腐败,然而,低效率和机制误区损失却远远高于前者。更加重要的是,教育大部分的出资者是教育管理部门,考核标准势必是官僚化、数字化和简单化的。出资者的发言权,只能体现在冷冰冰的教育评估上,而教育评估的负面作用和反对声浪却一浪高过一浪。公立高校,投资者的发言权又在哪里呢?

既然公立学校出资方不发言,自然有人发言。中国有几个大学和机构的大学排行榜就每年发言,按照自己的标准评价各个高校的排名。有趣的是,哪个学校出身的人自然把哪个学校排名提高,走到后来,评价成为一种商业模式。某个学校的排名几年没有上升,有高手指点,让评价机构做了一场讲座,不菲的"咨询费"马上换来来年的该校评价跃升20多位。

四、科研投入:谁是爷?谁说了算?

小高是上海海事大学某学院的教学秘书,在海事大学搬往距离上海70公里的临港,财务处也搬到这个地方后,有个教师找高秘书进行横向课题的登记,高秘书这才发现,已经半年没有人登记横向课题了。自从上海严格财务管理之后,报销更远、报销更难、横向更加无用使得越来越多的教师不再进行横向课题的申报。高秘书所在的学院某老师,在前一年的横向项目是17项,这一年锐减到1项。横向课题不仅能提高教师的实践能力,还能够带领学生对社会更加真实的认知。然而在新一轮的指标运动中,从企业老总进入这所大学的该老师终于明白,除了国家自然基金、国家社会基金和上海社会基金等纵向课题外,其他纵向课题对于教授职称的评审毫无用途。不仅如此,横向课题的使用也并不容易,即使你有钱,也不能给学生发,即使你有钱,也不能随便带博士、硕士,在中国,博士导师、硕士导师是一种等级,不是有项目就能干的。

纵向课题的问题更大。在中国高等院校校校争当"研究性高校"和"一流高校"的风气下,国际检索和国家课题成了标杆指标。于是,每年,中国的国家会议多达几千个,以至于我在卡内基梅隆大学导师跟我说:"你查论文把华人的和在中国开的会议筛选掉,再引用。"国家课题的评审机构负责人,每年在各大高校巡回演讲,一个不争的事实就是,凡是被巡幸的高校,来年的国家课题均会一定程度得到突破。

科研投入本来应该是搞科研的,应该是投入方和使用方最具有发言权,然而目前中国的情况是,投入方几次阶段评审和论文考核,使用方受限于一方面连学生正当的劳务费都要造假,另外一方面各大学财务部门突然发现到处出现的假发票和巨额的打印费用。

五、国内外高等教育的发言权

2010年,清华大学百年校庆,真维斯公司捐助清华大学,清华大学将教学楼改名真维斯楼,引起巨大反弹,最终清华大学悄悄去掉了真维斯的牌子。与此形成鲜明对比的是,我所在的卡内基梅隆大学,2012年5月,原先的企业创新中心改名叫某个人的什么中心,改名那天,即将上任的新校长神采奕奕,这笔钱是他搞来的,他在演讲中向大家发誓,将为卡内基梅隆大学搞来更多的钱。也难怪,当初选校长的时候,我这个外来的访问学者也被多次邀请,希望推荐新校长,而新校长最大的任务就是搞钱、搞捐款。

在卡内基梅隆大学,到处是捐款者的发言:图书馆、各大楼、各大楼的厅,都被人命名,这些都是花了大价钱的。而捐款少一点的,会在食堂的铭牌上写上名字,我也小小地捐款了一笔,没有几天收到捐款信和精美的小徽章。捐款带来的是明显的条件的改善,卡内基梅隆大学旁边就是匹兹堡大学,匹兹堡大学是一个有名的公立学校,然而匹兹堡大学的讲座就没有午餐,而卡内基梅隆大学的讲座就有吃的,公立和私立,捐款多和捐款少,效果明显不同。然而相比起哈佛大学的捐款,卡内基梅隆收到的钱是小巫见大巫了。

我国台湾地区在1996年以前,高等教育的投入基本上来自于政府,然而目前已经减少到50%左右。我国1998年教育部直属高校的政府投入占到85%,然而目前只占20%不到。然而,与经费来源不匹配的是,伴随着资金的多元化,教育发言的多元化却一点也没有改变,教育部门的权力越来越大,发言却不好,唯一的发言方式似乎是教育评估,而这种评估从目前来看,其效果越来越不被认同。

物权是社会进步的标志,英国自从有了牧区的栅栏,就建立了现代的产权和法制精神。从本质上和长远地说,物权的属性是社会性的和公益性的,而所有者真正拥有的是发言权,如果投入者的发言权得不到体现,无论是市场经济还是教育,都是搞不好的。

话题又回到南方科技大学和上海建桥学院,投入100亿无论是是谁投的,都无法用这100亿赚钱,而且每年还得继续投入,关键是继续的投入是什么比例呢?谁发言呢?也许这个问题比空谈其他改革实际得多。而前面提到的上海杉达学院投资者将如此多的投入送给上海政府(如果传言是真的),上海不接收,我们也不难理解了:无论是谁的,都要继续投入,投入钱并不重要,重要的是,谁发言呢?

4.8 创新和自我文化

以下是李开复的自传《世界因此不同》中的一段:

> 谷歌在成立仅仅8年之后,市值就达到了2200亿美元。谷歌公司在互联网大潮中不断取得成功的秘密是什么?所有经历过这家公司的员工都知道,那就是一种鼓励创新、平等、放权的文化。这种文化表面上看似乎是无为而治,但实际上是要求管理者用员工愿意被管理的方式来管理员工。这种文化如同一道招牌菜的秘制酱料一样,有了这个秘籍,谷歌就获得了一种与众不同的内在动力。
>
> 曾经有一个员工告诉我:我不认为所有的人都适合谷歌的工作方式。适合它的人会非常开心,不适合它的人会无所适从,因为没有人告诉你应该怎么做。他一语道破了谷歌文化的核心,谷歌的员工必须学会有效的自我管理。

图4-8 这是CMU最常见到的厨房

> 很多了解谷歌管理方式的人都会感到有些惊奇,因为世界上很少有这样一家提倡自我管理的公司。谷歌的自我管理模式,导致了一种特殊的组织结构:程序代码分散在每名工程师手中,同样散落的还有每个人脑子里的创意和经验。这就造成了谷歌中国的工作方式和其他一些跨国公司在中国的工作方式有所不同:谷歌中国不仅要求核心高层与美国总部达成通畅沟通,更重要的是,每名工程师都必须与美国总部从事对应工作的同事结为朋友。这意味着每一个员工都要非常有效地掌握沟通的每一个细节,小到与口音不标准的印度同事沟通时,要敢于在没听懂时要求对方重复一遍;大到写代码的时候一不小心把总部同事的代码弄坏

了,如何道歉并修复等。

这种无人管理的状态意味着两点:其一,每个人必须进行有效的自我管理。其二,必须学会与谷歌在世界各地的近万名工程师沟通,然后找到属于自己的位置。虽然外界对谷歌丰富多彩的文化充满憧憬,但其文化的根本,是每个人都必须要承担尽可能多的责任。

图4-9 这间机器人实验室,是我上课必经之处

这种自我管理、积极主动的文化需要时间来慢慢培养。在谷歌中国建立的初期,因为要专注搜索,我们并没有充分地发挥这种精神。随着组织结构的扩大和一批外部来的工程总监的加入,我开始担心谷歌中国是否能够复制总部的创新文化?

我不断告诉工程师们,谷歌是一个工程师当家的公司,管理方式是自下而上的,通常最主要的沟通是发生在工程师与工程师之间,而不是主管与主管之间。这就意味着很多事情都需要工程师积极主动并自己作出决定。但我发现,中国的员工还是根深蒂固地习惯于老板发号施令,习惯于重要决策问老板,有了问题找老板解决。

李开复在这本书的封皮上有一段话:"一个世界有你,一个世界没有你,让两个世界的不同最大,这是你一生的意义。"来到美国,才感觉到,这其实是美国文化。

美国独立宣言正文的第一句这样写:"We hold these truths to be self-evident, that all men are created equal, that they are endowed by their Creator with certain unalienable rights, that they are among these are life, liberty and the pursuit of happiness."大多数美国人也是这样认为的。最近美国总统大选，共和党内部竞争，一个候选人在宾州演讲的时候，又在解释，他认为美国的精神就是这一句话，他还认为奥巴马在搞社会主义。

美国人的独立和自主精神，以及人性化，体现在他们的方方面面。例如，在签证中，需要很多审查，然而，如果是夫妻和子女签证，几乎是一路绿灯。又比如，国内很多汽车有污染，很多城市就规定什么车不能再上牌了。而偏偏很多美国人喜欢他们自己的老爷车，当然尾气污染很严重。怎么办呢？只要汽车修理厂能够证明你花了很多钱去修，还是达不到要求，那老爷车也只有开了。在每天回家的路上，我经常看到60年代的和以前的车还在开。在校园和实验室里面，这种文化照样存在。原本以为美国是社会化的，幼儿园和托儿所单位不再办，其实不然，我所在的CMU有很好的幼儿园，是学校办的，价格低于市场。不但如此，我每个月都能接到邮件，有一天可以带孩子上班，这一天叫"带着孩子去工作日"。CMU的实验室，有专门的行政人员和外包的打扫卫生的，与国内不同，连实验室内部卫生，这些人也打扫，只不过按照钟点来而已。实验室到处是休息厅和厨房。美国的厨房都是开放的，里面放置了冰箱、微波炉、咖啡机、咖啡和茶，等等。每次学术活动都能有茶点，学术活动过后，多余的茶点就会放在厨房中，方便大家自取。这个时候，你会收到邮件，告诉你有什么可吃的。经常还有一些冰淇淋给大家吃，这个时候，行政人员会通知大家聚集，大家一起吃冰淇淋。为什么呢？邮件里说：某某教授工作了整整27年了，这可能就是理由。

在国内，导师被称为老板，这个是跟国外学的，然而意义却不同。美国的博士后和博士生，都是要老板花钱的，其实老板并不像国内那样管理学生，但是由于是老板的钱，学生的主动性和压力都很大。其实中国人和美国人一样，都很官僚，只不过美国用很多机制来躲避了官僚而已。相比起来，访问学者不需要花老板的钱，一般压力也小，国内来的人很多都是中午起床，下午点个卯算是不错了。我不敢这样，因为浪费的是自己的时间。

我访问的卡内基梅隆大学的一个实验室，所属关系非常松散，实验室有教授，有科学家，总计占不到实验室的40%，另外有一些博士后和博士生。博士生最辛苦，博士后是一个短期职位，如果一个博士后一年找不到工作，需要做几期的话，今后找工作的可能性就很小了。硕士生不属于导师，然而硕士生是企业的主流，他们希望学点东西，甚至换算一些学分，也待在实验室。除此之外，还有很多访问学者和兼职人员。我的一个办公室,有两个兼职人员,一个是 Horward,这是在安全管理方面赫赫有名的人;一个是 Brain,一个退休的人。这两个人有我实验室的钥匙,但是一两周来一次,与导师讨论一下研究的进展,他们也许有自己的办公室,也许只是来开心一下,但是学校会给他们邮箱和必要的条件。Brain 是一个很有趣的老头,看我一个人闷,他高兴地和我聊天,后来高兴了,带我参观了所有附近的教堂、学校、博物馆,一直到晚上送我回家,将近 5 个小时。Brain 是单身贵族,55 岁了,他有很多点子和人脉,对科技非常熟悉。我想,美国做科研也要搞关系才行的。

一个没有人管的实验室,其实日夜运转,非常高效,全依赖于每个人自我负责的精神。但是,也不完全。在美国,最辛苦的是博士、博士后和助理教授,这些人为了将来而拼命。一旦拿到终身教职,很多人与国内一样,混日子的也不少。在国内能够听到的很多大名鼎鼎的专家,我在这里有幸听过他们的讲座,几乎也是 10 多年连 PPT 都没有变多少,进步很少,他们能够混日子,主要原因是经费还没有花完。等经费花完了,实验室就会关闭,那个时候,即使他再大牌,是终身教授,也很难过,办公场所就得换成很小的,条件也越来越差了。

大学如此,公司也是如此。前些天,考察一家匹兹堡本地的 IT 公司,公司里面也是一样的开放厨房、会议室。不过每个人的工作间倒是一人一间,非常隐私。在独立与交流之间,美国方式和中国方式确实有所不同。

在 CMU,李开复被很多中国学生立为榜样,很多人有了最新的成果,也会像李开复一样去创业或者去企业。在李开复的自传中,我们可以看到,微软其实有很多 CMU 的教授,文化也相近。然而,最优秀的美国人,是会选择创业和去小公司的,微软被很多创新的公司树为公敌。李开复在微软做到副总裁,但最多也只管 100 多人,美国人不像中国,没有管人和做皇帝、做领导的瘾。

4.9 连接世界,回到社区与家庭

鲍勃今年 16 岁,家住匹兹堡北部。鲍勃的爸爸是西屋公司的软件工程师,妈妈是公立学校的英国文学教师。每个周三的晚上,他会准时到北山教会给华人教授英文,给美国人教授软件。鲍勃是典型的美国在家上学(homeschooling)一族。从小学毕业开始,他就跟爸爸学习软件编程,跟妈妈一起参加教会举办的志愿者活动。

作为在家上学一族,头两年,遇到一些不容易明白的课程,鲍勃会去妈妈所在的公

图4-10 社区最能发挥孩子的天性(图为匹兹堡北部社区志愿者自学活动)

立学校旁听一下。这两年,因为有了大量的在线课程,他根本就不用去学校听课了。

在美国的50个州,都有相关法律用来规范和引导在家上学。在家上学的比例也由1999年的2%上升到目前的4%到5%。如果一定要寻找这类人群的特征,白人家庭、双亲家庭、有多个孩子、宗教虔诚,这些应该算是比较普遍的。

发明家爱迪生、遗传学家人类基因组负责人弗朗西斯·柯林斯、维基解密创始人阿桑奇,他们的共同特点便是在家上学。如果将家境比较好的美国著名运动员列出来,这些人在家上学的比例大得简直让人瞠目结舌。

因为互联网的出现,与爱迪生有一个聪明而富有智慧的妈妈相比,从1999年开始增多的在家上学一族,并不需要那么聪明能干的妈妈了。也正是从那一年开始,美国的在家上学比例进入快速增长时期。目前,在家上学的黑人家庭也开始逐年增加。比起公立学校每年10000美金的花费(除去学费),在家上学每年只需要花销400到500美金。

在美国,对在家上学持最激烈反对意见的是教师工会。然而,具有讽刺意味的是,绝大多数在家上学的孩子,其父亲或者母亲就是教师。原先以为,在家上学的孩子在学习成绩上可能是不错的,孩子的社会交往却可能最成问题。然而,统计表明,事实正好相反。鲍勃是因为当初的校园暴力和性格内向而离开学校选择在家上学的,如今,他有了更多时间参加志愿者活动,与同龄的其他孩子相比,他更加接近和融入到了当地社区。经过6年的社区英语教师生活(主要是针对华裔),鲍勃已经学会了一口还算

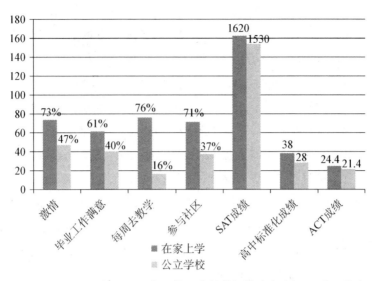

图4-12 不同学者从1999年开始研究的数据结论大致相同：美国的在家上学效果远远优于公立学校

流利的中文。他的这种"国际化"，竟然是从在家上学开始的。

美国学徒制认知教育的创始人柯林斯说："我强烈地感到，新技术正对学校以外的社会产生着非常重大的影响。在校园外，新技术已经被广泛深入地运用于人们的阅读、写作和思考之中。可是，在学校里，尽管阅读、写作和思考是学校教育的主要关注点，新技术却没有得到运用而被边缘化，或者仅仅是用于某些专门课程。技术和学校教育之间存在严重的不协调，不难理解，新技术对于学习的影响依然更多地发生在校外。我认为，教育决策者和改革者应重新思考学校教育和校外教育。"在他看来，人类正在从"僵化封闭的学习"（Just-in-case Learning）向"随时随地的学习"（Just-in-time Learning）转变。家庭和个人都在重新收回教育的责任。学校不会消失，但是，它们在教育上的责任正在减弱。

美国的西海岸是创客们的圣地，惠普、微软和苹果等世界大牌公司就是在这里发迹的。2006年，这里举行了第一届创客嘉年华。到2012年，仅仅几年时间之后，到此参展的世界发烧友达到3.5万人。继承车库文化的创客一族，很多人平时就在家里学习和创造，在网络上互相鼓励和支持，他们开发了一个又一个极富创意的产品，其中包括作为第三次工业革命标志的3D打印机。这次工业革命的一个特点便是：回到家庭，回到乡村，社区创造。

近几年,一些在匹兹堡致力于中美之间的留学生意的人开始把精力集中转移到一个新的方向:把中国的高中生甚至初中生介绍到美国就读社区学院。很多中国人只知道美国的少数几所世界一流大学,却不知道48%的美国人选择的是社区学院。这些两年制的社区学院不仅离家近,而且费用低,入学门槛也不高,有些甚至连高中文凭都不需要。在社区学院读完两年之后,可以凭借自己的努力再考入名校继续学习。在匹兹堡,一些女孩就选择在社区学院学习护理专业,毕业后收入也不错。

这些年,为什么美国的教育发生了如此巨大的变化?我们已经看到,在新的信息技术条件下,互联网打破了时空界限,正如汤马斯·佛里曼(Thomas L. Friedman)所说,"世界是平的",城乡不再隔绝,距离不是问题。只要面对电脑、iPad、智能手机等终端设备,就可以"人机对话",在社会化网络中(SNS)实现"人人对话",家庭和社区成为学习中心。在此背景下,我们不难理解,在2012年的美国公立学校评估中,为什么最优秀的几个样板竟然是那些偏远的小镇。

与美国教育的开放性、灵活性和不断变革相比,中国教育的封闭、僵化和死板让人异常痛苦和失望。2012年3月,衡水二中又像往常那样,开始了新一年的行为艺术:在偌大的操场上,即将参加高考的孩子们如同文革时期向毛主席表忠心那样表达志在必得的决心,要向北大清华进军。类似的情景在华夏大地上并不鲜见。一篇题为《我在衡中的生活》的帖子在网络上广为流传:

早上5:30被铃声惊醒,条件反射般挣扎着爬起,闭着眼梳头,刷牙,洗脸,然后冲下楼。5:40举起书大声朗读。之后开始跑步:步伐整齐,口号声起伏不停。结束后飞奔向教室。6:00全体起立集体朗读。

中午12:00放学,以百米冲刺的速度奔向食堂……边吃边看电视新闻。12:40,必须躺在床上。学校规定吃饭后不能跑,大家只能飞快地走(将来国家队挑选竞走运动员请到衡中来)。午睡的房间安静得很,没有任何声音。1:45起床后,要在3秒钟内冲出房间,否则人群蜂拥而至,会迟到的——从来到衡中再也没有悠闲地走过路。奔向教室,课桌上已经摆满了卷子,一天至少写20张卷子。过去学校的垃圾篓全是零食袋,衡中的垃圾篓里全是演草纸。

每天晚自习之前全班统一看新闻20分钟,之后开始两节自习课——其实就是考试。衡中有句名言:"自习考试化。"考试用答题卡答卷,考试完毕后,电脑会自动算出一道题多少人出错,并打出人名,还有不该出错的人名单,成绩都会公布出来。衡中的理念是"两眼一睁,开始竞争"。教室24小时有探头监控,没有人敢说话。每天都有考试,惩罚严厉:卷子上忘记写名字的,罚写800遍,每天背8个成语、一首好诗、一段好句子,不会背去办公室找老师背。9:40放学,10:05已经进入梦乡。

衡水市,与湖北的黄冈一样,多年来一直保持着不低的高考升学率,其中不乏考上清华北大的学子。然而,这种"单向"的人才输出并没有使当地的经济社会状况得到多少改善,反而为此消耗了大量的人力、物力、财力和资源。在这样的所谓"教育强市",像麻城市那样中小学生自带桌凳到学校上课的现象,在当地不过是常态而不是新闻。同样是在麻城市,另一个标志性事件却不大被注意到:当地党政班子集中出现在"高四"(高考补习中心)的揭牌仪式上,可谓阵容强大,隆重壮观!对于衡水和黄冈等地的官员来说,考出多少状元,输出多少学子,成了衡量"政绩"大小的重要内容。升学这条通道,似乎是连接外部世界的唯一出路。全部的希望就在于"逃离",其规模越大,对当地的损伤也越大,恶性循环。

在美国,一流的大学,多数都是私立的。地方政府会建立若干所州立大学,鼓励学子们在本地学习,毕业之后,可以留在本地工作。社区学院更是如此,生源是本地的,毕业后为本地贡献劳动力,促进当地经济社会发展,财政状况也得以改善,形成良性循环。上不上哈佛大学,有多少人上哈佛大学,这是个人的事情,而培养大量合格的人才,才是地方政府的大事。

(本节由魏忠、邝红军撰写)

4.10 教材即社会,一书一世界

2014年1月20日,Wendy开始了她新的一学期的课程。这一天晚上,与往年高中开学的第一天一样,Wendy在每本书的扉页上签上自己的名字,这也是这些书唯一能够写东西的地方。Wendy打开了IB数学书,这本书1300多页,还不是所有教材中最厚的,Wendy签上了自己的名字,并且仔细检查了书的前前后后,在签名的后面相关损坏位置画上

图4-13 进专业演出厅、卖门票、拉赞助,16岁的Wendy和她30多位同学一起经受了市场的考验,而这个Grease经典的美国高中剧目,是社会的也是学校的,更是学习的一部分

钩,这种操作,与我在美国租车的租车单极其相似。Wendy是这本IB数学书的第22位使用人。自1989年以来,所有的使用者都会在填上保存完好的证明,并且再一次包上崭新的书皮,就像我在美国看的和买的房子一样,哪怕200年的房子,也保存完好如新。

杜威说,教育即生活,杜威的学生陶行知说,生活即教育,他们说得都对,在教材这件事情上的具体表现,就是"教材即社会,一书一世界"。

Wendy在上海读的初中,在美国读的高中。在上海读初中的时候,读的英文教科书也是英文原版的教材,到了美国才明白,这些书是给外国人读的。而美国高中每学期的原版"英国文学"教材,竟然有1200多页。在中国的时候,想学好英语,光靠一本几十页的原版英语教材是完全不行的,于是Wendy的父母,按照学校的指示,每学期都会买上十多本参考书和题库以及卷子,加起来恰好也是1200多页。学的方式不同,反映了上海和美国不同的"教育社会现象"。Wendy在美国的书,是学校免费借给学生的,除此之外,学校每年还会借给学生6本左右的世界名著,这些书是教材里面没有的,那是因为即使长大1200页,"英国文学教材"也不可能收录中篇和长篇小说。除了6本左右的世界名著和教科书,就再也没有什么学生需要买的教材和教辅资料了。而上海的高中生,每门课程需买的资料就相当丰富了,例如Wendy所在的浦东外国语中学,是不使用统编教材的,但是每年的区和市教学检查以及中高考的指挥棒,使得教辅材料"一个也不能少"。

教材即社会,拿美国的英国文学和中国的语文相比,是最有可比的了。"课本里面从来不会使用名著节选这样的方法的。"Wendy说。1200页的书里面,几乎全部都是按照教科书策划人、出品人的逻辑组织的作者的原著,一个字也不会改,而不像中国的语文教材,会使用改编、节选等方式。另外,美国的教材中,无论是哪门功课,牵涉到哪个公式和作者,都会把出处介绍得清清楚楚,更不会像中国大多数语文教科书里面的文章竟然没有作者的现象。以上体验了美国社会注重知识产权、注重严谨性和尊重知识创造的特点。这种教科书的方式,也自然映射到学生的作业里面。"老师要求我们所有写的作业,无论是网上的还是书上的,无论是引用原话还是引用意思,必须说明出处,不然就是偷。"Wendy说。

教科书和教材是知识的高度浓缩,是权威的和官方的经典,这点上中西的认同没有什么大的区别,然而具体的理解却是有很大的不同。拿英国文学这门课程来说,Wendy几个学期学过非常多的名著:课外的名著、书本上的诗歌、短篇小说等等,几乎都是经过时间检验的世界名著,不同的学校、不同的教科书也许有很大不同,然而,这些篇目基本不会大变。中国的教科书更重视知识点的学习,会根据知识点来裁剪和选择著作,而美国的高中课本更多的会根据模块来学习:比如要学诗歌,一个阶段都是诗歌,要学莎士比亚文学,一个阶段就会学习莎士比亚,要学英国新维多利亚风格,一个阶段都是这些内容。在美国教材中绝对不会出现的一个情况就是去根据学生程度去改编名著。美国人也许认为,"学校即社会,教育即生活",你可以选取学生适合的东西,但不能脱离原本的面目。在上海版的语文教材中,我们看到了太多的改编了的巴金的著作、中国化了的外国作品、没有作者的文章和杜撰的故事,这也反映了我们整个社会的随意。

我们一般有一个误解,发达国家的教学很随便,Wendy 到了美国发现情况完全不是想象的那样。1000 多页的多门功课,教师的讲授方式、布置作业的方式、考核的方式均有非常个性化的特点,然而有一点有很大不同,那就是美国教师绝对会按照书本上教师自己选择(当然自由度也很大)的材料去布置作业、去考试,而绝对不会增加难度、偏题、怪题。美国每门课的教科书也会有很多习题,但 Wendy 的感受是,老师更多的会根据书上的内容考核学生,而不是那些习题,也就是说,只要一个学生努力看书,就一定能看懂,一定能得到好成绩,根本不需要课外的书。"美国的本质更加严谨和本本主义,在基础教育阶段我觉得这是对的,对大多数我们学生来讲,是能够够得上的,我觉得中国的教师更加发散、更加自由发挥。"

批判性思维和能力、个性,是美国社会崇尚的价值体系导向,而这种导向在教材和教学中得到充分的映射。美国的高考,主要考以下几项:阅读、数学、写作和基础的听说读的能力,在教材上,体现阅读的是动不动 1000 多页的教材;体现个性的是选课制度;体现写作的是无处不在的报告作业;体现数学的是每个年级有很多种难度的数学供学生选择:一个高中三年级的美国学生的数学水平也许相当于中国的初中二年级,也许相当于中国的大学毕业生。而作为美国社会创新引擎的批判性思维在教材中无处不在。除了物理化学数学等定律告诉学生结论,更多的教材是只告诉学生事实和发生过什么,根本不告诉学生结论,也不试图告诉学生结论。"美国的教材很细,很多例子,很多佐证,只摆事实,不讲道理。"在摆事实方面,美国的教材甚至"超级黑"似的挖自己的东西,美国历史教科书中,会大比例地罗列美国历史上犯的错误,而这一点也没有影响学生们每天高唱:上帝保佑美国。最让我惊讶的是 Wendy 的宗教课,天主教的教会教师给大家看的《激情年代》的作品和电影以及布置的作业,丝毫没有考虑这部作品是揭露宗教迫害的经典影片。相比起美国的社会,中国的社会环境有很大的不同,因此反映到教科书上，在很多细节上的差距实际上体现的是社会的倡导方向的不同。巴金的短文《山的那边》最后一句"在山的那边"，在中国的语文老师那里或者升学语文卷里里面就会有标准答案，而在美国同样一篇名著《了不起的盖茨比》，教师也会问学生为什么盖茨比的手指着纽约一个湖的对岸，然而却很少有标准答案这件事。Wendy甚至读完全篇小说，把描写颜色的文字全部找出来并分析，得到了老师极大的夸奖。

教材的专业性决定了教师的专业性。Wendy的老师不多，美国在几乎和中国同样师生比的情况下，班级规模要比上海的学校少2倍（上海高中时40个人，而美国私立学校平均只有12到15个人），这就意味着，Wendy美国的教师周课时数几乎是她上海读书老师的一倍。我统计了一下，Wendy的美国高中老师每周上课要20小时，确实比中国高很多，教师课业压力大的同时，教师所承担的认为似乎也比中国的教师更重，Wendy的历史老师，同时担当着学校的Tok（有点类似我们的思想品德）老师，还兼任着学校音乐剧的编导和辩论队的指导教师。虽然老师肩负着很多任务，然而到了真正的具有教材的专业性的教育中，所有的老师几乎永远只教一门课：几何老师教几何书、高级几何老师教高级几何、高级代数老师教代数、IB数学是由课外的教师过来教的，绝无串通。从这里我们可以看出，美国教师的专业性，是由教科书来区分的。这种教科书的专业性，也体现出美国社会的专业性要求和价值理念。像很多专业一样，美国没有新闻本科，因为美国社会认为要成为一个专业的记者，首先要具备这个行业的专业背景，也许美国人认为学完生物学再读一个新文学硕士才能报道转基因问题、学完机械学本科再读一个新文学硕士才能报道飞机失事。

美国是一个商业社会，由看不见的手来调节教材的运行，没有强大的教育部，私立学校更有非常强大的甚至完全的自主权，但这并没有使美国教育成为一种"一塌糊涂"的教育。相反，教材反映了美国的社会运行规律。商业是逐利的，因此美国的教材越做越厚、越做越精致、也越做越细，然而学校也是按照商业规则来办事的，学校并不卖书，也不靠买书盈利，因此才形成了多数学校教科书的免费借阅惯例。由于书越来卖得越少，就逼迫书商将书做得更厚和更加精致。因此，事实上，美国没有中国所独特的教学辅导书的巨大市场，因为教科书已经写得非常精致、好看和全面了，除了语言类的课程，学生们其实可以不用听课也能够把知识掌握的，对于很多自学能力强的孩子看书的效果也许更好。美国几大考试组织，是以题库为核心竞争力而存在的，他们的标准是美国的政策和市场的需要，题库是有知识产权保护的，对于学校来讲，考试组织并不具备教学能力，因此教师也绝不会根据考试的需要和趋势去调整教学。一些培训机构确实有帮助考试的市场，然而更由于美国招生制度的多元化，这个市场并不十分火爆，这也实际上形成了非应试的教育体制。

最好的建筑是学校、最美的园林是校园，体现出美国社会重视教育，更体现出杜威的"教育即社会，学校即生活"的教育理念。厕所里有手纸、房间里有空调、学生有自己的更衣间、学校有比肩专业体育场的学校体育场等等，其原因不在于"更好地服务于教育"，而在于"教育即生活"，具体到教材，体现得也是完全一致的理念。由于指挥棒不在于应试，因此教材体现出的精致程度、可看性就非常好，哪怕12年级的书，也是非常好看、漂亮和吸引人，相比起同类成人书，教科书所体现的色彩、细节、精致更高一筹，根本不像国内教材用一年就扔的"快餐产品"。如此精致的教材，给学生的印象和美丽的校园一样是深刻的，因此即使美国的高中、大学比中国的更苦更累，学生也绝不可能把如此精彩的书在毕业典礼上扔掉、烧掉以解心头之恨。

一书一世界，Wendy 的书，无论是化学、代数、语文还是英国文学、历史、经济学、几何等等，每本书在我看来都是一个有生命的东西，因此即使是很多学校会提供给学生免费使用的机会，很多学生还会买一本，留在身边。由于1000多页的历史教材，Wendy 并不会读完，老师也不会教完，然而由于教科书的体系性非常强，Wendy 还是有点舍不得最后还给学校。事实上，Wendy 的老师在一学期的课堂上，只讲了她认为重要的古希腊、欧洲的形成、中世纪、美国革命等章节，很多章节不但不会讲，也许今后也永远学不到了。关于中国、古人类等的非常吸引 Wendy 的章节，Wendy 完全可以当作课外兴趣书来看，如果留在身边。世界上的知识永远学不完，中国的教育工作者们总是不希望孩子们缺失这个、缺失那个，而事实上，教师本人的知识也并不全面。美国的教育的不同在于不试图去教会孩子们所有的东西，但学一件事情，就一定要把这件事情的来龙去脉和体系性学习完整准确，即使学不完整，教科书上也写得非常完整。我最喜欢 Wendy 的《世界历史》一书，1000多页的书，有1/5是非常精美和具有代表性的图片以及佐证材料，这本书甚至给我这样一个成年的大学教授也带来很多东西。与网络不同，书本的体系性是经过时间的考验的，并不是所有的东西都可以当作教科书的材料的，书中的材料的选择是精挑细选的，重要的知识点是形成逻辑链的，我完全可以把这本教科书当作工具，弄不懂的东西能够马上进入书中的世界、进入到人类历史、进而进入真实的世界。

一书一世界，教科书是现实世界的映射，更加收敛的价值体系映射到教科书上就是教科书稳定的基础知识,而现实世界的丰富多彩,是由教科书的丰富涵盖以及教学形式的多样性所体现的。Wendy 的英国文学中有一个章节讲到《了不起的盖茨比》,这是一个美国 30 年代著名作家的作品,Wendy 按照老师的要求读完全书、写完作业,还看了拍摄的两个版本的电影、与其他同学一起被学校的巴士拉去剧院一起看了同名的话剧,还写了 4 篇论文,与同学一起编了同名的音乐剧,最后还做了小组报告,其形式是非常丰富的,其主题是非常清晰的,其核心的价值观又是非常收敛的:美国梦。经过一共 3 个月的学习,所有的学生一起寻找美国梦,最后达到同学们的价值交集,老师才满意地结束这个单元:"美国梦是无论你什么出身、什么宗教、什么种族、什么性别,甚至是移民和非法移民,在这片土地上,你只要通过自己的努力,就能够得到应该属于自己的一切。"而 Wendy 通过 3 个月的学习,与美国孩子一起形成一个小组,拿到了班里的最高分,第一次由一个外国孩子在一个美国孩子的班级里,得到了英文的最高分,这也是 Wendy 的美国梦。

平板技术的发展、社交媒体的进步,电子书的出现,也同样改变着中美的教育。与中国的教育相比,美国的教育机构很少由政绩去推广某种教学模式,也很少自上而下的教育信息化地推进,然而,却是极其务实的,其原因也是在于"教育即社会,学校即生活"。Wendy 所在的高中,5 年前就使用了 Edline 课程平台和家校平台,使得我能够随时看到 Wendy 的所有成绩,而每一次 Wendy 的成绩记录、作业记录,都会及时地反映到网站上。对于 Wendy 来说,美国不仅校园是没有围墙的,其知识体系和沟通体系也是没有围墙的,这就造成了美国的校园信息化非常务实和简单、社会化。当我们争论该不该将平板引入校园的时候,Wendy 的作业经常是需要通过平板电脑做作品展示给学校同学,学校还配发每个学生一个标准的笔记本电脑,以便学生完成很多作业。对于美国的学校来讲,电子化教材不是该不该的问题,而是这是否是社会一部分的问题。人类进入到网络世界,教育就应该围绕网络社会的特点,因此,与中国的高中生有很大不同的是,Wendy 的 80% 的作业是需要电子邮件发给老师的,没人推动,却又自然而然。

4.11 美国人的教育聚焦
——解读海金格报告:《教育这一年》

这是以已故的《纽约时报》教育编辑海金格名字命名的一个深度教育报道。以海金格报告的视野,我们可以看一下美国教育的关注重点。该报告使用了13个具有代表性的具体事例,为我们展现了一个美国主流教育界关注的教育问题和趋势,值得我们深思。该报告唯一一个国外的教育焦点,也是排在第一位的,是关于印度的。

"印度高等教育大跃进",如果这样翻译,对中国的读者来说,确实可能带有贬义,但它不是原文本身。与中国的1995年前后状态相似,印度确实进入了高等教育大爆发的年代:目前印度1/3的人口小于14岁、进行中学后教育的适龄人口比例只有18%,每年有10万留学生,其中8万留学美国,等等。以上这些事实容易被经历了三十年经济持续发展的中国人所忽视,但没有被美国人忽视。我在美国的几个月,到处见到印度在美国收购的加油站、办连锁酒店和无处不在的印度经理……在未来的20年,印度的教育和国家的崛起将会不亚于中国。

与中国人快速发展所带来的赶英超美的豪言壮志相比,印度具有更好的基础:更好的市场秩序和金融业、民主和政治制度、充满活力的教育、国际上的普遍支持以及印度人自古就有的服务文化。印度的教育变化会对美国发生巨大的影响,这点美国人看得很清楚,中国没人注意,也没人当作机会和挑战。更为重要的是,印度已经积累了非常良好的与国际接轨的教育基础。不利之处也许在于,印度竞争更为激烈,应试教育更为残酷,基础更差。其实,事情不能往回看,中国30年前的状态更加惨不忍睹。印度今天的《贫民窟的百万富翁》、《三傻大闹宝莱坞》等教育电影的深刻反思以及苏迦特等教育家的实践,也是当今中国不能匹敌的。

图4-14 滑石大学代表了美国一般的州立大学:安静,优美,历史悠久

排在第二位的聚焦点是"田纳西州教师评估系统在艰难中前行"。任何国家的国有企业和公职人员都效率低下，美国也是如此。正因为如此，美国人特别相信市场经济。公立教育是一个没有办法的事情，从小布什开始就不断地进行考核和评估，奥巴马更是如此。这篇聚焦的文章以田纳西的孟菲斯为调查对象，反映了教师评估所经历的两年。人性都是一样的，凡是评估都会遇到反对力量，美国也是如此。有趣的是，在这篇文章后面跟进的评论文章中，也是对教师评估的负面评价居多。与中国的教育评估主要针对学校的指标有所不同，美国已有的教育评估主要是针对学生的听说读写。美国的教育是目标管理，你硬件如何、经费如何、教师如何，那是州政府的事情，联邦是无权过问和评估的。然而，《不让一个孩子落队法案》是联邦法案，要针对学生的听说读写进行评估。该评估与国内选择名校的评估也毫无关系，公布出来的结果，并不显示这个学校好学生如何，显示的是差学生的比例。

孟菲斯的教师评估又往前走了一步。针对每个老师，每年会有至少两次的听课评估，新教师会达到6次。针对这些评估，正面的效果是确实提高了教师的整体水平，反弹更多的意见在于，"教育这件事情"标准化评估并不能表示教师的水准。在个性化和大众化之间将如何评估？调查也认为，好教师不是被评估下来的，相比起来，教育有问题的教师，倒是可以通过评估得到咨询和建议。

从这个报告国内教育者可以得到启示：再也不能将用行政化的教育评估作为优秀教师的衡量标准了。在美国，美国联邦和各级部门对私立学校其实是无权管理的。接受市场洗礼的教育，效率高是毫无疑问的。与教师的评估热点相比，美国的学生和学区评估逐渐标准化，奥巴马的法案更加强化了这种评估。然而，评估的准确性、及时性和欺骗性成为一个问题。在海金格报告中，也聚焦了一个在线系统的尝试：通过在线测试来解决这些问题，而不是依靠传统的人进行评估。

第三个焦点是堪萨斯学区的教育启示。这是一个在美国并没有高的物业税的学区，社区家庭收入低于美国其他地区，父母基本上都没有时间照料孩子，20%到60%的学生是减费和免费午餐的，社区里家长属于大学毕业生的比例是美国的平均数低50%，教师的工资既低于美国其他地区，也低于州的平均数。然而就是这样一个学区，在美国和州内的学校排名中，Wauconda都名列前茅。全部学生通过英语和数学测试，绝大多数是超出平均水准。就这个学区的教育经验来说，其成就基本和学校教育方法没有什么关联，而是更多地和社区文化以及环境相关。该学区是100%的白人社区，附近社区均不错、位于小镇、教师和学生和家长属于一个教堂且居住在一起、教师保持了长期稳定、有稳定的志愿者为成绩较差的学生进行一对一的长期服务、教师和学校免费为晚回家孩子辅导功课成为传统、每个班级少于11个孩子、几乎100％家长参加家长会，等等。

以上教育样板，对于美国具有启示意义，对于中国的教育改革也具有很大的启发：教育是社会的一部分，不改变社会的环境，教育的成功只能是短视和急功近利的。当然，美国教育的评估标准和中国有很大不同，不评估精英和单科竞赛，只评估落队的孩子，这样对于社会更有意义。这个案例，对于那些不是大城市、不入主流、波澜不惊的地方，也许是好消息。

美国大学的楼堂馆所建设问题竟然成为一个焦点问题。财政紧缩，造成教育经费的缩减是必然的事情。过去两年学生注册数下降，学校空间增加，学费的折扣加大。州政府平均每个学生的花费比起80年代减少11％，加州公立学校的学费增加了18％到22％。目前的美国各大高校，尤其是私立高校楼堂馆所建设却越演越烈，有统计表明，2年内建设的大学的大楼是10年前同期的2倍多。造成这个现象的原因是捐款。这些捐款不能用于教师工资、学生学费，甚至连运营经费也不能用，于是抓紧建设大楼，而这些大楼原本的教室的使用率还不到20％。看来，在大楼和大师的问题上，纠结的不仅仅是中国人。私立大学和捐款的钱，当然别人管不着，然而，社会资源的配置效率问题，也是美国教育的焦点。

教师的培训和培养，占了13个焦点问题中的两个。其中一个是讲教师培训项目的效率极端低下的问题。联邦政府每年10亿美元给学区做教师的培训，纽约市仅仅去年就给了私人咨询师1亿美金，然而，教师培训的效果却非常不好。选择教师培训项目的时候，也几乎都是本着教师培训与教师感兴趣与否相关，与学生质量的提高和表现毫无关系。研究沿用一个1300项的研究统计，其中只有9项研究表明学生的测试得到正相关的结论。另外一个焦点，则集中在在线教师教育方面。在加州圣地亚哥的一个在线教师培训平台的案例表明，在线教师培训的效果要好于面授的效果。目前，中国的教育问题还集中在学生，美国体现出多元化的聚焦，教师培训的项目和效果，已经逐渐被重视起来。

社区学院的发展近年来在美国非常迅速。我所在的地区，据我观察，社区学院的设施、项目、精致程度等，远远超出国人的想象。海金格报告将焦点集中在一个即将退休的社区学院的院长身上。这位院长通过自己的努力将一个高犯罪率的社区学院办得风风火火，但也遇到可持续发展和后续师资的问题。历史并不长久的社区学院在美国的成熟度也并不高,成为焦点也体现出着眼未来的眼光。

与社区学院发展类似的,特许学校在美国的发展也相当迅速。这种公立民营的灵活办学方式,更多地也是吸收社区的积极力量参与而达到进步的。麦肯锡报告中全球持续进步的标杆学校系统中,也包含着加州特许学校系统。照理来说,特许学校是公办学校办不下去的学区中不好生源和不好的学校,然而非常多的特许学校在灵活的市场机制的推动下走向新生。海格斯报告也将焦点集中在这样一个特许学校上面。这所学校原先是高中,"特许"后改成相当于中国中等职业教育的合作教育的职业学院:聚焦在健康、沟通、建筑、生产和工程等实用技能的培训上,通过将教育重点集中在学习风格上,取得了突破性的进展。

教育公平问题,是所有大国教育遇到的焦点,美国也不例外。海金格报告中提到了和此相关的三个聚焦点。第一个焦点聚焦于一个案例,考察的是一个黑人社区50年与房产、城市规划和学区的变化,在改革社会中改革教育。这是一个成功的案例,社区和学区以及经济发展良性互动,种族得以融合、贫富问题得到同步的解决,穷人的孩子和富人的孩子通过社区的纽带连接在一起,推动社会和社区的进步。另外一个焦点聚焦于一个反面的案例,一个种族隔离制度消失后40年还存在的种族隔离的社区:白人上私立学校、黑人上公立学校。它反映出制度层面的窘况,与种族问题得不到解决伴随着的,是小镇更加严重的经济和社会衰退。2012年是美国的大选年,另外一个焦点问题是"为什么罗姆尼在教育问题上事与愿违?"这是唯一的一个时政焦点。罗姆尼自称去学校的次数多于去教堂,然而他在美国大选中,对教育所提出的奖学金计划,却因为奖学金本身有利于中产阶级而不是贫民而并没有得到多数人的支持。

通过考察美国教育的聚焦点,我们也许能得到一些启示:

1. 教育问题不是出在学校本身,解决教育问题应该至少着眼于社区、经济和社会以及大的时代背景,形成顺势的办法。

2. 学生的评估,从社会学角度上更加重要的是,"少让一个孩子落队"比培养精英更加重要;教师层面,选拔所谓名师,还不如切实地提高落后教师的技能,应该更着重新技术在评估中的使用,要注意评估的指向和教师培训效率。

3. 学校机制方面,应该尽量发挥市场的作用,尽量发挥合作教育的优势。

4. 密切注意教育的全球化和人口社会经济因素,不要站在教育里面看教育,那样,技巧性的教育并不能解决结构性的社会问题和教育问题。

4.12 大数据与中美教育的"均"与"衡"

图 4-15　受到美国总统奥巴马的接见,这是 Math Counts 冠军队 30 多年的传统

2013 年,新一届的美国初中生数学竞赛获奖出炉,与过去 30 年的传统一样,获得团体冠军的队伍和个人冠亚军的初中生受到了总统的接见。奥巴马一如既往地接见了这些孩子,正如奥巴马前任小布什、克林顿、老布什、里根所做的一样。在过去的一些年,一半以上的获奖者一直由亚裔占据,华裔在近些年几乎也占据了一半的面孔。

2013 年到 2014 年度,美国将这项"美国初中生奥数竞赛"纳入中学生学科竞赛,这意味着这些学生和所在学校的荣誉。而几乎与此同时,中国相关部委紧急叫停饱受争议的"奥数"。

以上中美两国对于数学竞赛的态度和传统,代表了中西方典型的对于教育均衡的不同看法。西方注重于"衡",中国注重于"均",换句话说,中国的均衡教育的基点是"中庸":不患寡而患不均;西方的均衡基点是"制衡",在基本和基础公平的基础上,倡导个性。

以上问题我们可以研究得深入一些。之所以中国的奥数走入"走火入魔"的境地,也是由教育公平政策引起的。在 90 年代初期和中期以前,奥数并不热,学习奥数的人和奥数热的人，确实具有数学天分的比例还比较高。但是20世纪90年代末期的一项政策改变了一切：出于公平起见不允许初中入学考试，而有限的教育资源使得奥数成为几乎唯一的重点初中的选材标准。

那么，美国的教育公平是如何实现的呢？是不是因为Math Counts而"奥数"成风呢？对中国教育公平有哪些启示呢？

首先来讲，教育的目标和导向不一样。深受杜威主义教育思想影响的美国，无疑在西方教育是标杆性的。杜威认为，教育的目的是"为了教育进行下去"，"如果一个学生学完9年级的数学，由于某种原因教育突然停止，他还愿意继续学习下去，那么这个教育就是成功的"。杜威的教育观从60年代起逐步影响美国的教育政策，且越来越重要。相比起"培养精英人才"和"培养社会有用的人"，美国的教育政策和教育导向更重视学生的个性化的发展，将"教育是否进行下去"作为重要的哲学导向。奥巴马上台后，更是把不同种族的及格分数制定得有差距，对于公立学校的学生来说亚裔的数学85分才算及格，白种人也许70分就及格了，而西班牙裔和黑人学生，55分也许就算合格。从表面上来讲，这种"不公平"确实存在，然而从"过程性考核来看"，55分的黑人学生能够将学习继续下去的水平，和85分的亚裔学生的水准，是一样的，这就是美国的教育逻辑。受到这种哲学思维的影响，亚裔学生2200分的SAT成绩也许只能上美国40位左右的大学，而同样分数的黑人和印第安人，也许可以收到常春藤联盟的入学通知。

美国的中小学有三种形式：公立、私立和教会学校。总体来讲，公立学校严格按照学区就近上学，私立学校学费较贵（每年2万美金左右，有的高达4万美金），教会学校是半慈善性质（每年的学费在1万美金左右）。那么，在基础教育阶段，美国是如何显示教育公平的呢？

美国的基础教育的公平，只能在公立学校进行比较，布什的"不让一个孩子落队法案"，就是针对基础的听说读写和数学水平，让美国的各州制定考核标准。美国各州有权制定教育的法案和教学评估的办法，针对各种种族，制定出及格线，然后将数据公布。有很多公司和网站会将这些公布的API制作成各种应用。

由于这种考评体系，是否会出现一窝蜂的择校风潮呢？事实上不会。原因在于，美国的大学录取，也是按照片区录取的，也就是说，虽然好学校的学生程度好，也会得到好大学的名额多一些，但是竞争也更加激烈。从布什开始，一些州预警的学校的学区的孩子，不用搬家，就可以选择离开本区就近入学，也没有造成大规模的转学热潮，原因主要在此。

美国教育公平的"制衡"还体现在大学选材标准的多元化上。美国大学的录取标准,总体有四项:SAT成绩、GPA分数、志愿者和爱心、领导力和特长。SAT成绩和GPA是容易评估的东西,各大名校基本的原则是设置底线,比如哈佛大学SAT成绩要求不低于2200分,GPA不低于3.8,这并不意味你得到2200和3.8就可以上哈佛大学,事实上够这个标准的超出哈佛需要量的百倍不止。一个学生认为自己够名校资格,就可以递交资料,后面两项指标就非常重要了。志愿者和爱心,之所以名校要求这些证据,是因为他们认为这样的学生毕业以后成为校友,会捐款给母校,美国私立大学的校友捐款决定了大学的生存。领导力和特长这个指标,美国的各个大学各有自己的要求,体现出巨大的个性。匹兹堡大学需要更多的橄榄球队员和体育特长,这是因为匹兹堡这个城市是运动之城,而哈佛大学的目标就是培养领袖,哈佛的候选生,则要更多体现自己的领导能力。通过以上分析,大家就明白了为什么美国高中生"不择校"了。而事实上,对于美国中学生和家长来讲,"上名校"并非他们一致的强烈的诉求,例如,匹兹堡的斯维克利高中,也算美国私立学校的前60位的好高中,学生毕业后,更多的去了普通的大学甚至社区大学,这所学校的网站上也讲这些美国末流的大学列入毕业生的去向,原因在于,这所贵族学校更在乎自己的学生将来的社交圈子:跟谁打冰球、养成怎样的业余爱好和贵族修养,以及哪个校友当了议员和大法官,至于名校升学率,不入这个几百年名高中的法眼。

SAT成绩是美国大学录取的关键指标之一,即使这样,同样对于分数,中美的看法也大相径庭。这些年,留学美国的中国高中生每年回到中国的一项重要任务就是回中国突击SAT,这是因为美国SAT考试班确实市场不大,而上海新东方暑期SAT班中,从美国飞回来复习的占了一半多。在美国高中,也会组织学生进行ACT、PSAT、SAT的考试,一般1个月以后成绩出来,学生们更重要的是看与这些考试成绩一同寄给考生的评估报告:考生的程度、特长、适合从事哪些职业、有哪些缺陷需要弥补。与中国考生上完最后一堂课后"烧书"的行为艺术不同的是,美国的教育更多的是让学生更加了解自己和"让教育继续下去"。

美国的GPA成绩,也就是平时的作业和日常表现和考试成绩,其重要性往往超过入学考试,例如美国的很多大学招收研究生的时候,几乎只看专业和大学生的恶GPA。美国有一个网站EDLINE,很多州都使用这个网站,这个网站除了担负所委托基础教育学校的课程平台外,最重要的一个职能就是GPA查询。在美国宾州的匹兹堡,几乎所有的学校都使用这个网站,学生和家长都有账号,高中四年的每次作业、每次考试和测验都记录在此。WENDY是文森特高中的一名三年级的学生,她的前三年的GPA是3.9,几乎每门课的基点分,都是由该学期的几十次所有的课堂表现和作业、测验构成的,这些东西造不了假。Wendy由于学习成绩优异,不断会接到美国一些名校的邀请去参观和参加宣讲,这些美国大学的数据来源,就是WENDY网站的GPA。

爱心、特长和领导力,相对于GPA和SAT成绩来说,属于大数据的"非结构化数据",美国各大学在招生的时候,会收集全国各种比赛的奖项,以及各种组织评选的优胜者的信息,然后给这些学生发信邀请参加大学的各种活动以观察和测试。除此之外,对于候选的学生,由各大学的学科老师和招生老师会根据学生的特长组织专项的夏令营或者俱乐部,以任务的形式来筛选学生或者决定给与学生的奖学金的比例。

到美国的大学考察,给人印象深刻的除了校园的美丽和开放外,就是非常明显的招生和国际生办公室的突出位置。整个学校几乎就是围绕招生为中心的,而这种招生是过程性的,而不是中国"一考定终身"似的,因此,围绕教育目标导向和学生的过程性评价方式,决定了美国的教育均衡的特点是底线均衡和个性的"制衡",而大数据支撑的考核方式,更能有效、准确地筛选学生以及适应个性。

随着大数据和信息技术的发展,中国的教育均衡也出现一些变化,逐渐从高考独木桥走向了多元的评价和选拔体制。然而,有几个问题值得关注和警觉:

1. 在教育导向上,选拔精英和培养社会有用的人,还深深地植入中国人的脑海,个性化、教育继续以及教育本身就是"人们日益增长的文化需求"没有得到重视,在这个导向的基础上,无论如何改变高考、中考制度,也难免千军万马过独木桥现象。中国人重视"均",不重视"衡",在培养大量标准化人才的同时,伤害了真正的"创新的天才",也造就了大量"失败的考生",事实上中国传统的等级、平等和中庸思想,阻碍了教育的改革。

2. 在底线的公平上,也由于中国文化片面强调"人上人"和一致的统一,造成了事实上教育基线无休止的抬高。美国高考的SAT数学,几乎是中国初中二年级的水平,也正是由于这个原因,美国的有些很好的高中生数学都学习了微积分以及大学课程,比较低的底线有利于个性的学生在基础教育的阶段得到自由的发展。而中国统一的高考制度不仅不得不造成难题、偏题怪题的出现,更重要的是在学习最黄金的年龄把学生的思维大幅度地固化。印度教育家苏迦特2012年获得联合国教育大奖,他说:"在大数据时代,阅读、搜索和辨别真伪是未来教育的重点",而中国的高考改革,一直在类似"语文还是英语的权重"的低层面中徘徊。

3. "政府抓公平、教育主体趋向个性"是国际教育的趋势。中国教育管得过死和过多,造成了教育应用的单一化,也就没有教育大数据的发展。学校自主性和独立性的缺失,也就没有可能和机会参与到大数据的应用。

2013年,北京宣布降低高考英语,增加高考语文,获得了多数的掌声,我认为这是中国教育的一个危险信号。邓小平对于教育有一个题词:"教育要面向世界、面向未来、面向现代化",这是大智慧者的战略。学习英语,是邓小平面向世界的抓手;教育国际化和留学生政策是改革开放面向未来的唯一选项;"电脑要从娃娃抓起"是教育现代化的明确指针。中国的教育,不能再纠缠于如何考核了,而应将教育的目标进行明确,面向什么样的世界、什么样的未来和什么样的现代化。在上海已经有将近三分之一的考生直接出国的情况下,逆流进行教育改革,结果会和取消小升初考试造成奥数热一样不可收拾。

高等教育的信息化和大数据管理尤其是职业教育,大数据会提供更加多的手段支持个性,也会发展迅速。在基础教育阶段,不进行教育宗旨和目标的梳理,所有的信息化都无法真正进入教育的核心。在中国西部的很多地方,2012年的信息化和教育GDP的指标,造成了一个班级上三个投影仪的怪事,就是教育目标不改,信息化围绕设备,而无法围绕教育本身而进行的结果。而围绕高考,也许各种对于教师和学生评估会使用很多的大数据技术,但其结果是可悲的,就像河北某中学考核学生"抬头率"一样,大数据可以把教育搞活,也可能把教育搞死。

在目前体制情况下,未来均衡教育在大数据应用上,比较容易的是对于非高考因素的课程和能力,比如音乐、美术、科学、劳动和社会实践的课程。在围绕应试的课程,比较容易获得成功的是消除地区差距方面的努力,而发达地区,教育信息化的应用,可以在国际教育、中外合作教育等方面进行尝试;针对流动人口和大规模的外来人口聚集地,信息化也可以发挥很大的异地考试、异地教育的作用。

中国教育部门和各省市教育部门,最应该做的也许不是进行"换汤不换药"的高考制度改革,而是应该建立统一的评价体系和各地针对评价体系的"大数据接口",以便于通过类似美国"不让一个孩子落队法案"类似的机制,真正将各地的教育现状家底摸清,然后再出台个性化的教育均衡措施。不然,一方面"教育投入和成效取得巨大效果",一方面"多次出现大规模辍学和教育质量结构性下滑"。国民对于教育不满来自于两方面：一方面每一个人均认为自己是教育不均衡的受害者,一方面眼见的现实和宣称的不一致甚至巨大的反差,也许在目前的情况下大数据改变不了教育,但能发现问题的所在。

第五章

从愿景到路径

5.1 从愿景到路径,我们的五月花号何时能够靠岸?

图5-1 美国是这样炼成的:清教徒般虔诚的愿景、五月花号的精神财富、独立宣言明确规则、连续六个伟大的领导人、坚持不懈的两百年努力(本书作者2012夏于华盛顿)

这本书来源于博客,原本根本没想写这么多,中间也引起了不少争议、不少不同看法。其间我在不同的大学受邀演讲,博客、微博以及邮件均收到很多反馈。有支持和鼓励的,有反对和拍砖的,有教师说"桥到船头自然直";有人将我的说法上升到"和平演变"高度;有人试图用"中华5000年文明"来抵御科技;还有人直白或委婉地提醒:"可视化是否带来不严肃?"更有人提出,目前中国不缺乏理念,缺乏的是技术。

2012年8月,比利时一所大学(Sint-Jozef school of Commerce)要求全校710名学生在9月3日开学之前必须拥有一台苹果iPad平板电脑,如果学生负担不起,可以租用每年150美金的iPad,三年后iPad归学生所有。看起来这所学校已经决定抛弃传统印刷版教科书,全校的课程也都将通过iPad呈现,考虑到比利时书本价格的因素,这个举措其实并没有增加学生的负担。

2012年8月,美国弗吉尼亚州传出消息,2013年秋天开始,所有学生必须完成一门在线课程才能高中毕业。弗吉尼亚州是继密歇根州、阿拉巴马州、佛罗里达州和爱达荷州之后,成为美国第五个强制在线学习的州。第一个是密歇根州,2006年,其次是阿拉巴马州在2008年。之所以制定这样的一个政策,这些州教育部门不是傻子,他们中的所有人几乎都知道,仅仅从分数和教学效果来看,在线课程还远远不能和面授相比,然而,在排山倒海的浪潮面前,他们选择了主动迎接。

迎接这些浪潮的原因当然包含美国10大富翁几乎都是退学者这个事实,更重要的也许在于,在知识获取网络化的现在,与其抵抗,不如顺从。越来越多的证据表明,仅仅从知识的获取来说,课堂已经越来越让位于网络课堂。10多年前是特殊现象,目前是普遍现象。

Discovery也早早进入了熟知的主要是教育视频服务,他们在Techbook数字教科书市场获得更多机会。新学年美国约50万名学生将使用其开发的初中历史和高中生物数字教材。美国K12数字教材市场达＄34亿,从教材到教师用书及参考资料,所有印刷材料都将被替换为数字版本。

更多的人还是情愿选择被动。卡内基梅隆大学早早地使用了BB平台为所有的师生提供教学平台,然而活跃的课程不足1/3,而以项目为中心的考核方式在不同院系也受到很多质疑,很重要的原因就是,任务教学和项目教学很难保证行为不自觉的学生抄袭。卡内基梅隆大学的葡萄牙博士生做的一项调查更是证明了,网络教学的评估效果是负面的。毕竟,就目前而言,主流的教育还是提供了主要的和多数的选择。少数越来越成为普遍现象的新生教育力量和教育案例何时能够成熟起来?

德国教育学家斯普朗格说:"教育的最终目的不是传授已有的东西,而是要把人的创造力量诱导出来,将生命感、价值感唤醒。唤醒,是种教育手段。父母和教师不要总是叮咛、检查、监督、审查他们。孩子们一旦得到更多的信任和期待,内在动力就会被激发,会更聪明、能干、有悟性。"这场教育革命最大的变化并不在于网络,而在于网络所提供的激发机会和所支持的唤醒手段。

1775年5月,刚刚年满35岁的杰斐逊完成了《独立宣言》的起草,天赋人权当然包含当时的黑人,然而,有能力当总统,有能力建大学的杰斐逊,却没有能力解放他自己的200多个奴隶。从1775年《独立宣言》起草,到1968年马丁·路德·金倒在血泊中,再到2008年美国有了黑人总统,黑人白人的这道门槛用了233年。愿景是一回事,路经是另外一回事,当年的杰斐逊们解放黑奴万万没有想到的是自由的黑人如何生存?这与今天的教育改革者们面临的难题是一样的,谁愿意自己改革的教育,解放出来的灵魂,面对一堵一堵有形无形的墙的时候,成为被饿死的个体?

西方世界只有一个美国,当"五月花号"从波士顿靠岸的那个时候起的一个愿景,就决定了美国具备了成为强国的条件,当年无数个殖民者走向非洲、走向亚洲、走向美洲,只有一个美国走到了今天,其中愿景和包括华盛顿、杰斐逊、林肯在内的几任总统的努力是分不开的。从这个角度上来讲,中国现在理念满天飞的时候,也许最缺的不是技术,还是理念,一致和坚持的理念。

1988年,完成了加州伯克利大学学业并再次成功创始万能遥控器公司的苹果创始人沃兹尼亚克投身教育,将早些年筹备演唱会而设立的公司,转型参与教育慈善工作,他为当地小学设立电脑教室,提供硬件设备,并从孩子班上挑选出六个学生,开设一班电脑课,亲自授课,从此开始了长达十年的教书生涯。正是由于沃兹等人的努力,网络教育的"五月花号"才逐渐在今天在美国靠岸。

美国匹兹堡KIT公司总裁张小彦博士说:"如果你仔细观察一个社会的构成,你会发现非常像大海,波涛汹涌的表面是经济现象,波澜不惊的深层海水像政治制度,而几乎很难撼动的海底就像社会制度。"在对不同的大学师生进行问卷调查后,我得出一个非常震惊的结论:虽然每个人都希望教育改革,虽然每个人都指责教育行政化和官僚化,然而在中国目前这场教育改革最大的阻力来自于教师,其次是学生,而最大的推动力量是校长们。中国如此,美国也是如此,改革的最大推动力量也来自于州政府。问卷的结论,使我更加坚信,要想改变现实,首先改变精英,人类改革是人民群众改革的,而改革的领头人一定是精英才行。

在军队编制中,有两个有趣的现象,一是排队的时候,高个子在前面,二是原先大炮由马拉,多出来的两个牵马绳的士兵,竟然在马不存在100年后,两个士兵的编制还存在。目前这场革命要解决的问题是教师在新的技术革命中的角色转变问题。

这些年，中国在教育技术方面和教学技术方面的花样翻新几乎是全球最高的，在"教育改革"的不断折腾中，上演了一出又一出"你方唱罢我登台"的形式主义和花样翻新。而在这期间，基础教育在从声名远播的洋思经验到成效卓著的杜郎口模式、从蔡林森的高效课堂到魏书生的六步教学法、从"探究性学习"到"有效教学"、从"特色课堂"到"五分钟课堂"、从"分槽喂养"到小组合作学习等等琳琅满目、目不暇接的学习与借鉴中，陷入了"丢了鞋子找不着路子"的困窘与尴尬。而我们的高等教育，几乎每个大学都有正处级的高校研究所，都有每年的精品课程比赛，教师的讲课技巧比赛。而当我们深入到学校的课堂教学实际去看时，我们却发现，教师其实还是那些教师，学生其实还是那些学生，课堂还是那个课堂；唯一不同的是，教师越来越不像教师，学生越来越不像学生，课堂也越来越不像课堂了……原因在哪里？我们的愿景和理想没有一致，我们的花样掩饰我们内心的空虚。在面对今后的行为世界，我们的教育界采用什么样的理念，而不是技术，才是我们应该重点考虑的问题。

在匹兹堡北阿勒根尼小学的操场上，刚刚来的小学生小马下课后在老马的陪同下正在散步，老马给小马出了一道数学题，782 乘以 384 等于几？小马当然没有忘记，在路上就演算起来。演算的过程中，吸引了周边很多的美国教师啧啧称赞，小马的基本功当然好，好过很多美国教师。同样的问题一样出现在上海海事大学的课堂上，习惯于使用 PPT 的教师们突然碰到停电，有几个老师还能够把本堂课程讲完？

面对现代科技，比如网络和计算机，上面并不虚构的案例往往能够成为很多教师抵御新技术的说辞，同样的说法照样出现在中国的基础教育比美国不弱甚至强的误导中。这种说法布什和奥巴马也担心，因此才有了美国的比中国还严重的公立中小学的教育评估。然而，不争的事实是，在社会大熔炉中考验的教育，最终为经济和社会作出贡献的最终指标，而不是中间指标，才最具有说服力。

我们教育改革的原因也许在于，面对着人类固有的社会和组织制度变革缓慢的长期规律，我们的孩子们的行为方式的变革远比我们想象得快得多。20 年前，中国的家长手把手用铅笔教孩子写字；10 年前，我 7 岁的女儿教我如何使用 QQ；上个月，我见到朋友家的 1 岁的孩子，见到 iPad，会自己开关和选择喜欢的东西，不用教，快速学会了所有的指法和功能。与头悬梁、锥刺股年代不同的是，我们现在和今后的世界，逐渐变成一个网路和屏幕的世界，无论网络和在线教育所代表的信息科技对教育的影响如何引起争议，今后的社会是社会化网络世界，从教育的本质属性来讲，适应它才是正途。

每一种文化背景下能够接纳的教育方式也是一定程度的,美国走到现在的教育实践也只能取得相对优势下的优势策略组合:亚裔人的工程基础、欧洲裔的科学基础、印度裔的科技管理、美国自己的创新、非洲裔的体育优势。然而无论是谁,未来都要面对,教育领域任何情绪化的妄议和非理性的举措,牺牲的不仅仅是现在,可能又是一代人。

这些篇幅的目的并不是希望引导我们的教师走向信息化课堂,也许在环境没有改变的情况下,先行者先烈。然而,我们不能没有愿景,没有愿景是一件可怕的事情。

我们的教育精英们的"五月花号",何时才能够靠岸?

5.2 大数据的基础是一个公民社会

2012年涂子沛先生《大数据》出版以来,影响很大,其中也有一些反对声音。前一段时间看到一个比较具有代表性的意见:大数据是"一场骗局"。这种说法对于目前概念的炒作得反思应该说有一定道理。子沛新书的整个发布过程和部分写作过程我是知道的,在美国又与子沛住在一个社区,我知道子沛呆在美国久了,容易以美国的思维反驳这种观点。谈到大数据的简单或者是潜在的生活应用,待在美国一年还是深有体会的,大数据对于教育今后的作用,从这些点滴,应该可以预测和体会的。

2012年我来到美国,首先要解决的是衣食住行。买东西的时候发现,美国并没有我们想象中很绚丽的,处处领先的硬件、终端或计算机,然而信息的共享还是让人很惊诧的。我所在的匹兹堡,Giant Eagle是一家类似中国华联超市的连锁卖场。在国内,华联等也有很多卡,然而除了领一些礼品和奖券之外,真还不知道有什么具体的应用,然而,Giant Eagle的会员卡是我非要不可的。很多产品会员价和非会员价差距非常大,更加重要的是,一次我加油,使用会员卡便宜了近1/3,当然,加油站是Giant Eagle自己的Get Go。子沛在书中提到的啤酒和尿布的故事以及在讲座中提到的高中女生收到婴儿用品推荐广告的事情一点也不是天方夜谭,因为仅仅我自己就很快收到了Giant Eagle的会员定向广告。

一次我搬了家,使用Giant Eagle的会员卡加油,结果银行卡就是不能使用,提醒我要输入邮编,这我才知道,我刚刚搬了家,邮编改了。在美国刷卡和国内有很大不同,尤其在加油站自助刷卡的时候感触最深,那就是先刷卡,后出账单。也就是说,如果你在加油站刷了卡给了商家信用,商家是可随便改填写数字的,然而大家习惯了,这种信任关系没有因为中国人的"眼见为实"而让我后面只使用现金,因为大家都是这样，没有问题的。更加没有问题的是，几乎所有超市，都是无条件退货，只要在一定期限内，没有问题的。我在 ALDI 食品超市买了一个蒸锅，回到家里蒸米饭，一个晚上都没有熟，后来发现电压错了，买的产品的电压是 120 伏，我家的电压是 220 伏，我退货的时候，收银员连问也没有问，也没有检查，就给我退了货。美国人工成本比较高，很多地方是自助付款，我买食品的时候由于不熟练，就少扫描一个大件物品，结果就出了门，上车的时候，太太提醒我金额不对，我这才返回送回去，店员见此也只是简单一句"谢谢"了事。

于是，我就又深入了解一些，是否有人可以依靠这个漏洞呢？当然有了。在每年的劳动节和感恩节，很多产品非常便宜，甚至不仅便宜，头 100 个或者 50 个客户可以免费获取价值几百美金的奖励。于是，就有人连夜排队。在 Outlets，打折日头一天下午提前吃完晚饭，一些华人就开始搭起崭新的帐篷排队了。一个帐篷也不便宜呀？对了，大家可不要忘了，商家可以无条件退货呢，等排完队得到好处，这些人还有一个工作，就是把刚刚买完一天的帐篷退掉。在伦敦奥运会中国运动员是受到了一些歧视，而歧视的背后，和我们一些人的信誉给别人的印象也确实有关联。

虽然可以利用漏洞，然而确实人家有一套信誉机制。在美国，你如果没有信用或者信用不好，那简直寸步难行。水电、房租、电话、网络、汽车、会员卡，生活的方方面面，都要有信用，如果没有信用记录，那就得交押金或者根本不能办理，成本非常高。而几乎所有的以上信用，几乎都是和一个号码相关，那就是 SSN 号码，到处办理手续的时候需要这个号码，我们或者换句话说，所有手续的信用记录，都会关联上这个号码。美国没有身份证，但是这个号码我的感受比中国的身份证重要得多。来到美国一段时间后我发现，这个号码时刻提醒我：还是否欠谁的钱没有还清呢？如果你是一个希望长期待下来的"良民"，是不敢干那些"偷鸡摸狗"的事情的。

以上感受引起我一些思考，那就是，美国无论是企业还是社会，用了很简单的信息化手段就实现了数据共享，而这些东西的基础，就是公民社会，也就是大多数人是有道德和值得信任的公民。建立在这个基础上，加上严格和严厉的失约惩罚机制，整个社会比较容易实现数据的共享。来美国之前，我搞了多年的电子政务咨询，最辉煌的时候应该是 2010 年前后，国家电子政务应用上海示范工程，我是责任专家。这也是几乎上海 10 年来电子政务最回光返照的时候，因为也是那个项目收尾前后，全国的大部制改革，国家信息化办公室被合并到工业与信息化部，各地的信息办或者信息化委员会，几乎都被合并到经济委员会或者科技委员会去了。组织的改革直接影响到信息化的进展,然而组织为什么改革呢?这中间雷声大、雨点小、效果差是不能否认的。各地的信息化主管部门通过信息化实现信息共享的努力,实际效果很差。从10年来信息化的热点词汇就能够看出来:信息高速公路、数字城市、资源共享、信息公开、信息资源目录……几乎在理念上是走下坡路的,不是大家不够聪明,而是面对现实,才发现,基础的东西差距太大:信息化不是计算机,而是一种社会和管理,而公民社会的台柱子没有建立起来,妄谈信息化是徒劳的。

那么,建立在公民社会的大数据,能够实现到什么程度呢?下面是我感受我所住的地方的一个网站的几个截图,大家一看也就明白了,当然,完成这些网站的功能,是不是大数据,还有争论,作为大数据趋势的起步,应该是无疑的。

在美国,安全是有区域的,也就是地铁和公交密集的区域,犯罪率是比较高的,也就是 downtown,而富人是生活在郊区的。

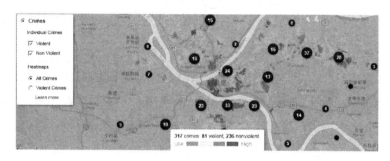

图 5-2　区域犯罪率分布图

细心一点的话,是可以看到除了郊区绿的代表比较安全和没有犯罪记录外,市中心的红色区域是高于平均数的犯罪情况,而数字就是犯罪的数量。

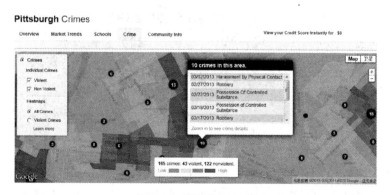

图 5-3　具体犯罪记录

上面那张图表示，如果点击卡内基梅隆大学所在的 Oakland 地区 2013 年前三个月的 10 项即时犯罪记录的话，每项犯罪记录都会出来的。当地的警察会把每天的行警记录完整公布出来，大数据还必须是一个公开的数据，公众的数据必须公开。

公众的数据必须公开，当然包括房价，当地的税务部门会公开每套房子的价格，也会按照周围的房价来核查房价以及缴税。

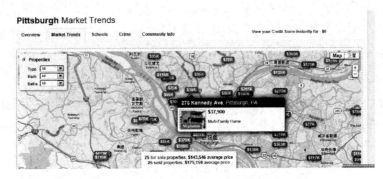

图 5-4　匹兹堡房价图

之所以说是大数据，那是因为这个网站不仅仅把地图集合起来，还把每个地域的每个背景数据集合起来，把历史发布的和搜索引擎搜索的东西集合起来，用途就很大了。比如，通过这个网站，我们可以轻易地知道每套房子的历史价格、周边的犯罪率、社会信息、照片以及地图和三维街景。而大家最关心的也许是学校了，下面的图就是匹兹堡的学校图。

图 5-5　学区情况分布图

上图中的红色点是低于平均水平的学校，而绿色的是高于平均水平的学校，点击每个学校，会有教师和学生数量等详细信息。信息的来源是另外一个网站，也就是宾州的教育部门公布的公立学校的评估结果,其数据应用的 API 接口也是公开的,大家可以通过谷歌找到网站自己下载报告。值得注意的是,信息不光是公开的,还是自由的。自由意味着保护隐私,公立学校花纳税人的钱,数据当然要公开,但是私立学校,数据就找不到了。如果你希望了解,只能通过私立学校自己的网站了。即使网站上有,别人未经授权,也不能使用。

大数据社会,首先是公民社会,还要是公开社会,还要是自由社会,这三点其实没有那么难,但又不简单,关键是,是否承认自己真正落后,是否深信民主是个技术活儿,才是问题的关键。

写这节内容的时候,2013 年初,陕西和江苏各地都在推行有关学校标准化的早餐和"光盘"行动(吃光盘子里的饭),这种教育部门不相信学校,学校不相信教师,教师不相信学生,而学生成为被评估和管理的主体而不是主人的做法,无论管理如何强势,其效果都是打折扣的,那是因为没有公民的意识和规则,数据管理都将成为空话。

5.3 当愿景只剩下逃离

小强是上海某四大名校的高中一年级学生,今年寒假,他来到从小一起长大、现居住在美国的小芳家,旅游并考察学校。小强的父母和小芳的父母原来是同事,小强的妈妈看到小芳能够在美国留学,也看到周围的很多人都选择留学之路,也动了心思。无奈孩子的主意要他自己拿,于是小强跟随着小芳在美国某私立高中听了一天的课。这一听,两地的教育理念差距就显示出来了。

在小强看来,美国的高中除了外语,其他的学习真是简单:数学还是初中的东西,化学物理简直都是基础题。在国内经过严格奥数和各种数理化竞赛训练的小强觉得,美国的这些科目简直是小儿科。美国高中的作业多得吓人,但是除了小芳等要强的孩子,并不是每个孩子都做所有的作业,有些作业老师上课问有谁做过,举手的同学还不到一半,小强认为这在中国是不可想象的事情。更加让小强惊骇的是,在上厕所的时候,他竟然听见两个美国男孩子在交流毒品的事情。原本希望逃离中国教育的小强,这下坚定了信念,一定要留在中国读书。因为在中国,重点初中出来上重点高中,如果正常地再上补习班和努力学习,会上重点大学,会成为社会的精英。至少此是一条坦途,而美国则是一种不安全的教育。

与小强的看法不同,小芳给我反映的是另外一个事实。来美国已经一年的小芳,逐渐适应了美国的学习氛围,如今的成绩已经每次都能在学校的最高榜了。更加难得的是,在美国人擅长的经济、美国历史等科目,小芳有时也能超越美国孩子。更加让小芳自豪的是,周末小芳承担了很多社区服务的义务,自己见证了自己的贡献对于社会的价值。小强的到来也让小芳很吃惊,也见证了自己一年来的变化。在国内,小强和小芳年龄相仿的学生在一起,确实让人闲话,但在美国小芳的学校,是鼓励学生带外面的学生进行开放体验日的。男女青年在一起自然少不了别人的猜测,小芳还是很大方地联系一切,带着小强上课,与师生认识。一改平时在熟人面前的大方得体,小强来到美国,就像一个无助的孩子紧紧地跟随着小芳。小芳认为,美国的课程虽然简单,但是非常实用,比如化学书,中国的教科书几十页,基本是框架,剩下的要自己课外做题,而美国的化学书几百上千页,都是生活常识和工业常识的应用。再比如数学,中国的孩子学得很深,但是到了美国中学12年级,很多孩子都会学习微积分,而中国的孩子到了大学才会学习,另外,美国高中就会学习数学应用非常多的经济学,而中国多数孩子永远不会学习这门课程。而对于学校生活,小芳认为,小强应该主动与别人沟通,小芳有自己的朋友和自己的自由,小强应该更加自立。而小强在中国应试教育影响下,根本不会处理任何交往和独立的事情,更加重要的是,来学校是什么目的,小强根本不明确,非常被动。小芳认为,与其如此被动,就不如不要再递简历,不然会造成信誉危机。而对于小强认为的学生不写作业和毒品,小芳认为这是很正常的,这是他们的自由,而关键是自己怎么做。正是由于发现了学校的很多问题,小芳认为她的社区志愿者非常有意义,她认为,这些事情不是学校能够解决的,而应该从社区开始。

每年总有数十万到数百万的中国小留学生来到美国、澳洲、加拿大,他们选择了逃离。在国内竞争残酷,从名牌小学到名牌中学到名牌大学,成就少数人的精英选拔制度,最终的结果似乎只有考上好大学才算成功。25年前我上大学的时候,一个普通中专,就能够让邻居羡慕一阵子,而到了今天,除去清华、北大等,已经没有人为此激动了。而清华大学的学生,最大的贡献是逃离中国,人们追求16年的愿望,也许就是能到美国得到一个博士身份。逃离到美国后,事情才刚刚开始,6年左右的博士,6年左右的工作签证,再加上绿卡和入籍,逃离40年后,终于可以有一个安心的结果:让孩子到美国享受不再逃离的生活,去面对吸毒和不上课的自由。真是如此,上帝给精英们的一生开了莫大的玩笑。

2011年,网上流传的一张真实的图片,被广为传播的希望工程的邮票小女孩,终于大学毕业了。这个感动了无数人为她们捐款的希望工程的小女孩,与我们大多数人一样,选择了逃离:逃离贫困地区,逃离家乡和农村,逃离贫困。她终于找到了如意的工作:金融白领。她年轻漂亮,富有现代气息,可以想象的将来是,她的孩子会出国留学,完成另外一次逃离。我有时在想,在社会层面我们是否值得反思?如果每个被帮助的人都逃离家乡,那么我们就会陷入永远捐助的误区,因为地方政府得不到任何正面的反馈而更加放弃教育,教育不再是一种投资而只是负担的话,有谁还愿意投入呢?

图 5-6 她是她,她搞金融,她很白领,她曾经感动过我们无数人。她并没有回到她的家乡,但她没有任何过错,该反思的是我们。无论如何令人感动,我们所做的一切不是改变环境,而是帮助逃离

全国贫苦地区有两所学校代表了一种模式:那就是黄冈中学和衡水中学。而另外一种模式是人大附中模式,这在全国的城市地区非常普遍。城市的精英不断地根据家庭地位和学习成绩,从幼儿园开始就开始被筛选。在上海的总工会幼儿园、上海机关幼儿园、乌南幼儿园、宋庆龄幼儿园;上海的建襄小学、向阳小学、高安路小学;上海的各种民办初中,经过这一轮一轮的筛选,与衡水模式不同的是,家长们更看重的是孩子们不要学坏,不要与学习习惯和生活习惯不同的人在一起。到了高中,四大名校,终于逃离教育修成正果,能够进去的是积极的、听话的、没有坏习惯的和愿意学习的学生,逃离的结果是我们培养了一批标准化的人才,而这些人才的逃离之路才刚刚开始。

2012 年年底,著名的美国参议员洛克菲勒宣布退休,这个著名家族的继承人结束了自己 56 年的议员生涯。洛克菲勒代表的是美国几乎最落后的州:西弗吉尼亚州,而自己政治生涯开始于 50 多年前来到这个只有 183 万人口的山地州,为煤矿工人争取利益。与中国精英的向上攀岩不同的是,洛克菲勒不仅没有逃离,甚至背叛了自己家族的党派。

回到高中教育。美国的高中体系基本分为两种,以学区为主的公立体系和私立中学。与公立中学不同的是,私立中学规模一般都很小,且多数与教会直接相关,因为私立学校是可以进行价值观教育的。而私立学校中如中国那样由精英和贵族组成的,并不多见。美国教育强调社区的参与和参与社区,培养的人才是服务本地和社会为宗

旨。每年美国的大学入学考试基本有 PSAT 和 ACT,然而这些都不构成美国高中主要诉求。公立学校的评估是以落后生为基准的,也就是《不让一个孩子落队法案》,私立学校教会学校是以价值观为主的学校,而私立学校确实帮助学生申请名校,但却并不仅仅把考试成绩当回事。面对着社会问题,确是共识,要积极面对和改善。由于没有经过层层逃离的筛选,青少年和社区并不脱节,这些孩子也更加能够适应各种人群和环境。不像中国的孩子,层层筛选的精英们,根本没有见识过社会,等到他们成材以后,好的就只能搞科学,一般的,到了社会上别说影响社会,一般是被流氓欺负的家伙,我们教孩子们逃离了 20 年,最终到社会上,还是会"落在流氓的手心无可奈何"。

经过一年的美国生活,小芳对我说:"并不是中国的孩子不好,而是他们在中国的教育体制里,根本不知道自己要什么,自己也不能做任何决策。到了美国,我每天要独立思考我要干什么、达到什么目标。也许美国的环境更加恶劣,但是我认为这是真实的我要面对的,只有在这里,我能够找到我自己。"

相对于小芳来讲,那些没有家长陪同、家境很好的官二代和富二代,这些孩子通过中介留学到美国高中尤其是中国的孩子,他们集聚在一起时问题就更大。他们与美国孩子相比,更加自私、自以为是、考试抄袭和作弊,他们普遍怨恨家长送过来,通过不断花钱来泄恨。这些在很多美国高中是普遍现象。他们的中国家长希望他们逃离中国的教育制度,却没想到他们的孩子拼命想逃回去。随着时间的推移,有些会度过这个逆反期,有些会更加严重。这是另外一种情形。

也许教育问题不能仅仅用教育来解决,我们原本看待教育的视角和目的就错了。据说爱因斯坦说过,"教育就是经过多年你除了课本而记起的东西",从这个角度上讲教育的本质是改变人,而人的本质是改变社会。我们的出发点,扪心自问,经得起忏悔吗?

5.4 世界是平的,未来是湿的,教与学都应是热的

2012 年 12 月 7 日,山东高密出生的作家莫言,操着那浓厚的山东口音,开始了诺贝尔文学奖的获奖发言,随同他的,是诺贝尔文学奖规定的 14 个名额,与前任诺贝尔奖获得者所不同的是,莫言带了 9 个文学翻译:如美国的葛浩文先生,日本的吉田富夫教授,意大利的李沙、丽塔,法国的杜特莱、沙德莱晨等等。原因很简单,莫言不会外

语。不但不会外语,用中国的教育来评估,莫言甚至没有中学毕业。他起步在军队,后来获得的培训得到的"作家班"大专证书,这事大家都明白,不能说得太细。当教育部前发言人王旭明大力鞭挞中国的语文教育的时候,尴尬的是,莫言成了世界上"最会讲故事的人"。

《世界是平的》一书的作者托马斯·弗里德曼说:"我认为世界的竞技场已变得更加平坦,这是当今世界发生的最重要的事件,如果我们只用国际贸易的统计数字去衡量全球,而不去了解全球化的每个人、每种文化以及对传统的等级制度的冲击,我们就会忽视全球化的真正影响。"如果我们把这句话改编成教育语言,也许也能够解释莫言的成功:世界的教育竞技场已变得更加平坦,这是当今世界发生的最重要的事件,如果我们只用某国教育部和联合国教科文组织的统计数字去衡量全球和某

图5-7 几乎与王旭明大力鞭挞中国语文教育的同时,莫言走上了领取诺贝尔文学奖的航班

国,而不去了解全球化的每个人、每种文化以及对传统的等级制度的冲击,我们就会忽视全球化的真正影响。

是的,为了研究教育,这一年我加入了无数个教师的QQ群,也参加了很多个政府组织的研讨会。我发现,除了抱怨,就是绝望。其原因在于自身的眼界和能够看到的"结构化的数字"。然而,以下令人震惊的数字和背后的鲜活的个体,其实用托马斯·弗里德曼的话说应该更加值得重视:每年中国中学生留学人数已经达到几十万,上海高中国际班比例已经达到15%,还有20%的具有特长的初中毕业生一毕业就进入各个行业一边工作一边通过网络学习。这些每年占比已经不是少数,更加重要的是,从样本类型来说,占据90%以上。总有一天,我们会发现,我们的教育的主流和关键人才,也许在这些没有被中国教育制度污染的鲜活的个体里出现。正如同样操着地方方言的贾平凹和陈忠实以及中国的几大名校培养不出诺贝尔文学奖一样,莫言与国外合作者的交流已经不止十年八年了,不同的是,文学是平的,教育也是平的。

托马斯·弗里德曼说:"单独引进技术是远远不够的,只有当新技术与做事情的新

的方式方法结合起来的时候,生产力方面巨大的收益才会来临。"面对这场被技术改变的教育,已经有很多人对于中国传统的应试教育产生极大的反思,这种反思不仅仅是一种学习效率的反思,更是一种教育评价、教育行为、管理方式的反思。电子书包进入课堂,同步变革的是教师教的方式方法和学生学的方式方法以及教育的行政管理方式,它需要"新教育学"的支持。虽然其研究还非常匮乏,然而我们看到一些可喜的变化,很多发达地区的教育改革,已经脱离了应试、脱离了高考、脱离了教育行政的政绩,变成"我要做"的选择。

世界是平的,教育也是平的,如果出国留学是用脚投票的话,这场教育的变革,就是用行动来证明。

2012年3月6日,住友宣布以26亿美金收购在国际基因治疗癌症具有领先水平的波士顿生物公司,原波士顿医疗的CEO李嘉强继续担任CEO。值得注意的是,李嘉强不但带走了26亿美金,做新的机构的CEO,还将波士顿医疗的整个文化拓展到住友医疗。在纽约,李嘉强给我讲了两个故事:第一个是他自己18岁坐飞机的时候到法国,中国籍的人要接受特别的安全检查,李嘉强因此与法国海关发生不快。第二个故事是他自己作为哈佛的教授进入一家世界五百强企业任技术负责人的时候,力挺华人工程师而最后获得胜利。至今李嘉强仍然保留着中国国籍,所在企业拥有浓厚的华人色彩,然而,却卖给了日本公司。2012年年初到九月,如果我们要在中国找口号最响亮的爱国者,一定是在重庆,而大量海外人士被称为"汉奸"。照理说,在美国的企业应该排除任何种族偏见和倾向,照理来说一个真正的爱国者应该……可是,李嘉强现象恰恰解释了"未来是湿的"。

科斯在自己的书中写道:你和35个人一起排队,队列中两个人同一天过生日的几率是多少?是不是感觉几率不会太大,可能是10%或更低,错了! 其实几率超过80%。一个群体中的任意两个人拥有同一天生日的机会很低,但容易忽视的是,比起群体人数的多寡的计数,"任意两个人"的计数的增长要快得多。5个人就有10种可能,如果是36个人,就会出现600对以上的生日。群体不简单地只是个人的集合体而已,试想36个人要做出同一个决定该有多困难。《人月神话》中就睿智地揭示出,往一个拖期的项目中投入更多的人力只会令该项目时间拖得更长,因为新加入的员工增加了群体的协调成本。小群体的人性化,是世界结构化和工业化中创新的催化剂。

在中国的教育体系里,恨不得这样培养人才:从娘胎里开始胎教,从小不输在起跑线,小学、初中、高中一路名校,最好上少年班,等到上大学再到清华大学,国家再从清华大学选拔特殊班,作为我们的精英人才梯队。而事实是,效果并不好,不仅造成大量的失败者,选拔的精英也未必适应未来的变化。原因在于,未来是湿的,是人性化的,是人和人之间的关系。结构化的选拔和教育,恰恰为任何人之间的"湿"树立了障碍。

从比尔·盖茨和保罗·艾伦的组合到乔布斯到沃茨尼亚克的组合,美国这20年的创新实践一次一次证明了世界是"湿"的。米德尔伯里学院(Middlebury College)位于美国佛蒙特州,2008年学校在全美国文理学院中排名第五,它所提供的课程极为广泛,包括艺术、人文、文学、外语、社会科学、自然科学。该学院的国际竞争力长盛不衰,本科教育通过增加其他的项目来丰富教学内容。所有的课程都由教授来讲,而不是助教。实行小班教学,68%的班级人数都少于19个。这个学院,其实就是乔布斯大学就读的里德学院的翻版。而比尔·盖茨和保罗·艾伦得益于西雅图的湖滨中学,1968年董事会决定租用世界上最先进的电脑让高中学生见识一下,结果是电脑房成了比尔·盖茨和保罗·艾伦逃课的天堂。世界是湿的,保罗·艾伦和比尔·盖茨是"粘"的。

《未来是湿的》一书中说:小型群体的核心特征在于其成员可以更加紧密的互动,因为小型群体比大型群体更容易支持密集的社会交往,比大型群体提供了更好的交谈环境,并且更容易出现趋同思维。这就是社会性工具未能改变的群体生活的特征之一——小群体在达成并维护一致和共识上更有效。在大家都在反思中国为什么不能出现国际一流高校的时候,我们也许忘记了,我们的音乐学院、美术学院、戏剧学院,无论从什么角度上讲,都有世界前几名的学校,这些学院特点:一是小;二是教育部几乎不好管。

在线教育的最大好处在于,通过网络和社区,小型群体可以通过平的世界,打破等级、地域和国家,一致和互补的学生和教师,可以在共同爱好的话题中不断正向反馈。在线学校不能构成实体大学的竞争,而这种社区网络却构成毁灭性的打击。黑客出身的小李,上个月告诉我某某大侠将要来到上海,20个牛人将齐聚一堂,从全国各地赶来,他要向公司老总请假去学习学习。识相的老总不仅会给他假期,还会给他经费宴请这些牛人,因为公司作为创新学习的主体,不够"湿",太干了。

这一年在美国居多,在美国写博客,原本自己好的思路,一定要通过投稿来解决,到了美国发现差距太大,毁了我投稿的兴趣,于是都在博客上第一时间发表。奇怪的是,很多教育行政官员和编辑,也发现世界是"湿"的。我不断接到演讲和编辑部的稿约,一年下来,竟然超过过去 5 年的发表数量。我还注意到,虽然全国各个高校都有教育研究部门,全国各个教育系统都有教学研究机构,然而他们却已经完全不能与各个教育社交群和自发研究者自己所发表的网站的内容相比了。现在,传统媒体让网络作家最不能忍受的要求就是:"在杂志出版之前,博客不能发。"

"我们在历史上高估了计算机联网的价值,而低估了社会联网的价值,所以我们花了过多的时间用在解决技术问题上,而不是用在解决使用软件的人群的社会问题上。"克莱·舍基在这里用了一个"湿件"(wetware)和"社会性软件"(social software)的概念,以区别于我们常说的硬件和软件。"湿件"一词常用于描述信息系统中的人,人的生理和心理的微妙互动,这些无法用硬件和软件解释的现象就是湿件。作者在另一本新作《认知盈余——自由时间的力量》中,继续盘算着互联网时代"人人"的力量。

中国教育的未来为什么是湿的? 这里我引用胡泳在《未来是湿的——无组织的组织力量》一书译者序中点题的话:"原因无他,中国的社会太干巴巴了,需要加湿。互联网就是中国的加湿器,未来的加湿器。"胡泳进一步说,湿,是协同合作的态度。湿,是社会资本的累积。湿,是思维范式由一维而多维。湿,是交流空间打破鸦雀无声,走向众声喧哗。说到这里,我们就能够理解黑客一族为什么几十年来干损人不利己的事情了。损人不利己可以干,诲人利己的教育志愿者,将在今后的教育中扮演越来越重要的角色。

可汗,就是典型的例证,因为,教育与学习是湿的。

2006 年我刚开始写博客的时候,发现我不知名的"知道者",每天会有 100 多个人仔细看,还有几十个人评论和讨论,相比起来我每周两次课、每次 60 个学生,下课偶尔有人请教来说,太有成就了。2008 年,我将 Moodle 平台和 Sakai 平台布置到自己的两门技术课程"信息安全管理"和"网络工程管理"上,同学们发现魏老师的平台有他们点击的排名和任务教学的及时反馈,于是一门课 60 个学生的点击可以达到 10 万次之巨。对于学生来说,希望学习是热的、沟通和比赛,对于教师来说,也希望教育是热的,因此我的原本枯燥的课占据了学生们 60%的学习时间,而我能看见几百条学生的答疑信息,教师的"好为人师"的天性得到正向反馈。再到后来,我已经很难对学校的精品课堂以及上海教委的名师评选感兴趣了,原因在于"教和学都应该是热的",在正向反馈的不断激发下,我的教师的人生有了难得的意义。

田国宝是深圳一所中学的语文代课老师,几次正式在编考试(转正)都没有通过,让他觉得教师这个行当也许不适合他。一个偶然的机会,他利用邝红军分享的网站技术和平台,用业余时间办了一个"家庭学堂"网站。谁知,一发不可收拾,目前,这个毫无收益的教育研究的网站,每天能够带来1000多个IP的流量,也将田国宝引向学校教育研究的中心人物。每天几乎6个小时的研究,毫无考核和务实的价值。"教育是热的",也许是唯一的解释。田国宝通过网站与全国几百个教师建立起联系,相互探讨,每天QQ聊天几个小时的同时,收集论文,更新网站。试想,全国哪个大学和教育局研究机构有这样的热情?而事实上,像田国宝、邝红军这样的研究者已经成千上万。今后的教育上市公司和教育名家,一定不会在各个高校教育技术专业里面产生,而会在这种教育创客群体中产生。

网络和技术本身以及行为的变化,使得大趋势是世界是平的;平的世界推翻了等级、行政和国家的界限,强化了个性和人的作用,因此带来的大思潮是"未来是湿的":工作与生活的界限越来越模糊。湿的思维模式引起教和学的大变革,一切原因就在于"教育是热的":传统的教育模式和学习行为已经面临前所未有的挑战。

莫言说:诺贝尔获奖是他自己的事情。我们试图在寻找教育的一般规律的时候,是否注意到:学习也是孩子们自己的事情呢?平的、湿的、热的世界,让我们看到了教育的一场静悄悄的变革。

5.5　走出为大机器时代配套的教育

家住上海的老李自己由于"文革"没有上过大学,特别希望孩子上大学。老李的父亲可是大名鼎鼎的工程师。可惜小李就是不争气,连个大学也考不上。10年前,老李看自己的孩子根本不成器,也就冷了让孩子读大学的心。老李怎么也没想到,自己的孩子小李最近竟然有了出息:连续几年被公司老总嘉奖,最近和媳妇一起买了一套150平方的房子。从小酷爱游戏的小李从到网吧帮忙打工开始,逐渐学会了编软件。原本以为那是混一口饭而已,没想到成了小李的事业。

家住苏北农村的老李的同族兄弟李老汉却怎

图5-8　"她的多动不是病,把她转到舞蹈学校试试吧?"数十年前医生的一句话,让吉莉安·莱尼成了后来《歌剧魅影》、《猫》的舞蹈指导

么也没有搞明白:这么多年自己苦心培养并感到自豪的听话的孩子,却处在窘困的境地:大学毕业找不到工作,也不愿意回到家乡,好不容易找到的一个月3000元、无所谓专业对口不对口的工作,还不如初中毕业就跟着自己学木匠的侄儿4天挣的工钱,有心让孩子干脆回来做木匠,孩子的身体却早已不是做体力活儿的料了。前一阵子儿子回来说想在上海买房,首付款要花掉李老汉这些年来所有的积蓄。本来希望培养一个有出息的孩子,不用再为儿子操心,结果自己付出怎么会越来越多?

老李和李老汉的一喜一悲,该如何解读呢?

有一天,两个李姓的孩子聚到了南通老家,两个孩子的发问也许能够解释部分老李们的疑问,孩子们说:"你们不要拿爷爷辈的事迹来说事儿了,当初爷爷大学毕业的时候,到处是冒着黑烟的工厂,爷爷的微积分、丁字尺、化学元素比例配合、物理压力压强的计算,到处都是施展才华的战场。今天呢,我们还是学着爷爷所有的课程,可是满大街已经很少冒着黑烟的工厂了,即便有,我们也不愿意去呀!你们说,我们到哪里就业?"

不仅仅是中国如此。最近的一项调查指出,美国4年制本科大学学生,6年之内毕业的只占58%,高额的学费和毫无回报的现实让美国大学生也不愿耗下去。究其原因,旅美的英国创新教育家罗宾逊指出:"世界上所有的教育系统都有着同样的学科层次。最上层是数学和语言。向下是人文科学,最底端是艺术。而在每一个系统里,也有着等级层次。这些层次是工业化时代围绕就业和找工作设计的。"到目前为止,我们的教育体系都是针对工业的,最有用的学科是排在最顶端的。而事实情况是,即使在今天的中国,工业时代也已经结束,学好数理化并不能使自己找到工作。

工业时代使得人类的效率大幅度提高,创新的作用日渐突出。少数精英的发明创造就能支撑这个社会的前行。于是,工业时代结束后,"全世界的公立学校于是将所有的培养人才的目光聚焦于教授:顶级的科学研究人才,人们开始普遍以学术能力来衡量智力"。然而问题是,如此大规模的人才培养体系,其副产品就是让绝大多数学生成为"牺牲品"吗?简单的目标体系的后果就是,很多才华横溢、具有创造力的学生郁郁寡欢,因为在学校里面他们的价值无法得到体现。最后的结果是,最具创新的人才,不是来自于教育机构。2012年美国十大富豪,几乎已经成了退学学生的代名词。

工业时代的特征是:以能源和资源的速度和效率为竞争核心,自动化和流水线生产为主要指针,技术和工程为主要需求,人与人之间的规则和法律为前提的合作方式。在这种文明的基础上,现代教育诞生了:科学和工程为核心和最终愿景及配套的其他教育资源和能力。

目前的经济,已经进入后工业化时代:经济结构转向服务经济、劳动力大规模转向服务业、职业分布由工厂转向办公室,社会焦点从围绕生产转向围绕创新、人与机器的主流社会关系转向人与人之间的关系。

人类的教育,是服务于社会的。1945年,经过二战的苏联,在一片废墟上需要建设工业文明。被变成废墟的工厂和被消灭殆尽的工业文明,也许"计划经济"是最好的选择。于是,苏联迅速在废墟上建立起工业文明的计划经济制度,以及与之配套的"顶层设计的计划教育制度":教育部和各区县教育局、班主任到大队长中队长小队长体系、从党团到意识形态的执行力保证体系、统编教材和数理化为核心的课程体系。

1952年以院系调整为代表的教育改革,并非完全一片废墟的新中国,也推翻原来的教育体系,重建了计划教育体制。到今天,这套体制被完整地保留了下来,成为全世界最"维护工业文明的教育",也成为全世界"最扼杀创造力的强大教育体系"。

人类的组织转型远远会落后于技术转型。全世界目前的教育组织,更多地体现出的是工业时代的特征。好在这些年情况悄悄发生了一些变化:西方教育的小班化逐渐成为主流、原先围绕数理化教材逐渐变成以应用为核心的课程资源系统、逐渐加强人文学科的建设和教育、大量的服务社区和以服务性和本地人才为重点的社区学院的规模和水平不断加强(美国占到48%)、大学的录取开始更多的采取更加灵活的多元指标。但是即使是这样,美国也很难面对一个事实:大量的创新性人才是被学校扼杀而非培养,结构化的教育只能培养标准化的人才。

有一个多动症的女孩,被妈妈一次一次地送入医院,没有任何效果。有一次,一个医生经过仔细的检查,告诉这个孩子的妈妈:"她没有病,把她从普通学校转到舞蹈学校吧?"妈妈照做的结果是,这个女孩成为著名的舞蹈家,她就是《歌剧魅影》、《猫》的舞蹈指导吉莉安·莱尼。毕加索说过:"每个孩子都是天生的艺术家,可难就难在在长大的同时继续保持这种身份。"几年后的社会的竞争是以服务和创新为核心的,而我们的教育还围绕着减少犯错和标准化来进行。信息化教育和在线教育给了另外一种可能,标准化的教育将转向网络来完成,而人才培养和个性化教育将主要由学校来承担。越来越小的班级、越来越近的学校、越来越有针对性的教育支持、越来越个性化的培养方式,将使教育摆脱工业化时代。

"为什么数学课每天都有,而舞蹈、音乐和体育课一周一次呢?"罗宾逊的这个疑问逐渐得到改观,针对性和多元的教育目标正在普遍得到认可,尤其是在私立学校中。

比尔·盖茨和保罗·艾伦的成功都让人提到一所著名的中学:湖滨中学。那是一所看起来保守的学校,但实际上,它的教育理念相当先进、开明。那里几乎没有条条框框的限制,到处充满机遇,所有的同学似乎都有自己的兴趣爱好。学校里也存在各种各样的小团体。有喜欢打高尔夫的,也有喜欢打网球的。到了冬天,几乎所有的人都会去滑雪。1968年计算机发生转折性的变化,正是这一年,湖滨中学的董事会决定租用当时最先进的电脑让中学学生接触到这些变化。

图5-9 1968年的湖滨中学的计算机代表了当时的最高水平,带给保罗·艾伦和比尔·盖茨的却是逃课和通宵沉迷。1975年保罗·艾伦终于说服再度沉迷于哈佛大学、打牌输掉数千美金的比尔·盖茨退学一起创办了微软公司

也许不久的将来,那些沉迷于网络的孩子,不仅不会被父母痛斥,还会专门被送进特殊的电脑学校。因为至少从现在来看,IT界1/3的精英和这些孩子中的5%左右会转成专业软件工程师。他们一旦沉迷于编制软件,将是无敌的。历史上,他们中间的一个,叫比尔·盖茨,他在湖滨中学的时候,跟着保罗·艾伦编制软件。

后来,有了很多教育的故事……

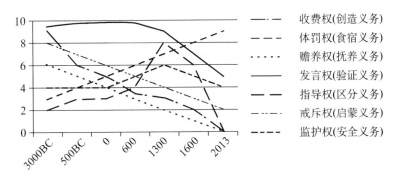

图 5-10 教师的权力、义务趋势图

5.6 权力强度、信息和师生关系

这张图是顺手画的,趋势大致不会错,对分析理解信息与师生关系确有好处。我们来注意以下几个事实:

1. 1713 年,普鲁士国王威廉一世强迫义务教育,100 多年后的英国才做到德国的这一点,德国的超前行动不仅避免了"雾都孤儿"的产生,也使得"收费权"从基础教育教师的基本权力中逐渐取消。值得注意的是,没有了收费的权力,也就意味着没有了创造的义务。在印刷术大规模推广之前,教师的创造绝大多数与抄书相关。义务教育取消了收费的权力和创造的义务,转而由政府作为中间代理人进行付费,大大降低了社会教育成本以及提高了教育的标准化程度。收费权从教师手中剥夺,意味着创造的义务也转移到剥夺者一方,教育成为了"教化"。值得注意的是,汉代开始的官学与中世纪就开始普遍盛行的宗教学校,收费权早已从教师的权力剥夺,其转化成统治权。我们看到历史上很奇怪的政府置基础教育而不顾,而抓免费的高级教育,其是为加强其统治权(例如明清颠沛流离的私塾教师和与之对比的太学就是典型的例子,同样的例子还存在于建国几十年乡村教育的落后和大学的完全公立)。教育的创造力最强的地方来自于没有转化的教师收费权的地方:培训机构和私立的艺术教育,而部分剥夺教师收费权的私立学校,其创造力也远高于公立学校,美国大学就是一例。

2. "夏楚二物,收其威也"来自孔子,证明那个时候就有体罚了。孔子的教育是收费教育,其倡导体罚确实有点不合常理,如果看遍教育史,会发现,体罚最严厉的场合,往往出现在教师物质给与转化的道德感最具有优势的时候,这种道德感往往来自于负责学生生活食宿的义务。例如,体罚最严重的宗教学校、从小跟随师傅的小和尚和练武耍把式卖艺的徒弟。体罚的权力和食宿的义务往往是对应的,自从有了义务教育,政府成为食宿负责人,体罚大幅度得到减少成为社会的共识。

3. 孔子临终的时候,盼望着自己的学生来,尤其是富家子弟端木子贡,这是因为,孔子所提倡希望恢复的等级社会价值观,当然包括他自己的被赡养权和学生守墓的义务。孔子号称弟子三千,从史料推断是不可能的或者"弟子"并非真正的学生(或许学生分等级?),因为为孔子守灵三年的要是三千弟子,那曲阜还不被吃穷?与被赡养的权力相对应,你一定要付出抚养的义务,孔子并未付出抚养的义务而希望得到赡养的权力,其自欺欺人可略见一二。至于端木子贡能够守孝5年,换取什么权力只有他自己能够知道了。多数现代西方社会并无赡养父母的义务,其原因也在于儿童的保护是社会的责任,孩子们的基本抚养也基本不需要父母花费太多,权利和义务这回事,没有什么高尚与否,本质是社会机制的设计。

4. 2500年前的孔子学院,只有孔子一个老师,其发言权是绝对的;2000年前的柏拉图,其发言就只能借助已经死去的老师苏格拉底的号召力才能成功;到了南宋的朱熹,发言权已经降低到很不足的地步,朱熹一方面树立经典,一方面通过与陆九渊的共同发言来达到教师的权力最大化。发言权和验证的义务直接对应,可以想象,一个古代熟读经典的书生,发言权是通过圣贤书来证明的,这既是当时信息化的进步,也是今天看来的迂腐。

5. 发言权和体罚权相结合,就是训斥和戒斥的权力,而戒斥的权力和指导的义务是一个事情的两面。唐僧拿猪八戒开刷和惩罚孙悟空,其原因不仅仅在于有口诀,更在于有道德的优越感:唐僧和徒弟都认为老师在指导徒弟们走向好人之路。《西游记》中很多次徒弟离开师傅,在于师傅的判断力出了问题。不能尽启蒙的义务,就无法施展训诫的权力,我们今天口口声声师道尊严的教师,还是先看看《西游记》再说。

6. 2008年汶川地震的那一刹那,正在讲课的一个姓范的中学老师拔腿就跑,人称"范跑跑"。其实"范跑跑"事件在哲学命题上并不简单,并非用简单的道德就能够阐述清楚的。对于未成年的学生,其监护权到底是谁行使,是问题的关键。

"范跑跑"就职于私立学校,让这件事情更加复杂:我们可以1年之内建立一个精英的私立学校,但10年也建立不了一个新的监护责任与义务,这才是核心和争论不息的真正原因。千百年来,教师的监护权逐渐在降低,安全的义务也在减少,只不过比起其他的教师权力,减少的慢一点而已,中间还有过更多的反复而已。50年前,父母送孩子上学,对教师经常说的一句话是:"孩子就叫交给你了,该打就打,该骂就骂。"而事实情况如果孩子出了一丁点问题,被打骂的往往是老师自己,反映的就是那个时代的监护权和安全责任,今天已完全不同了。

教师唯一增加的权力在于指导权。时间重回1000年前,教师的权力是教书识字,孩子的发展方向是父母的事情。随着时间的推移,教师在这方面的权力越来越大而不是越来越小了。教师可以根据每个孩子的特点,指导他完全不同的方向。与指导权对应的责任是"区分"义务。欧美几十年来小班化改革,重要的原因是希望教师进行更多的针对性指导。教师的指导到了极致就成了教练。而教练我们知道,之所以成为教练,是能够区分不同的学生,给予针对性的指导。

是什么造成了教师的权力强度(或者说责任强度)的变化呢?是信息和信息载体。由于信息载体的革命,师生之间的信息不对称逐步减少,使得权利和义务关系发生变化。孔子的竹简只能自己看,讲给学生;朱熹的圣贤书可以印给学生在图书馆看;今天的教师的课件,学生可以在网上找最好的看,一般情况不会出现课堂上的教师比网络课件更精彩的情况。我有一次问上海广播电视大学的一位教师朋友:"鲍鹏山的文学课堂是否也如他在百家讲坛那么火?"回答是否定的,原因在于,中央电视台播出的鲍鹏山的公开课,是技术处理过一遍又一遍的。

信息时代,只有一种权力是教师可能增大的权力,那就是指导权。可汗颠倒课堂采用的小班双教师制度、Udacity采用的在线人工智能调整教学进度,都是发挥教师尽可能多的指导权。教师的指导权的增加还在于大数据带来的大量学生行为数据的科学化,这种信息教师掌握得最充分,因此权力特征也最明显。指导权的提升是建立在教师区分责任的增加上的,面对着成百上千的不同的学生,今后的教育的重点在于区分学生的行为,进行更加针对的指导,这既是在线教育的机会,更是实体教师的机会。

在线教育使教师权力增大了?还是减少了?回答这个问题,还真不是那么简单。

(本节感谢邝红军老师的建议)

5.7 技术在进步，教师会更吃香吗？

并不是每次革命，教师都是吃香的。1905 年 9 月 2 日，受日俄战争俄国失利的启示与刺激，慈禧太后在袁世凯和张之洞的一再劝说下，以皇帝的口气颁布命令："自丙午科为始，所有乡会试一律停止，各省岁、科考试，亦即停止。"延续了 1300 年的科举制度寿终正寝。早在多年前，新式学堂已经兴起，于是清政府大规模印刷统一教材，中国教育史开始了新的篇章。然而，新学需要的是新教师，原先练习八股的秀才大规模失业。不仅如此，由于 1300 年的历史中，状元数量最多的是江苏，而新学的结果是堵死了举人、进士、状元们的升迁之路，"秀才遇到兵，有理说不清"。在 1905 年的情况是："秀才当了兵，一举灭大清。"秀才没有工作，家庭收入就成了问题，原本 60% 的秀才当教师，这之后的几年，大量的前清秀才去当兵：仅编制不到 1.2 万人的江苏新军第九镇号称"八千书生"。只有 6 年，清政府灭于这些秀才比例很高的新军之手。教育的革命，革了大清的命。

以上是个案。然而从中国历史的长河来看，教师的地位确实在降低：2500 年前，春秋的教师可以周游列国当宰相；2000 年前汉代的教师可以当大臣；1000 年前宋朝的教师可以有田产；500 年前明朝的教师见了县太爷可以拱拱手不跪；1949 年刚解放的时候只有大学一级教授是部级待遇；到了 2012 年，10 几个大学教授去争一个科级的系主任。与上面数字相互呼应的是，教育的普及和教师数目的大规模增加。看 2009 年的数据，中国教师总数超过 1400 万，其中大学教师超过 150 万。随着教育的普及，教师地位的降低是历史趋势。随着信息和知识的功能从教师头脑中逐步转移到由技术改变的介质上，教师的知识垄断宣告瓦解。

然而，有一个事情却是正好相反的，那就是，随着教师的知识垄断的瓦解，教师的服务功能逐渐在强化。历史上任何一场由介质引发的革命：造纸、印刷等，伴随着的总是教师数量的大幅度增长。知识的传承还是需要教师的服务。2012 年，可汗学院创始人可汗的一本新书认为，在线课程和视频网站的普及，需要越来越多的教师，原本一个班 20 个孩子，由于翻转课堂的出现，再加完成学习后发现的问题越来越多，今后一个班将会有两个或两个以上的辅导老师。在美国，一个班的学生数为 15 到 20 人，中

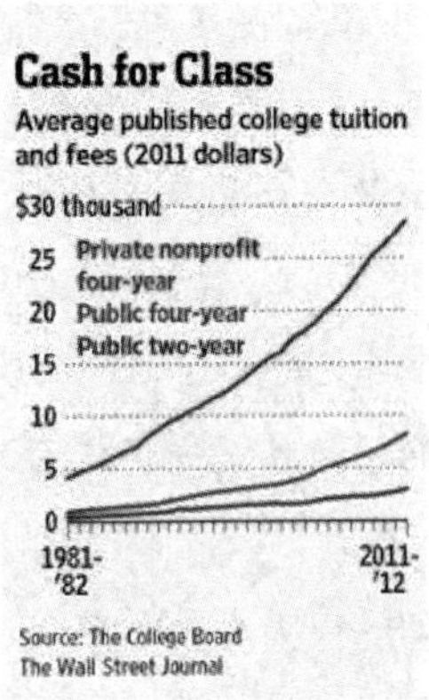

图 5-11 美国 30 年来的大学学费 来源《华尔街杂志》

国为 40 到 60 人，如果按照这个趋势，随着在线教育的革命，中国的教师会远远不够用。

凡是有排队的地方，就有信息化的市场。公元前 500 年，3000 弟子排着队听孔子说他那抑扬顿挫的格言，于是竹简做的《论语》几十年后成为时尚；1000 年前，儒生们排着队听陆九渊和朱熹的辩论，于是被活字印刷术印刷的经典校注成为普及；700 年前，当欧洲的原始大学的学生们排着队听取神父念着自己手抄羊皮卷的圣经的时候，古藤堡的铅字油墨印刷机发挥了作用。美国私立大学的学费从 1980 年的 1 万美金每年，飙升到 2012 年的 3 万美金一年的时候，排着队希望进入名校学习的穷孩子，就发疯似的点击常春藤名校的在线课程。

在这场由排队引发的革命中，教师究竟起到什么作用呢？会更吃香，还是更衰落？1862 年，处在南北战争最艰难的时刻，林肯签署了《莫里尔法案》，也就是鼓励各州将国有土地变卖办大学或者捐助办农业大学的法案。这个法案直接的后果就是美国拥有了法国、比利时和瑞士国土面积的大学面积。当排着队打仗的时候，林肯考虑的是几年以后人们会排着队上大学。随着知识的普及，教师的地位提高也许人们根本无须努力，因为从历史长河来说，劳动者的地位趋向平等，教师这个最大群体的劳动者之一当然不能例外。然而，随着技术的革命，教师数量是多了，还是少了，就要看谁排队了。

可汗在他的书中还有一个观点：在 1 个班级超过 1 个老师的情况下，无论基础教育还是高等教育，年龄不应该再是班级划分的依据。这样看来，今后的终身教育，很可能改变目前学校的形态。我们回到 1905 年的清末。大量秀才失业的同时，新式学堂的教师奇缺，一个很重要的原因就是，大量没有接受过新式教育的年龄差距很大的学生，涌进了新式学堂。后面的历史也证明这一点，民国以后，教师数目急剧扩张。

回到图 5-12，随着技术的和媒体的进步，一个教师能够带的学生是逐渐下降的，2500 年前的孔子，需要带 72 个研究生和 3000 学生，以他 40 余年教育经历，学生多数要靠自学，孔子的辅导和互动应该有限。到 2012 年，中国的学生总数已经超过 2.4 亿，生师比降低 17 左右，但是关键问题是每个班 50 名学生的班级规模，还有很大的下降空间，那么，教师的缺口还很大。而新的技术带来的变化，如果 1 个班需要 2 个老师，生师比要降低到 10 以下的话，就需要更多的教师、会带来更具针对性的辅导和更好的教育效果，这样看来教师不仅不会持续失业，会越来越成为主流职业。

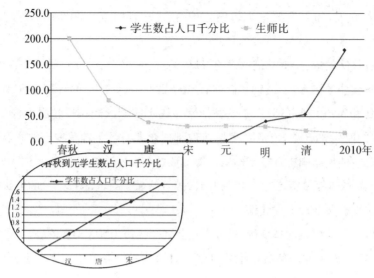

图 5-12 中国历史上的生师比和学生比

(估算方法参照 SANJYSAN-《明清穿越者考秀才轻而易举论》)

5.8 学生到哪里，教育就会在哪里

2012年的暑假，网名为"哈哈虫"的宅女小丽在同学们中又创造了一个新的纪录：23天不出家门，中间只通过网络订餐，其他时间上网和睡觉。小丽代表了这个年龄段

图 5-13 1999年9月，"宅"在宾馆出来的人完成了一项开创性生存实验。到2012年，"宅女/宅男"成为躲在家里上网不出门的一类人群的代名词

的很多网友的典型特征,可以肯定的是,她绝不是宅在家里的纪录保持者。时间倒退13年,1999年的9月1日到3号,轰动互联网的"72小时网络生存实验"同时在北京、广州和上海举行,12名选手中就有一名由于买不到吃的而"饿出了实验"。

互联网的发展是迅速的,2012年底,中国几个电子商务巨头纷纷在网络上发言,他们称传统商务根本无法与电子商务抗争,因为仅仅1个月前的11月11日的光棍节,仅淘宝网,一天销售额就达191亿元,相当于上海最繁华的商业区徐家汇商圈全部19家零售企业去年国庆期间总合的近50倍。而徐家汇的书店由于网上书店和电子书的联合冲击,所剩无几。徐家汇尚且如此,很多传统的商业区形如鬼城。

电子商务发展10多年,已经颠覆了整个销售业态,其实总结起来也很简单,客户到哪里,销售就会到哪里。那么,是否学生到哪里,学校也将到哪里呢?

公元前479年4月,回到鲁国家乡的孔子已经接近人生的终点,面对空空如也的屋外,孔子只能盼望一个人,那个既有钱又有闲的学生子贡,曰:"赐,汝来何其晚也?"孔子一生周游列国,晚年回到家乡,学生骤减,能远途跋涉来到他的身边聆听教诲的,只能是子贡了。14年的游学生涯,从政是其一,考察是其二,收集生源也许是作为教育家的孔子的最大动因。那个时候,学子的脚印是驻留在孔子游学的驿站,孔子的脚印是追随者粉丝的家乡。

公元1184年4月,作为太守的朱熹终于将白鹿洞书院修复完毕,活字印刷术成熟后的这个春天,学子和贵客们纷至沓来,开创了图书馆加讲学的书院模式,学生们再也不用每天跋涉前往学堂去读书了,学子们的脚印可以长期驻留在书院的厅堂,朱熹和陆九渊的脚步可以第一次轻轻滑过学子的宿舍。

1905年,清政府取消了科举制度,也在这一年,全国各地刮起了原本就已兴盛的新式学堂的风潮。得益于胶印和平装技术,学子们背着书包,脚印留在乡村的学堂。

每次技术的巨大变革,都会引来很多人对于未来人类行为的巨大猜测。然而很少猜测能够真正形成风潮。1939年,卓别林拍摄了电影《摩登时代》,"吃饭机"这个30年代人们对于未来享受的猜测,并没有成为事实。原因何在?现代人的午餐的脚步,不会希望走向一堆机器。

在线教育,是否会成为学子们的将来行为主流呢?那要看学子的脚步是否愿意在网络上驻留。

下面这张图是十多年来网民比例、周上网时间、周读书时间的图。清楚地可以看出,从1999年开始,中国的网民们上网的时间已经超过了读书的时间,自此读书时间逐步减少,上网时间大幅度上升。也许用不了多长时间,上网读书将代替传统的读书。学子的脚印,已经长时间驻留在网络,学校,必将追随学子的脚步。

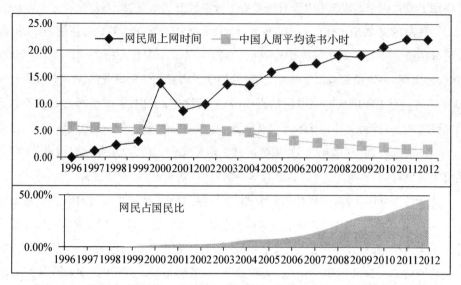

图5-14 从1996年到2012年国人周阅读时间、周上网时间和网民比例增长图

微软创始人比尔盖茨说:"未来的很多年,让一群孩子围在一个教室里听课将是一件很可笑的事情。"比尔盖茨说这句话,是看到了可汗学院这个网络学院刚成立几年就已经成为世界上最大的学校:1100万学员。

学生到哪里,教育就会到哪里。

5.9 技术的核心是解放

2013年10月,我应邀在中国西部某省进行演讲和考察,见证了一件匪夷所思的事情:该省的一些贫困的中小学,一年之内教室里面的投影仪换了三遍。先是安装上3500流明的投影仪,是省里的资金;然后市里面安装了短焦的投影仪;最后,国家的资金来了,又换成3000流明的投影仪。我考察的时候,国家的资金检查已经完成,学校把最好的短焦投影仪装上,另外两台投影仪放进仓库。

2013年11月底,媒体上有一篇文章"警惕过度信息化",获得一片喝彩。在很多人看来,类似我上面讲到的例子就是过度信息化的一个例证:在很多大学还在使用黑板的情况下,很多中小学使用了超前的投影机、iPad等设备。结论我同意,论证我不敢苟同。

在 20 世纪 30 年代,著名电影明星卓别林拍过一部电影《摩登时代》。影片中,生产线的工人被一个新发明的机器喂饭,让人哭笑不得。是的,每当新的技术出现的时候,对人的冲击,让人想到了各种使用新技术代替人力的想象,"自动吃饭机"就是愚蠢的一幕,换到今天,人民日报也许用"警惕过度工业化"的社论,然而结论虽然对,分析却完全谬误。

有一次去上海的瑞金医院看病,由于身处壮年,好几年没有去过医院了,突然发现医院的信息化超出我的想象:分检、挂号、等候、问询、缴费、检察、化验、打印化验单据(也可以不选择打印)、再次检查、再次缴费、拿药,全部的流程,全部由信息化完成,方便了病人,节省了资源(不用打印很多中间结果)和时间,更解放了医生,如今的医生,再也不用花大量的时间去手抄处方这种重复无价值的劳动了,药房的药剂师,也可以花更多时间去检查药的正误而不是运用体力去找药;病人安静地等在座椅上收发微信,再也不用在人山人海的队伍中焦急等待,信息化同样解放了他们。

"解放",是技术的核心要义,"过度信息化"的标签无论如何是不能解释瑞金医院的这种信息化的实践的。

那么,什么样的信息化是过度的?什么样的信息化又不是过度的呢?最近听说一些医院又进行一场崭新的实践,将药房(包括中药)进行全新的改装,专门的药房大楼,完全通过信息化机器人的流水线,将药物直接送进病房大楼,护士根据病人手牌的标签来确定用药,大大地提高效率,减少失误,这种超前的做法,我们能用"过度信息化"来形容吗?当然不能,原因为何呢?那是因为,无论哪种信息化、多超前的信息化,如果目的不是代替医生和护士治病,而是"解放"医护人员,这种技术就是好的,解放后的医护人员,也可以发挥更加核心的医护功能。如果不通过医护人员机器人和电脑通过所谓的"专家系统"直接开药,那才是"过度信息化"。

在教育领域,每一次媒介的技术革命之后,总能够诞生一些伟大的教育家:竹简之后的孔子、草纸之后的柏拉图、印刷术之后的朱熹、油墨机和铅字印刷术后的卢梭和洪堡德,那是因为技术解放了一些具有创新精神的教师,使他们抛弃了大量重复的劳动而将更加重要的精力集中在了教师的核心功能。朱熹时代,由于活字印刷的大量普及,使得教师不用再花很多时间抄书,于是书院的图书馆成为学生们更多自学的时间,这个时候的朱熹,可以花更多的时间进行思考和个性化指导,于是他请来了陆九渊,一种崭新的教育方法由此产生。

澳大利亚职业技术学院的教师马丁,为了解决学生们坐飞机长途跋涉的问题,开发了魔灯在线教育平台,美国的华尔街工作的可汗为了解决自己的亲戚数学学不懂的问题,将一个个知识点拆开成单独几分钟的视频,由此出现了世界上最大的学校:可汗学院。这些都是技术解放作用的实例。而可汗学院的在线教育,并没有代替教师的作用,而是解放教师的重复劳动,可汗在翻转课堂的实践中,为了增加学生的学习效果,原本一个班15个孩子一个老师,可汗增加到两个,随着信息化的发展,解放了的老师会更加重要,而不是被"信息化吃饭机"所代替。

二三十多年前,当人们刚刚进入信息化时代的时候,提出了一个"过度信息化"的口号:"无纸化办公"。几十年过去了,人们发现纸越用越多。如果将技术当作解放人类的工具就不难理解:计算机能够解决的是大量重复的劳动问题和资源共享问题以及排队问题,问题的解决,纸越用越多,写满这些纸,人类花费的精力成本却逐渐接近于零,毕竟人是最值钱的。

在教育方面,除了教师大量的重复劳动、资源共享外,最重要的信息化功能:排队问题,似乎教育界没有花大功夫去研究。在医院,由于有了信息化,病人和医护人员的排队问题得到充分释放,医疗效果得到大大增强。而在学校,传统的每个班级40个学生以及每个老师讲45分钟,无异于让程度不同的学生排着队接受教师的"专家门诊",与此同时,大量的学校实验室和美丽校园,确在排着队浪费着等着学生下课去体验。而随着教育信息化的进展,更加好的排队系统和行为分析系统,会将老师的一对多的讲授,变成互动的沟通,这些都是技术的解放力量。

当造纸术和签字印刷和油墨印刷一股脑地涌进中世纪那些习惯于手抄《圣经》的教师的课堂的时候,几乎所有的教师第一反应就是"技术过度使用!",技术的使用,重新定义了教育,不仅仅造了宗教的分裂,也影响了整个世界。

回到本节开头,之所以中小学不断地安装投影仪,不但不是过度信息化,反而是"信息化不足"和信息化核心功能理解不到位造成的,我们的教育部门,习惯于"配发"思路,而不是围绕学生个性以及从"解放教育"的本质出发。

5.10 大学是一个实用的社区

在美国卡内基梅隆大学和匹兹堡大学周边,有不少中餐厅,其中一个叫作LULU的茶餐厅,生意特别好。我经常去吃,按照中国人的口味来说,味道其实不怎么样,因

图 5-15　美国哥伦比亚大学图书馆，2013 年我见到了在美国难得一见的迎宾小姐。不但如此，旅美华人协会年会，华人还付钱租下这个昂贵的演讲厅

为它变得非常"美国味"了，然而价钱和装修都有独到之处，因此生意格外红火。尤其值得一提的是这里的装修，使用了非常日常化的用品，甚至衬衫，把整个饭店打扮得非常得体，中西合璧。去多了才知道，这是一个台湾来的卡内基梅隆大学计算机博士开的。据说自从开了这家中餐厅后，生意格外红火，他就放弃了 CMU 的博士资格，将全部精力放在经营上面了。

以上案例并非偶然，它代表了美国一种典型的大学教育的价值观：大学仅仅是工具，如果有好的事业和好的工作，为什么要继续读书呢？大家耳熟能详的苹果公司的创始人之一沃茨尼亚克，也是在大学期间就找到了非常令人羡慕的霍尼韦尔公司程序员的工作，他毫不犹豫地退了学，再次进入大学是很多年以后与乔布斯分道扬镳之后的事情了。

进入大学是为了好的工作。然而，并不仅仅如此。2005 年，著名小说家金庸辞去浙江大学文学院院长一职，在这个 6 年的院长任上，金庸饱受校内外质疑。在南京大学的一次演讲上，南大的教授就炮轰金庸连副教授都不够格，而金庸在浙江大学已经带了 6 个隋唐史方向的博士生。金庸辞去院长之后，选择去剑桥大学读硕士，这一读就上了瘾，2010 年，86 岁的金庸获得了剑桥大学哲学博士学位。

工具和兴趣，都是选择大学的一个内生性动力。上过大学的超过 40 岁的人，还会回忆起一种经常被提及的说法："国家养你这么多年……"这充分佐证了那个年代的大学教育的国家使命和对国家的依附性。

在80年代和90年代的中国,一个同学如果退了学,那就是天大的事情,即使到了今天,大学退学对于家里人和自己也是不得了的一件事情。但是,从事IT业的人这些年会发现,自己公司里面最优秀的员工,很大比例上,往往就是来自那些退过学的甚至没有上过大学的人。关注退学精英,有人会说,中国国情不同,中国不能产出那些退学的亿万富翁。如果从大学的理念和办学初衷来看,这里能够找到其体制上和理念上的原因:我们的大学,是为"修身、齐家、治国、平天下"而准备的,因此大学生应该是年轻人,应该是有培养前途的,应该一鼓作气读完书向国家示意自己的成绩以供挑选,我们并没有为退学的学生和年龄大的学生提供希望实现的完善机制。

几个刚刚来自中国的访问学者在一起聚会,谈到南京的某个大学的一个副教授一年发表三篇SCI被破格提拔教授的事而愤愤不平。一旁的在CMU工作了20年的高级科学家说:"哦,别太当回事,全世界都是一样的,我要是捐给CMU1000万美金,CMU一定会破格提拔我当教授的。"话说得也许有点满,但是事实往往是这样的。亿万富翁金庸的运气就没有美国的这些院长们好。2012年8月,CMU的工程学院院长就要到西部一个著名大学当校长了,他在CMU的20年中为CMU拉了不下于5000万美金的捐款,上次拉到3000万美金的国防部捐款,为CMU建立CYLAB,他就从系主任升为院长。这次美国经济危机,西部的这所加州系统的高校想起了他。除了筹措经费能够当院长、校长,把美国教育当作神一样的人看到下面的这个真实案例,就更加瞠目结舌了。一个女候选人参加一个著名大学的面试,水平和发挥是相当差,这个时候,面试委员会一个哥们说了一句不该说的话,这位女性抓住把柄要把他告上法庭,她不仅被录用了,还当上了终身教授。

由于中国加大了对"海归"的引进力度,最近一些年"终身教授"被当作不得了的一件事情。事实上,至少在CMU,这就是一个不能被辞退的职位而已,相当于中国新劳动法中的长期雇用关系。在中国,博导也被当作一件不得了的事情,李开复确实没有说错,这边的助理教授也可以带博士,前提是博士的生活费和开支你要负担的,除了负担博士的开支,还要每带一名博士向学校上交比例不菲的经费。卡内基梅隆的教师流动性很高,除了去其他高校外,教授创业也是一件很普遍的事情。以下这位教授的话更能代表这些老师的真实价值观:"如果我有1000万,我一定能够被破格升为教授,然而如果我能拉到1000万捐款,为什么我不创业呢?"教授创业,是被卡内基梅隆大学鼓励的事情,学校能够得到一笔不菲的技术转移费和股份,近十年,卡内基梅隆的实验室诞生了几百家的公司。

在批评中国的教育的声音里面,有一种声音是"功利化"。其实美国教育之所以能够成功,就是来源于其彻底的实用主义和大学定位的纯粹性。"象牙塔"这个词汇,最早被形容女性优美的颈部,后来被一个哲学家比喻和讽刺那些远离社会的人和行为,直到后来才被形容大学。托斯顿·胡森总结,主要有以下几层意思:它在一定程度上将理论与实践明确区分开来;它鼓励自主和对外界事物完全采取冷漠态度;无论从社会地位上看还是从知识水平上看,它都是一个教育英才的机构;作为一个以"追求真理"为主要目的的机构,它力主成为一座象牙塔。这其实只在欧洲可能适用,美国教育之所以成功,来源于以下不同于欧洲之处:

1. 彻底的分散管理。无论是联邦政府抑或各州当局实际上都不参与管理。
2. 服务的理念。与英国大学致力于培养绅士(gentleman),德国大学致力于学术研究(scholarly research)不同,美国大学还致力于为美国生活服务。
3. 高等教育普及化。
4. 竞争激烈。
5. 大学体制极其多样化。美国有很多不同类型的公立和私立院校并存,并且形成了明显的地位等级。
6. 企业家精神。因为激烈竞争和绝对分散的状况,促使大专院校教职员具有一种企业家式的创业精神,鼓励主动进取。
7. 实验性。美国院校没有统一的入学标准。
8. 开放性。美国大学不仅向本国开放,而且向世界各国开放。

说到中西教育比较,就不得不提到大学的起源。现代意义上的 UNIVERSITY 来自于十字军东征时期。大量的拜占庭价值观得到普及,地域拓展,以及手工业的发展,使得教会的教育不能满足需求,于是教师和学生群体与手工业群体等一样,成立自己的行会和公会。由于教师和学生行会的互补,逐渐形成了大学。大学一词为"University",是由"Universe"(宇宙)这个词的前身派生而来的。"Universe"的前身,在拉丁文中为"Universus",是由表示"一"的"unus"和表示"沿着某一特定的方向"的"versus"构成的,"Universus"字面上的意思因此就是"沿着一个特定的方向"。"Universum"是"Universus"的中性单数形式,用作名词时指"宇宙",同样派生词"Universitas"也指"一群个人的联合体,社团"。如果再往早一点去查找源头,在巴基斯坦伊斯兰堡西北30公里的一座古城——塔克西拉,1980年正式被联合国教科文组织列入世界遗产。原因是早在公元前7世纪,这里已是该地区最早的高等学校所在地。古希腊柏拉图时期的学园,是典型的师生关系。不过这种意义上的大学和近代大学并没有血缘上的联系。从拜占庭之后,形成了很多意义上的大学,有些大学以学生为主治理,比如以博洛尼亚大学为代表,由学生主持校务,教授的选聘、学费的数额、学期的时限和授课的时数,均由学生决定,学生是客户是那个时候就开始的;以巴黎大学为代表,是由教师掌管校务。涂尔干指出:"巴黎大学创建伊始,无非是各方面的教师所组成的一个法团。……巴黎大学的思想倾向根本上不是教士型的,不仅如此,甚至多少还容纳了一大批教外人士,具体数目还难以确定。"

上述历史表明,不仅在今天的美国,就是从西方的教育起源来看,大学原本就不是象牙塔,而是一个社区,一个教师和学生一起研究和学习学问的地方。和西方不同,中国历史上的大学都是外生性的。2500年前的管仲,虽然没有建立大学,但是他采取将齐国城廓和居民规划的方法,是教育学的很好的办法。同时代的孔子,是一个伟大的教育家,然而,教学目的却有浓厚的个人"宋江主义情节"。与孔子相似的朱熹,也具有浓厚的"宋江主义情节"。美国高校在20世纪初即通过了全美大学教授协会所阐述的美国教育思想三大原则,即著名的"3A原则":学术自由(Academic Freedom)、学术自治(Academic Autonomy)和学术中立(Academic Neutrality)。根据"三A原则",教授作为学者和知识传授人有言论自由;大学有权利从学术角度出发,决定谁教书,教什么,如何教,以及谁来学等问题;大学教授们的自由以校园和学术界为界,对外严守中立,不过问政治和社会敏感问题。

相对于西方的教育起源及其社区性质的定位以及实用主义的倾向,中国对于教育具有浓厚的功利主义。功利主义并不是实用主义。我们来看看中国人经常受到的儒家教育的一段经典。

> 古之欲明明德于天下者,先治其国。欲治其国者,先齐其家。欲齐其家者,先修其身。欲修其身者,先正其心。欲正其心者,先诚其意。欲诚其意者,先致其知。致知在格物。物格而后知至,知至而后意诚,意诚而后心正,心正而后身修,身修而后家齐,家齐而后国治,国治而后天下平。自天子以至于庶人,壹是皆以修身为本。其本乱而末治者否矣。其所厚者薄,而其所薄者厚,未之有也。此谓知本,此谓知之至也。

修身、齐家、治国、平天下。五四运动最伟大之处就在于要打破这种儒家教育思想的毒瘤,而转向服务社会。可惜时间过了100年,不仅儒家教育思想的毒瘤没有清除,孔子学院随着中国经济的腾飞，而输出到世界各地。功利化的学术文章，使得中国的学术文章水分很大。功利化的教育理念，使得美国虎妈照样盛行，我所住的社区每个年级前50名学生几乎都是华裔，以至于CMU录取分数线对于华裔要高100到200分。

以平天下为己任的儒家思想，不仅在古代没有将"百无一用是书生"的秀才过上好的生活，也使得中国最优秀的100万博士教师和1000万大学生精神生活极度扭曲，社会资源也极大浪费。世界上可能再也没有比这些人更无所事事、愤世嫉俗、等待被重用的了。不仅如此，每年政府和整个社会花在这个群体上的经费又是天价。如果把大学仅仅看作一个社区，事情会变得非常简单。

在反思教育的过程中，我们往往反思的是我们力不从心的行政和官僚，对于我们自身和自身文化上的毒瘤，是否愿意自己"清创挖骨"呢？

信息时代，大学这个社区正面临前所未有的挑战。在传统社会里面，之所以需要这个社区，很重要的一个原因是，这个社区是一个知识的聚集地。而这个功能在信息化社会将会被彻底冲垮。大学原有的社区交往功能、创新聚集功能也许还继续存在，但是需要我们在理念上和行动上积极应对。在革命的浪潮面前，船到桥头，不会自然直的。

5.11 多元的选择，纯净的社区

王女士本科毕业来到美国，读完硕士留了下来，与在中国的做父母的同学一样，在子女身上花了大量精力。目前女儿20岁，在全美排名50位的匹兹堡大学读书，儿子9岁，在一所私立学校读书。她与大多数华人一样，跟随着时代的进程，非常重视孩子的教育，却又在不断的焦灼之中。女儿小学的时候，经济情况还一般的王女士夫妇将孩子送往downtown附近的免费公立小学读书；等到上初中的时候，发现邻居的孩子在当地私立学校考上了哈佛大学，就将孩子送往私立教会初中。问题是，孩子很不喜欢教会学校严格的清规戒律。经过这样一番折腾，在价值观上与中国来的父母发生了很大的叛逆。由于孩子不愿意，上高中的时候，又选择了当地一所不错的公立学校。这个时候，美国开始了经济危机，匹兹堡削减教育开支，加上美国种族宽容的社会环境，合并downtown的一些学校，这所很好的学校由于合并了很多附近社区的孩子而变得人很杂。原本一个班18个孩子变成了30人。在妈妈看来，女儿也跟着学了一些不好的习惯。等到最后一年,女儿自己也提出来,重新回到一所不错的教会学校。然而问题又来了,在这所学校的最后一年,女儿根本无法与同班其他同学一起成长。经过11年的融合,就这样毕了业上了大学。照理说,匹兹堡大学在美国也是一所非常不错的大学,可是,谈到女儿,王女士充满了忧虑:"女儿是一个价值观混乱的样本,在儿子身上,绝不能再如此了。"于是,在自己并不喜欢的downtown居住了十多年后,王女士夫妇坚决地要把家搬到了匹兹堡北部的高档社区,决定让儿子就读于水平既高又稳定的私立学校体系。

如果带着挑剔的眼光看,来到美国之后会发现,国内教育存在的问题,在美国几乎也都存在:美国的公立基础教育学校的教育评估比中国的有过之而无不及,造成创造力的丧失;美国《不让一个孩子落队》法案,使得大量的音乐、美术和体育课程被压缩;美国的公立教师几乎终身的职业地位,使得教师激励和教育质量受到很大影响;美国的教育标准化运动,使得美国教育部门的作用近些年得到凸现,也扼杀了创造力的培养。奥巴马上台后,在医疗和教育领域进行改革,美国人发现奥巴马认为中国的孩子的数学成绩很好,要全面学习中国的基础教育。在美国发生的"虎妈"现象,在中国引起的是一场关于教育方法和尊重个性的讨论,在美国引起的则是一场对美国教育的深刻反思。确实如此,在顶级的数学和理科实验室里面,已经越来越少见到美国长大的孩子了。以上案例带给我们的如果仅仅是中美教育的一般比较,以及基础教育到底美国好还是中国好,那思考的层次就太过于简单了。

一个不容忽视的事实就是,从二战以后的趋势来看,关于美国教育危机的呼声一波接一波,对美国教育的反思一直不断地进行着,教育改革一浪高过一浪。然而,同时值得关注的是,历任总统对教育的重视也似乎越来越强,美国的国家竞争力在因为教育而不断增强。一个非常有趣的现象就是,对于教育的批评尽管很多,但问起美国60年国家竞争力强盛的原因,无论美国国内还是全世界范围,全部都回归结于美国的教育和科技。20世纪50年代以来,美国的教育改革浪潮迭起,先后经历了新教育运动、促进教育机会均等运动、回归基础运动、学校重建运动、教育选择与国家标准运动、学校教育与工作需要相结合运动,等等。每次改革浪潮都呈现出不同时期社会对教育变革的要求与教育对社会发展的应对。究其用意,都是旨在通过课程和教育改革来提高教育质量,培养高素质的美国公民。进入50年代以后,改革周期在明显加快,美国的历史本身就是一部改革史。正如John D. Pulliam和James J. Van Patten所说的:美国的历史,从肯尼迪和约翰逊的政权到里根、布什和克林顿的政权,均受社会改革运动所左右。如果说改革开放使中国30年发生翻天覆地的变化,那么教育改革60年,也使美国教育发生了翻天覆地的变化。

我们学习雅虎,新浪比雅虎还棒,然而没想到美国出现了亚马逊;我们学习易趣,阿里巴巴比易趣还棒,没想到出现了谷歌;我们学习谷歌,百度在中文世界一点也不输给谷歌,却没想到出现了Facebook。也许,我们在讨论美国问题和美国精神的时候,应该想到,不断创造和否定自己,正是美国精神的实质,也是我们最缺乏的。我们今天讨论中美教育,不仅仅比较和学习其中好的东西,更重要的是从历史和背景中总结出背后的美国精神,以及值得学习的东西。南方科技大学的覃正副校长听说我在研究美国教育,他告诫我:不仅仅要研究美国现在干什么,更要研究美国的思维和将来要干什么,即将来的走向。

如果我们拉近距离来看美国近30年来的教育改革就会发现,与其经济上受新自由主义理论影响一脉相承的是,美国的教育同样受到这个理论的影响。在学术上,由于意识形态的原因,中国对于新自由主义经济理论的评价多是批判性的。然而,不容忽视的一个事实就是,这个政策使美国不断地居于世界领跑者的地位。与发挥市场的力量、政府不干预经济的新自由主义表象相反的是,美国30年来的教育,国家对于教育的干预确实越来越多。传统上,美国重视教育,例如,里根时期,基本上重视教师和社区对于教育的积极作用。从布什开始,联邦政府开始对教育发挥越来越多的作用,这种作用是从筹措资金开始的,逐渐过渡到对公立学校的标准化要求和评估以及美国的教育均衡。

然而,联邦和各州政府重视教育,加大教育投入。政府在教育投入的比重不断增大,却刚好碰到了经济危机,受害竟然也是教育。美国的公立教育在本次经济危机中受到的冲击远远大学私立教育。

好在多元的社会体制既造成了不断的冲突和危机,也造就了新思维,保证了美国不断地向前进步。美国的教育评估和标准化,私立学校是不沾边的。美国的顶级大学,私立的居多,对此国人了解较多。对于私立的基础教育的情况,则了解得较少,以至于来美国之前我与大多数中国人一样,认为中国的基础教育还是很好的,至少比美国强。来到美国深入了解之后,我发现这是很大的谬误。来到美国,发现在宾州排名第一的公立高中旁边,竟然活着好好的很多私立的教会学校。这所公立学校当然是免费的了,学校规模很大,SAT分数都高于旁边的私立学校,为什么这些私立学校还能够生存下去呢?这些私立学校有私人投资的,有天主教会的,也有基督教会的,还有女子中学,都比较小。后来发现,这些私立学校基本都有100多年甚至几百年的历史,学费每年每个学生几千到2万美金不等,平均每个班只有10多个孩子,每个学校4个年级只有200到600的学生数。如果算笔账的话,仅仅靠学费,这些私立高中也是无法盈利的,能持续百年的秘诀就在于捐款。美国公立学校是不允许倾向性的价值观教育的,而私立学校多是教会学校,可以进行宗教教育。美国是一个基督教价值观主导的国家,信奉基督和天主教的人口占70%以上。正是这些私立学校,在信息化和社会的大变革时代,在"Everything is OK"的口号背景下,较好地保留了传统的价值观。同性恋甚至同性婚姻,在一些教会学校是被明确"拒绝"的。而在美国的选举和民主制度的前提下,公立学校要符合美国的政策,就要保持中立态度。因此,在美国生活一段时间,进入一定层次的华人,很多也转而把孩子送进私立学校。"不仅仅是分数,私立中学的分数未必高,但是有稳定的价值观"。对于很多学习成绩好的华人来说,进入私立学校还有一个优势,那就是这些私立学校会对学习好的同学免学费,也算一种市场宣传作用。

  2000多年前的管仲,将同业的人群聚集,齐国没有孔子,照样迅速强大;儒家讲的孟母三迁,更是没有否定社区的作用。美国人在对于知识和成绩的狂热程度,远没有华人那么强烈,然而对于社区的迷恋,确是远远超出我们想象的。我们知道的比尔盖茨等人创立微软,以及乔布斯创立苹果,但是,我们可能不知道,中学和社区对他们的影响远远高于大学。住在什么地方,就意味着你拥有什么样的邻居,更意味着你在什么样的学区上学。对于私立学校来讲,还不仅如此,更意味着你一辈子选择什么样的生活方式和进入什么样的朋友圈子。与中国教育部和民众一致呼吁的取消择校不同,美国人对这个问题就宽容得多。2000年布什还专门发布法案通过教育券的方式允许甚至鼓励美国学生根据自己的特长和爱好在公立和私立之间选择。美国有60多所女子大学和更多的女子中学,其中有的是为了培养女性的独立意识,有的是为了培养政客,还有的是培养参议员和总统夫人。有资料表明,女子学校毕业的政治家的比例高得离谱。不是要取消择校,应该取消的是校际的设施和服务的不平等。在美国,很多downtown的公立学校由于规模大和政府重视公平,其设施要远远好于私立学校。而在上海,我发现有一些机关幼儿园的设施和教师,水平要远远高于普通幼儿园。问题不在于市委领导的孩子孙子是否应该在一起读书(那样也许对平民的孩子更加不利),更在于平民的学校是否和机关的学校得到一样的待遇。中国人讲分数、好教育、好大学,美国人也讲,然而他们更讲背后的终极价值:好的教育为了什么?而我们的眼光就永远只有100米!

  作为孩子的父亲,我女儿在上海的4年初中学习生涯,我饱受了价值观的煎熬。如果不上辅导班,就没有好分数,没有好分数,就没有好高中,就没有好大学。我知道这是一个"囚徒困境"。然而,与很多父母一样,如果不直面这个困境,就真的会变成囚徒。于是,女儿学习上外附中80%的师哥师姐们,提前来到了美国读书。来到美国,我发现,其实美国一样,到处有择校,到处有虎妈。然而,多元的社会给了多元的机会,每个人都会有符合自己个性和需要的发展空间。不同的是,更多的父母将孩子送进私立学校,不仅仅是为了分数,更多的是因为价值观的认同。

  对于刚刚到美国访问的我来说,最大的震撼来自于我住在一个比较好的社区。来到美国,根本没有发现电影里反映的花花世界:没有离婚,没有外遇,生活严谨,照顾家庭……短暂回国时倒是发现在中国有很多所谓"资本主义"的影子:洗脚城、歌厅、灯红酒绿、勾肩搭背……来到美国,发现很多在美国住了5年以上的华人,家里没有电视机。这是一件很奇怪的事情,后来发现,这是有原因的。美国社会的多元是具有区域性的,整个美国是由非常多的纯净的社区构成的多元结构,而并非每个社区都是多元的。美国的电视虽然分级,但是还是不能避免很多多元价值观的影响,其社会的花花绿绿是更加复杂的,对于青少年的影响也是巨大的。社会的开放和包容的趋势是必然的,然而对于个体来说,个性化的独立空间也是更加重要的。因此,个性化的社区就显得非常重要了。很多私立学校,就是纯净的价值观的集中点。前面提到的王女士告诉我,与住在downtown旁边都是租客和嘈杂的人群不同,自从儿子来到了这个社区,他很快结交了很多同层次的朋友,关系很稳定,孩子们也很开心。王女士再也不把学习成绩当作第一位的事情来对待了。王女士说:"无论是西方的价值观,还是中国的价值观,还是教会的教值观,都没有问题,孩子需要一个稳定的价值观,一个稳定的友好的朋友圈,这个确实比成绩和大学的名次重要。"

  2012年是美国的选举年,奥巴马艰难通过医疗法案后,又将目标和口号指向教育法案。奥巴马提出,通过努力,要使继医生和律师之后,教师成为又一个最受尊重的职业。在经济政策上空间有限的总统,又一次将目标指向了教育。然而,对于美国的精英阶层来说,这些似乎和他们关系并不大,因为精英是少数人,少数人关心的东西,不是总统要号召的东西。另外有人反对是因为,政府越支持的东西,很可能越让他们失去独立和自由,最终失去创造力。好在美国的教育是多元的。

  网络时代对传统的价值将会产生更大的冲击。在线课程可以解决知识学习的部分问题,可以解放教育的功利方面的问题,但是育人的问题,绝对复杂得多。一个纯净的社区,一个稳定的价值观的形成、一个终身受益的朋友圈子,仅仅靠在线教育是担负不起来的。不过,如果不重视在线教育对传统学校教育的颠覆作用和冲击,那也是致命的。

5.12 理想者的践行

2006年的夏天,著名经济学家厉以宁来到上海,在永嘉路420号门口与家人照了张相,目前这个被称作建襄小学的学校与经济学家本人在校史上并没有任何关系。建襄小学的前身是鸡毛飞上天的电影故事演绎而来。然而除了厉以宁以外,已经很少有人知道,他站的这个校址,这所学校在70年以前叫作"中西女中第二附属小学",厉以宁就毕业于这所学校,这所学校还培养了很多非常有名的人物。

2012年的2月到3月,赛车手和作家韩寒来到了上海松江二中的门口,追随的是一群媒体记者。韩寒此次来到母校,是为了证明10多年前的一场作文比赛的真伪。不知韩寒是否清楚他背后的这道门,在70年前不叫松江二中,叫松江女子中学。那是著名的女教育家江学殊当过22年校长的地方。这位终身未嫁,却将爱心交给学校的女校长,49年后任台北第一女子师范学校的校长,也是22年。江学殊还是幸运的,还

图5-16 烟草大王杜克和他的儿子小杜克连续近亿美金的捐助,使得杜克大学逐步成为美国名校

留名于世。在江学殊之前,松江女子中学已经有几十年的历史了,她的前任及其努力,更是不见一点血脉的传承。

来到美国考察,无论是教堂、社区,还是教育机构,走进里面就会惊讶地发现,一百多年甚至几百年的设施至今保存完好。更加令人惊讶的是,历届领导人及其精神都会完整地保存和流传。中国人经常讲,自己有5000年的文明,可惜它们基本都在地下,在我们沾沾自喜自己5000年文明的时候,几乎都没有想过,这5000年,别人也不是猴子。更加重要的是,我们往往几十年的历史都保存不了,前代的精神也都马上灰飞烟灭。

美国有一所大学,它拥有世界文化历史遗产。这所200年历史的大学正是因为有了杰斐逊的功劳而成为一个文化的坐标。至今当地人仍称这所大学杰斐逊大学,这就是弗吉尼亚大学。走进弗吉尼亚大学,我们感受到的不仅仅是优美的校园,更是大学精神的传承。在弗吉尼亚大学至今完整保留着杰斐逊的住宅原样,当年的杰斐逊就是在这里拿望远镜审视着学校的一举一动,践行着除了美国总统和独立宣言起草者外的自己更看重的校长的职责。今天,我不敢用大学排行榜来评价这所引领美国公立大学制度的大学,杰斐逊生前就写好了自己的墓志铭:"此处安息着杰斐逊。美国《独立宣言》的作者;弗吉尼亚州宗教自由法作者;弗吉尼亚大学创校人。"杰斐逊嘱咐自己的后人:"墓志铭就是这样,一个字也不能多。"

王宫没有了国王,只能叫故宫;大学没有了大师和大树,就只能是一座空壳。而大树的创造者和大师及其精神,如果不能传承下来,就不能称为名校,只是名校的"原址"。我们需要的教育,是人文精神的活化石,是教育践行者活力笼罩的气场。

100年前,这种气场似乎终于来到中国,这种久违的气息至今仍令人嘘唏不已。

1905年,70多岁的马相伯开始了他又一次的践行,这次据说是他亲自驾舟,来接于右任等人避难的。多年前,已经在徐汇公学退休的马相伯,将全部家产和3000亩良田全部变卖,捐助给教会,办起了震旦公学。南洋公学的蔡元培等人成为他多年学生后,将由于交大墨水瓶事件被开除的几乎整届学生交给了马相伯。马相伯像接济梁启超一样承担了那次重任。可是,革命者在哪里都是不安生的,这次的不安生断送了马相伯全部的家产。马相伯继续支持学生,重新从零起校,"复起震旦",造就了今天的复旦大学,更造就了国民党一代元老。

20世纪30年代,在江苏晓庄的一个学校,有一个男生用泥块砸自己班上的男生,被校长发现制止,校长命令他放学时到校长室去。放学后,走进来的校长却笑着掏出一颗糖果送给他,说:"这是奖给你的,因为你按时来到这里,而我却迟到了。"男生惊疑地接过糖果。校长又掏出第二颗糖果放到他的手里,说:"这是奖励你的,因为我不让你打人时,你立即住手了,这说明你很尊重我,我应该奖你。"男生更惊疑了。这时校长又掏出第三颗糖果塞到男生手里,说:"我调查过了,你用泥块砸那些男生,是因为他们欺负女生;你砸他们说明你很正直善良,且有跟坏人作斗争的勇气,应该奖励你啊!"男生感动极了,他流着眼泪后悔地喊道:"校长,我错了,我砸的不是坏人,而是同学……"校长满意地笑了,他随即掏出第四颗糖果递过来,说:"为你正确地认识自己的错误,我再奖给你一块糖,我没有多的糖果了,我们的谈话也可以结束了。"这个校长,就是陶行知。1926年,35岁的陶行知来到了晓庄,这个至今在中国教育界没有被忘怀的人,决心改变只为上层统治者服务的办学方式,用平民教育"为中国教育寻觅新的曙光"。他认为中国教育改造的根本问题在农村,主张"到民间去",还立下宏愿,要筹措100万元基金,征集100万位同志,提倡开设100万所学校,改造100万个乡村。身为著名教育家杜威的学生,陶行知用批判的眼光改造杜威的理论,提出生活即教育、社会即学校、教学做合一,陶行知用热血点燃践行者的火焰。

想起写这本《教育正悄悄发生一场革命》,是由于美国的在线教育带来的教育变革,我在想上一场中国的教育革命发生在什么时候呢?一定是在20世纪初到30—40年代。如果说中国的现代化和教育能够有今天的成就,基础教育离开陶行知,大学教育离开马相伯、蔡元培,乡村教育离开梁漱溟,音乐教育离开黎锦晖,这些践行者的文化脉络即使被割裂了大多数,然而没有他们,中国的现状肯定要退回到不知道什么时候。

在反思教育的时候,我们不免要当反思者,当批判者,当旁观者,仅仅是从媒体和网络上来看,对这60年甚至30年的教育,根本不敢恭维。我们,左派在拼命地"维护来之不易的成果",右派拼命地在砸烂和否定这一切,在这场争论的背后,有识之士得到的更多的是无穷的愤慨和无奈。教育革命,谈何容易。在教育上,左派救不了国,右派也救不了国。革命是奢望,中国的教育难道就真的绝望了吗?

不,一些践行者,让我们看到了希望。

从1988年从武汉大学的校长位置免下来,到今天,刘道玉已经下台24年了。如果与陈寅恪一样在孤独中沉寂,也许中国的教育,就像中国的历史学一样乏善可陈,从头再来了。正是有了刘道玉,情况有所不同。目前所能想到的高校腐败、学术造假、大学扩招、教育功利化、教育评估等等,几乎所有教育制度的弊端,批判者的声音,几乎全部来自刘道玉的预言。这位当初能够教育部长不当、武汉市长不当而坚任武汉大学校长的人,在被审查10年,中风5年后,奇迹般地康复和活跃起来。人们想起了他,他也不甘沉寂,于是,开始了新的践行,实践他"理想的大学"。当刘道玉的讲座被几十分钟的掌声所持续,当出现在校医院的老校长被人争相合影问好的时候,是教育和思想的力量在提示着,革命静悄悄地到来。

更多的普通教师和教育界以及教育界外的小人物把名利抛之度外,他们虽有高远的理想,他们的行事却是现实主义和经验主义的。他们并不期待彻底的革命,也不把希望寄托在所谓"美好的未来"。在这个意义上,这些老师都是新时代的理想主义者,他们得到大部分学生的认可,和学生一起创造"美好的课堂"。他们推动的教育革命,其实是从"自己"做起,从"现在"开始,从"每一堂课"、"每一次教育行为"、"每一个教育细节"开始。尽管这些老师所进行的革命构成了对现行教育存在的事实上的挑战,但他们却并没有进行正面的攻击,有意识地避免直接的冲突,而选择了在现行体制下的局部变革的道路。这看似消极,却具有两个方面的深意。其一,立足于"建设","立"字当头,"破"在其中。其二,这更表明了一种难得的自我清醒:如杨老师的话所说,我"不能决定教育'大气候'",却"可以营造教育'小气候'"。清醒地意识到自己能做什么,不能做什么,也就意味着对自己的力量和限度,都有一个科学的分析。这样就不但能够在可能的范围内最大限度地发挥自己的生命能量,而且也减少了许多不必要的阻力和损耗,显示了教育的智慧和成熟。

深圳中学学生李舒扬记得一个细节:家长会结束以后,马小平老师被很多家长围住,责问他为什么不教课本上的内容,马老师显得很疲惫,甚至有些手足无措。"后来马老师回到自己的办公室,我去到办公室的时候就看到他在那里泣不成声,非常难过。"2012年1月16日,名不见经传,却又引起各种争论的深圳中学语文老师马小平,带着他独特的教育理念和对教育事业的一腔赤诚,离开了这个世界。马小平的原则是:教育不是折磨,不是遥不可及的幸福,而是当下的幸福。在来到深圳中学的第一节课上,他就宣布:"同学们,我把课堂还给你们了。"学生们回忆,他讲到忘我时,常常连课本都不会去摸一下,而是依靠自己大量的知识储备发挥,和学生们互动,带动学生们跑进思考的草原;甚至,他会让学生们合上书本,在课堂上看电影,听音乐,欣赏诗朗诵。"要赶在灾难尚未毁灭人类之前,把能够应对这种灾难的一代新人给培养出来。"他在尝试"一个普通的中学教师能够走多远"的教育理念甚至可以说是行为艺术。不知者大概要谓其危言耸听;知者,则谓马小平为所识教师中"最具世界眼光"、"可以称得上是教育家"的人。

晏才宏,上海交通大学电子工程系的一位普通讲师。2010年3月12日,晏老师因肺癌逝世后，上海交大校园 BBS 上，学生们竟发表了千余篇悼念文章，而且还自发筹资为他出版纪念文集。晏才宏老师的电路课被学生们誉为"魔电"，几乎场场座无虚席；在网上评教活动中，他的课以罕见的满分居全校之首……有学生在 BBS 上说："您是我遇到的最好的老师。"还有学生说："不知道天堂里是不是也会有人学习电路呢？如果有，他们真的很幸运。"然而，57 岁的晏才宏老师，到生命的最后一刻，还只是一位普通的讲师。正是这位普通的讲师以给学生不及格著称的"关公"，将心交给了学生，走进小卖铺都会给店主的儿子免费补习功课而忘记回家。这不是发生在 20 世纪 30 年代的故事，而是发生在当今的上海，不断有普通的践行者，在推动着这场革命。

去世的马小平、晏才宏默默地像个布道者一样地做着自己的事情，而陕西师大附中语文老师杨林柯却更加自信地发出自己的声音，在语文教育到底是培养人还是培养应试上，杨林柯并没有屈从学生家长的意见，按照一个教育者的本分坚持地走下去，然而举报信将他和校长利于尴尬之地。《这样执着，究竟为了什么》写给学生和家长的万言书中，他说："如果我们让学生的词典里只有'拼搏'、'奋斗'、'成功'几个可怜的词，那么请问：学生的生活在哪里？生命在哪里？那种把生活与幸福不断滞后的教育注定不是成功的教育。因为生命是不能保存的，一切也都是有保质期的，六十岁时你能回到十六岁吗？用什么呵护生命的快乐与生存的质量？"

这是他对整个中国教育的呼喊和发问。

在全国各地都有像杨老师这样的有理想、有行动力和创造力的老师，在共同推动"静悄悄的教育革命"。这样的发生在教育底层的变革，尽管在今天的教育喧嚣中极容易被忽略、遗忘和抹杀，但却是真正决定着中国教育的命运的。

——钱理群

践行者不仅仅是校长们和教师们，社会各界都用自己的方式实践着自己的教育理想，也许他们不是具有编制的区县教研员，也不是大学的教育研究者，但是都以自己的方式，促进这场革命的到来。

原来看美国好莱坞电影发现，所有的主题都是英雄、拯救、爱情，到美国接触很多教育者，也发现所有的指向都是简单、热爱、沉浸、理想和实践。我想，我们的文化太复杂了，需要一场重新的革命和启蒙，回归简单，回归教育的本质。教育是一个理想主义者践行的乐园，无论古代还是现在，无论中国还是西方，无论 100 年前还是今天，革命一定来自每个人最朴素、最本质和最根本的需求，而教育到底是培养天才还是培养人才和公民，就不要再争论下去了。

后记：放逐自己，创新者只需向前看

放逐自我，我想是时候了。每次出差的时候，总是休息得很好，也总是强迫自己从琐事中放逐，总结和思考下一阶段的突破。2011年底我来到石家庄，一是参加学生的婚礼，更加难得的是，回到这个离我家乡不太远的地方，看看我的大学同学。他们是我的镜子，我也照一照，看看是否自己还能够再次远行。

42岁的年纪，已经能够证明些什么了。那年是我们大学毕业二十周年，同学们欢聚一堂，至少知道了一些人不能做什么，一些人做了些什么。在石家庄的一些同学，是属于一直不曾放逐自己的人，他们毕业后从基层干起，一直从事原来的行业，目前都做到处长，事业有成，与我这样不断放逐自己的人相比，达到的高度基本相当。只不过，我在心态上比他们年轻20岁，他们在讨论人生归路的时候，我却要再次启航。

这次让我最终下定决心重新启航的，是大学时住在我上铺的兄弟的女儿的突然离世。2011年的那次石家庄之行，我见证了老大哥17岁的女儿由于不堪衡水某著名中学的教育方式而自杀所引起的巨大的痛苦。感同身受的我更加意识到，技术不是解决教育的最终办法，也许我需要从教育的角度重新看待技术。那一年，我决定马上出发，放逐自己，去寻找落后的根本原因。不仅是对于我这个企业的老总，而且是对于我这一个大学教师，更是对于我这一颗公民和国人的良心。

想起20年前，从钢铁行业的大型国有企业"干部"身份，放逐到深圳，一无所有地在深南东路唱着崔健的《一无所有》，恍若隔世。那次放逐，我从此迈入IT行业。经过一番拼搏和奋斗，不再住着群居的民工房，而是拥有了中文BP机，内衣裤一年不洗，只穿新的，如此奢侈浮华！那是我第一次放逐，深圳给我的最大精神财富是任何事情，顶天立地，求人不如求己，事情是人干出来的。

从深圳回到河南，是我主动的第二次放逐。1996年辞掉深圳的工作，开始在河南创业。我想是要干一下自己挑战自己的事情了。结果却是,4 个月的时间花了我 4 年的积蓄,重新开始回到转行 IT 的时候身无分文的起点上。再回到有手机、汽车和房子的日子,也仅仅用了一年的时间而已。回到故乡的放逐,给我最大的财富是:"能力是我最大的行李!"带着这个行李,我再次抛开,来到了上海,一待就是一个属相的轮回。

到上海的那次放逐是从底薪 600 块钱的销售员开始干起来的,带着"能力"这个"我最大的行李",我从一个带着地方口音的独行侠,变成了有 45 位亲朋欢聚上海的大学教师兼公司董事长。事情似乎出奇顺利,先在中远房产,3 个月卖了 1000 套以上房子;再到格尔股份,两年从 75 万销售到 2500 万;再到三零卫士,从 60 万销售额,4 年到一个亿;最后创办庚商教育技术公司,每年几千万的销售额。然而,我知道,瓶颈产生在什么地方;我知道,我们无比缺乏原创;我知道,不是我们多能干,是友商太懒惰。

想想 9 年来自己所办的公司和所做的事情,说来不容易,其实是有前面的积累的。从产品代理走向产品服务,公司一批人离开、不理解和不适应,我们坚持了下来;从产品服务走向集成,公司又有一批人离开,我们还是坚持下来;从集成走向实验内容,一批人离开,我们还是坚持了下来;从实验内容走向软件开发,更是一批人离开和不适应,我们还是挺过来的。这些都不是放逐,因为,我经过、路过,用不着听取绝大多数幼稚的意见,如果你是领先者,明知道哪些意见幼稚还发扬民主的话,那是无法驾驭这个公司的。走到今天,已经多年没有放逐自己了,只不过迈着有节奏的步伐,走着应该走的寻常路。

2011 年这一年,我决定放逐自己。然而,过去是靠能人支撑公司,放逐自己之前应该有所准备:把太能干的人调离依赖性极强的岗位;公司进行规范化运转;产品经理制度的实行;数字化平台的加码;公司资质和高新技术企业以及著作权的申请;员工股份的实施;区域经理的培养等等,提前 3 年的一切都是为这一天做准备的。未来的路如何走,我知道,只有领头的人爬过山、见过天,才可能"志当拿云"。多年在细节上挣扎的我,已经失去了创新的源泉,那些跟随我们一起 4 年以上的"老人",更是比我心态还老,天天盯着利润越来越低的传统业务讨价还价。改变这种状态,除了说服和制度,必须需要我自己迈出一步。

乔布斯走了,留给我们巨大的财富。我认为最大的财富是"领先者不需要回头"。看看谷歌、看看苹果、看看 YouTube,同样的人生,创新让事业精彩,创新让竞争者仰望,创新让生活我行我素。我想在 2011 年过年的时候,让每位员工读《乔布斯传》,更重要的是,过年以后,我们能否就尝试做乔布斯所做的事情?

幸运的是,卡内基梅隆向我发起邀请,这个诞生了许多奇迹的计算机行业的圣地,只有600亩土地,我能够用1年多的时间,走遍每个实验室的角落,拜访每个具有核心竞争力的教授,正如5年前我们在上海各个计算机教授办公室所做的,正如当年乔布斯离开苹果所做的事情一样。然而我想,虽然我是董事长,同志们愿意陪着我玩下去吗?骨干员工会因为没有我失去信心吗?经营业绩会因为我受到损失吗?骨干员工会跳槽转投吗?客户会因为我们的质量和创新下降而抛弃我们吗?大家会因为总经理叶铭博士太"老好人"而放松质量和制度吗?会因为负责销售的张副总啰嗦而一气之下发生曾经发生过的故事吗?

我对自己说:"我的同事,坚持一年,我会让我们强壮的胳膊长出翅膀的。"然而,长出翅膀的过程是痛苦的,是需要耐心和信任的,是需要步伐不要乱的,我们不能刹车后再调整。我需要从过去抄袭和拷贝国外的做法和软件,到真正体会别人核心教育思想的转变。

我们会化蛹为蝶的,轻盈地飞出精彩世界。然而,我们需要一年到两年痛苦地脱壳和一步一步从泥土爬到树干。

创新者只需向前看。

参考文献

1. Alok Desai, etc, Labview Calibration Linearity Visualization For Precision Sensors Used In Shaping Control Of A Segmented Reflector Test Bed, 2011 6th IEEE Conference on Industrial Electronics and Applications, 1911 – 1915
2. Amanda maiti, NETLAB: An online laboratory management system, IEEE EDUCON education engineering 2010, 1351 – 1557
3. Amine Bouabid, etc, Interating Learning Management Systems and Practical Learning Activities: The case of Computer and Network Experiments, 2009 Ninth IEEE International Conference on Advanced Learning Technologies, 398 – 402
4. Karel Jezernik, Andreja Rojko, Darko Hercog, Experimentally Oriented Remote Motion Control Course for Mechatronic Students, 2008 IEEE
5. Andreja Rojko, Karel Jezernik, E-training for Adult Education in Mechatronics, Proceedings of the ITI 2009 31st Int. Conf. on Information Technology Interfaces
6. Andreja Rojko, Realization and experience of professional mechatronics e-training, 978 – 1 – 4244 – 4654 – 4/09/ © 2009 IEEE
7. Andreja Rojko, Darko Hercog, Karel Jezernik, Practical blended learning approach in mechatronics, 14th International Power Electronics and Motion Control Conference, EPE – PEMC 2010,
8. Andrzej Pietkiewicz, Vittual Laboratory for Harmonics Filtering Visualization, SPEEDAM 2008, 508 – 512
9. Braune , etc, Model Driven Approach for Remote Laboratory Visualization System, 978 – 1 – 4244 – 7252 – 9/10, 2010IEEE
10. Cui Xiuli, etc, Design and Implementation of web-based Open-laboratory Management Information System, 2009 First international workshop on Education Technology and Computer Science, 980 – 982
11. Harshit, etc, Ray Tracing Visualzation Using Labview for Precision Pointing Architecture of a Segmented Reflector Tested, 19th Mediterteanean Conference on Control and Automation Aquis corfu Holiday Palace, corfu, Greece.
12. Hong jin, Feng Li, Design and Implementation of Laboratory Information Management System Based on Hybrid Mode, Proceedings of 2008 IEEE International Symposium on IT in Medicine and Education, 631 – 635.
13. Mohd Fadhlul Wafi Mahadi, etc, Equipment Management Information Visualization System Perspectives, 2010 International Conference on User Science Engineering, 214 – 219
14. Marko Mahnic, etc, A Visualiztion and User Interface Framework for Heterogeneous Distributed Environments, MIPRO 2012, 483 – 488
15. Pavol Bauer, etc, PEMCWebLab – Distance and Virtual Laboratories in Electrical Engineering: Development and Trends, 978 – 1 – 4244 – 1742 – 1/08/, 2008 IEEE
16. Robert S. Brewer, etc, Watt Depot: An open source software ecosystem for enterprise-scale energy data collection, storage, analysis, and visualization, 978 – 1 – 4244 – 6511 – 8/10, 20101EEE
17. S. Chopra, P. Bauer, Distance Laboratory for Teaching Electrical Characteristics Measurement and Maximum Power Point Tracking of a Photovoltaic Module, 978 – 1 – 4577 – 0133 – 7/11/MYM26.00 2011 IEEE
18. Tao Wang, etc, Using Web Services as Functional-Level Plug Ins for Interactive 3D Medical Visualisation, 2010 14th International Conference Information Visualisation, 617 – 622
19. Xianzhong Chen, etc, OPENLIMS: The internet of things oriented Laboratory Information Management System, 2010 International Conference of information Scienceand Management engineering, 426 – 429.
20. Young B. Choi, etc, Feasibility of Virtual Security Laboratory for Three-Tiered Distance Education, SIGITE'10, October 7 – 9, 2010, Midland, 53 – 57
21. The NMC Horizon Report: 2012 Higher Education Edition

22. The NMC Horizon Report: 2011 Higher Education Edition
23. http://www.youtube.com/watch?v=NemBarqD6qA&feature=relmfu
24. http://www.youtube.com/watch?v=dk60sYrU2RU
25. Children and the Internet: An experiment with minimally invasive education in India, S. Mitra and V. Rana, CSI Communications, pg. 12, June 1999, India (1999).
26. Children and the Internet: Experiments with minimally invasive education in India, Sugata Mitra and Vivek Rana, The British Journal of Educational Technology, 32,2,pp 221–232 (2001)
27. Minimally Invasive Education: A progress report on the "Hole-in-the-wall" experiments, S. Mitra, The British Journal of Educational Technology, 34,3, pp367–371 (2003)
28. Improving English pronunciation – an automated instructional approach, S. Mitra, J. Tooley, P. Inamdar and P. Dixon, Information Technology and International Development, 1(1) pp741–83, MIT Press (2003)
29. Annual Status of Education Report, January 17 (2005)
    http://pratham.org/aserrep.php,[viewed 5 February 2007]
30. Hoxby, Caroline, (2000), "The Effects Of Class Size On Student Achievement: New Evidence From Population Variation", The Quarterly Journal of Economics115(4), pp 1239–1285.
31. http://www.economics.harvard.edu/faculty/hoxby/papers/effects.pdf,[viewed 5 February 2007]
32. http://open.163.com/ted/
33. http://www.edline.net/pages/Vincentian_Academy
34. http://www.huxiu.com/article/8306/1.html
35. http://www.trulia.com/real_estate/Pittsburgh-Pennsylvania/schools/
36. http://jiao.blogbus.com/logs/220069081.html
37. http://zh.wikipedia.org/wiki/%E4%B8%AD%E5%9B%BD%E6%95%99%E8%82%B2%E5%8F%B2
38. http://jiao.blogbus.com
39. http://dsb.gzdsw.com/html/2012-12/06/content_149888.htm